楊伯峻

論語譯注

【重校本】

中華書局

□ 責任編輯：映 川
□ 裝幀設計：李婧林

論語譯注

□
著者
楊伯峻

□
出版
中華書局（香港）有限公司
香港北角英皇道 499 號北角工業大廈1 樓 B 室
電話：（852）2137 2338 傳真：（852）2713 8202
電子郵件：info@chunghwabook.com.hk
網址：http://www.chunghwabook.com.hk

□
發行
香港聯合書刊物流有限公司
香港新界荃灣德士古道 220 - 248 號
荃灣工業中心 16 樓
電話：（852）2150 2100 傳真：（852）2407 3062
電子郵件：info@suplogistics.com.hk

□
版次
2011 年 6 月初版
2024 年 5 月 第 9 次印刷

□
規格
特 32 開（153 mm × 210 mm）

□
ISBN：978-988-8104-41-3

▼ 孔子像

▶《十三經注疏》書影

▼《十三經注疏》中的《論語注疏》

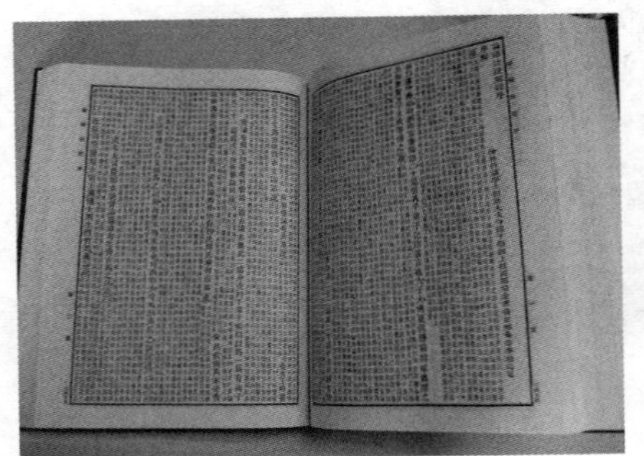

▼ 清人影宋刻本《論語注疏》

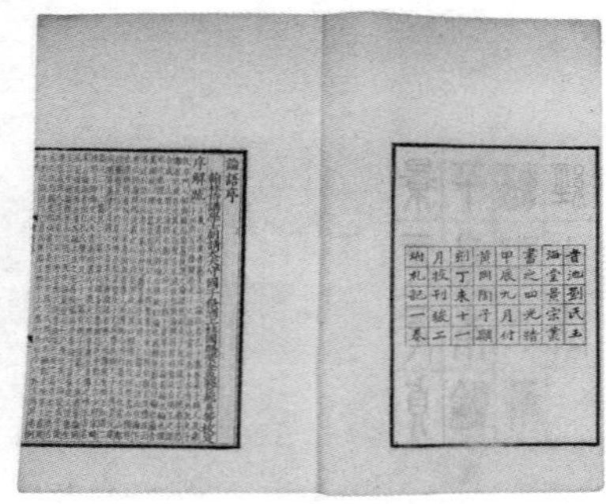

◀《孔子杏壇講學圖》軸

目錄

試論孔子 1
導言 32
例言 45
學而篇第一 2
為政篇第二 21
八佾篇第三 45
里仁篇第四 69
公冶長篇第五 85
雍也篇第六 110
述而篇第七 135
泰伯篇第八 162

子罕篇第九 178
鄉黨篇第十 201
先進篇第十一 226
顏淵篇第十二 252
子路篇第十三 271
憲問篇第十四 296
衛靈公篇第十五 330
季氏篇第十六 355
陽貨篇第十七 370
微子篇第十八 393
子張篇第十九 406
堯曰篇第二十 422

試論孔子

（一）孔子身世

孔子名丘，字仲尼，一說生於魯襄公二十一年（《公羊傳》和《穀梁傳》），即公元前五五一年），一說生於魯襄公二十二年（《史記·孔子世家》），相差僅一年。前人為此打了許多筆墨官司，實在不必。死於魯哀公十六年，即公元前四七九年。終年實七十二歲。

孔子自己說「而丘也，殷人也」（《禮記·檀弓上》），就是說他是殷商的苗裔。周武王滅了殷商，封殷商的微子啟於宋。孔子的先祖孔父嘉是宋國宗室，因為距離宋國始祖已經超過五代，便改為孔氏。孔父嘉無辜被華父督殺害（見《左傳》桓公元年和二年）。據《史記·孔子世家·索隱》，孔父嘉的後代防叔畏懼華氏的逼迫而出奔到魯國，防叔生伯夏，伯夏生叔梁紇，叔梁紇就是孔子的父親，因此孔子便成為魯國人。

殷商是奴隸社會，《禮記·表記》說：「殷人尚神」，這些都能從卜辭中得到證明。孔子也說：「殷禮，吾能言之。」（3.9）孔子所處的時代正是奴隸社會衰亡、新興封建制逐漸興起的交替時期。孔子本人，便看到了這些跡象。譬如《微子篇》（18.6）耦耕的長沮、桀溺，不但知道孔子，譏諷孔子，而且知道子路是「魯孔丘之徒」。這種農民，有文化，通風氣，有自己的思想，絕對不是農業奴隸。在孔子生前，魯宣公十五年，即公元前五九四年，魯國實行「初稅畝」制，依各人所擁有的田地畝數抽收賦稅，這表明了承認土地私有的合法性。《詩經·小雅·北山》說：「溥天之下，莫非王土。率土之濱，莫非王臣。」這是奴隸社會的情況。天下的土地全是天子的土地，天子再分封一些給他的宗族、親戚、功臣和古代延續下來的舊國，或者成為國家，或者成為采邑。土地的收入，大部分為被封者所享有，一部分還得向天子納貢。土地的所有權，在天子權力強大時，還是為天子所有。他可以收回，可以另行給予別人。這種情況雖然在封建社會完全確立以後還曾出現，如漢代初年，然而實質上卻有不同。在漢代以後，基本上已經消滅了農業奴隸，而且土地可以自由買賣。而在奴隸社會，從事農業生產的基本上是奴隸，土地既是「王土」，當然不得自由買賣。魯國的「初稅畝」，至少打破了「莫非王土」的傳統，承認土地為某一宗族所有，甚至為某一個人所有。一部《春秋左傳》和其它春秋史料，雖然不曾明顯地記載着土地自由買賣的情況，但出現了下列幾種情況。已經有自耕農，長沮、桀溺便是。《左傳》記載魯襄公二十七年（孔子出生後五年或六年），齊國鮮虞「僕賃於野」，這就是說產生了僱農。《左傳》昭公二十五年說魯國的季氏「隱民多取食焉」，隱民就是遊民。遊民來自各方，也很有可能來自農村。遊民必然是自由身份，才能向各大氏族投靠。春秋時，商業很發達，商人有時參與政治。《左傳》僖公三十三年記載着鄭國商人弦高的事。他偶然碰到秦國來侵的軍隊，便假借鄭國國君名義去犒勞秦軍，示意鄭國早有準備。昭公十六年，鄭國當政者子產寧肯得罪晉國執政大臣韓起，不肯向無名商人施加小小壓力逼他出賣玉環。到春秋晚期，孔子學生子貢一面做官，一面做買賣。越國的大功臣范蠡幫助越王句踐滅亡吳國後，便拋棄官位而去做商人，大發其財。這些現象應該能說明兩點：一是社會購買力已有一定發展，而購買力的發展是伴隨生產力，尤其是農業生產力的發展而來的。沒有土地所有制的改革，農業生產力是不可能有較快較大發展的。於是乎又可以說明，田地可以自由買賣了，兼併現象也發生了，不僅僱農和遊民大量出現，而且商人也可以經營皮毛玉貝、田地和農產品。

至於「率土之濱，莫非王臣」這一傳統，更容易被打破。周天子自平王東遷以後，王僅僅享有虛名，因之一般士大夫，不僅不是「王臣」，而且各有其主。春秋初期，齊國內亂，便有公子糾和公子小白爭奪齊國君位之戰。管仲和召忽本是公子糾之臣，鮑叔牙則是小白（後來的齊桓公）之臣。小白得勝，召忽因之而死，管仲卻轉而輔佐齊桓公。晉獻公死後，荀息是忠於獻公遺囑擁護奚齊的，但另外很多人，卻分別為公子重耳（晉文公）、公子夷吾（晉惠公）之臣。有的甚至由本國出去做別國的官，《左傳》襄公二十六年便述說若干楚國人才為晉國所用的事情。即以孔子而言，從來不曾做過「王臣」。他從很卑微的小吏，如「委吏」（倉庫管理員），如「乘田」（主持畜牧者——俱見《孟子・萬章下》），進而受到魯國權臣季氏的賞識，才進入「大夫」的行列。魯國不用他，他又臣仕於自己譏評為「無道」的衞靈公。甚至晉國范氏、中行氏的黨羽佛肸盤踞中牟（在今河北省邢台市和邯鄲市之間），來叫孔子去，孔子也打算去。（17.7）這些事例，説明所謂「莫非王土」、「莫非王臣」的傳統觀念早已隨着時間的流逝、形勢的變遷，被人輕視，甚至完全拋棄了。

孔子所處的社會，是動盪的社會；所處的時代，是變革的時代。公元前五四六年，即孔子出生後五年或六年，晉、楚兩大國在宋國召開了弭兵大會。自此以後，諸侯間的兼併戰爭少了，而各國內部，尤其是大國內部，權臣間或者強大氏族間的你吞我殺，卻多起來了。魯國呢，三大氏族（季氏、孟氏、叔孫氏）的互相兼併現象不嚴重，但和魯國公室的矛盾日益擴大。甚至迫使魯昭公寄居齊國和晉國，死在晉國邊邑乾侯，魯哀公出亡在越國，死在越國。

這種動盪和變革，我認為是由奴隸社會崩潰而逐漸轉化為封建社會引起的。根據《左傳》，在孔子出生前十年或十一年，即魯襄公十年，魯國三大家族便曾「三分公室而各有其一」。這就是把魯君的「三郊三遂」（《尚書．費誓》）的軍賦所出的土地人口全部瓜分為三，三家各有其一，而且把私家軍隊也併入，各帥一軍。但三家所採取的軍賦辦法不同。季氏採取封建社會的辦法，所分得的人口全部解放為自由民。孟氏採取半封建半奴隸的辦法，年輕力壯的仍舊是奴隸。叔孫氏則依舊全用奴隸制。過了二十五年，他們又把公室再瓜分一次，分為四份，季氏得一半，孟氏和叔孫氏各得四分之一，都廢除奴隸制。這正是孔子所耳聞目見的國家的大變化。在這種變革動盪時代中，自然有許多人提出不同主張。當時還談不上「百家爭鳴」，但主張不同則是自然的。孔子作為救世者，也有他的主張。他因而把和自己意見不同的主張稱為「異端」。還說：「攻乎異端，斯害也已。」（2.16）

孔子的志向很大，要做到「老者安之，朋友信之，少者懷之」。（5.26）在魯國行不通，到齊國也碰壁，到陳蔡等小國，更不必說了。在衛國，他被衛靈公供養，住了較長時間，晚年終於回到魯國。大半輩子精力用於教育和整理古代文獻。他對後代的最大貢獻也就在這裏。

（二）孔子思想體系的淵源

孔子的世界觀，留在下面再談。我們先討論孔子思想體系即他的世界觀形成的淵源。我認為從有關孔子的歷史資料中選擇那些最為可信的，來論定孔子的階級地位、經歷、學術以及所受的影響等等，就可以確定孔子的思想體系形成的淵源。

第一，孔子縱然是殷商的苗裔，但早巳從貴族下降到一般平民。他自己說：「吾少也賤。」足以說明他的身世。他父親，《史記》稱做叔梁紇，這是字和名的合稱，春秋以前有這種稱法，字在前，名在後。「叔梁」是字，「紇」是名。《左傳》稱做郰人紇（襄公十年），這是官和名的合稱。春秋時代一些國家，習慣把一些地方長官叫「人」，孔子父親曾經做過郰地的宰（即長官），所以叫他做郰人紇。郰人紇在孔子出生後不久死去，只留得孔子的寡母存在。相傳寡母名徵在。寡母撫養孔子，孔子也得贍養寡母，因之，他不能不幹些雜活。他自己說：「吾少也賤，故多能鄙事。」（9.6）鄙事就是雜活。委吏、乘田或許還是高級的「鄙事」。由此可以說，孔子的祖先出身貴族，到他自己，相隔太久了，失去了貴族的地位。他做委吏也好，做乘田也好，幹其它「鄙事」也好，自必有一些共事的同伴。那些人自然都貧賤。難道自少小和他共事的貧賤者，不給孔子一點點影響麼？孔子也能夠完全擺脱那些人的影響麼?這是不可能的。

第二，孔子是魯國人。在孔子生前，魯國政權已在季、孟、叔孫三家之手，而季氏權柄勢力又最大。以季氏而論，似乎有些自相矛盾的做法。當奴隸制度衰落時，他分得「公室」三分之一，便採用封建的軍賦制度;到昭公五年，再「四分公室」，其它二家都學習他的方法，全都採用封建軍賦制度。這是他的進步處。但魯昭公自二十五年出外居於齊國，到三十二年死在乾侯，魯國幾乎七年沒有國君，國內照常安定，因為政權早已不在魯昭公手裏。但季氏，即叫季孫意如的，卻一點也沒有奪取君位的意圖，還曾想把魯昭公迎接回國;魯昭公死了，又立昭公之弟定公為君。這不能說是倒退的，也不能說是奇怪的，它自然有它的原由。第一，正是這個時候，齊國的陳氏(《史記》作田氏)有奪取姜齊權柄的趨向，魯昭公三年晏嬰曾經向晉國的叔向作了這種預言，叔向也向晏嬰透露了他對晉國公室削弱卑微的看法。然而，當時還沒有一個國家由權臣取代君位的，季氏還沒有膽量開這一先例。何況魯國是弱小國家，擔心齊、秦、晉、楚這些強大之國，以此為藉口而攻伐季氏。第二，魯國是為西周奴隸社會製作禮樂典章法度的周公旦後代的國家，當時還有人說:「周禮盡在魯矣。」(《左傳》昭公二年)還說:魯「猶秉周禮」(閔公元年)。周禮的內容究竟怎樣，現在流傳的周禮不足為憑。但周公姬旦制作它，其本意在於鞏固奴隸主階級的統治，是可以肯定的。這種傳統在魯國還有不小力量，季氏也就難以取魯君之位而代之了。孔子對於季氏對待昭公和哀公的態度，是目見耳聞的，卻不曾有一言半語評論它，是孔子沒有評論呢？還是沒有傳下來呢？弄不清楚。這裏我只想說明一點，卽孔子作為一個魯國人，他的思想也不能不受魯國的特定環境卽魯國當時的國情的影響。當時的魯國，正處於新、舊交替之中，既有改革，而改革又不徹底，這種情況，也反映在孔子的思想上。

第三，孔子自己說「信而好古」。（7.1）他的學子子貢說他「夫子焉不學？而亦何常師之有？」（19.22）孔子自己又說：「三人行，必有我師焉：擇其善者而從之，其不善者而改之。」（7.22）可見孔子的學習，不但讀書，而且還在於觀察別人，尤其在「每事問」。（3.15）卽以古代文獻而論，孔子是非常認真看待的。他能講夏代的禮，更能講述殷代的禮，卻因為缺乏文獻，無法證實，以至於感歎言之。（3.9）那麼，他愛護古代文獻和書籍的心情可想而知。由《論語》一書來考察，他整理過《詩經》的《雅》和《頌》，（9.15）命令兒子學詩學禮。（16.3）自己又說：「五十以學《易》。」（7.17）《易》本來是用來占筮的書，而孔子不用來占筮，卻當作人生哲理書讀，因此才說：「五十以學《易》，可以無大過矣。」他引用《易》「不恆其德，或承之羞」二句，結論是「不占而已矣」。（13.22）他徵引過《尚書》。他也從許多早已亡佚的古書中學習很多東西。舉一個例子，他的思想核心是仁。他曾為仁作一定義「克己復禮」。（12.1）然而這不是孔子自己創造的，根據《左傳》昭公十二年孔子自己的話，在古代一種「志」書中，早有「克己復禮，仁也」的話。那麼，孔子答對顏回「克己復禮為仁」，不過是孔子的「古為今用」罷了。孔子對他兒子伯魚說：「不學禮，無以立。」（16.13）這本是孟僖子的話，見於《左傳》昭公七年。孟僖子說這話時，孔子還不過十七八歲，自然又是孔子借用孟僖子的話。足見孔子讀了當時存在的許多書，吸取了他認為可用的東西，加以利用。古代書籍和古人對孔子都有不小影響。

第四，古人，尤其春秋時人，有各種政治家、思想家，有進步的，有改良主義的，也有保守和倒退的。孔子對他們都很熟知，有的作好評，有的作惡評，有的不加評論。由這些地方，可以看出孔子對他們的看法和取捨，反過來也可從中看出他們對孔子的影響。子產是一位唯物主義者，又是鄭國最有名、最有政績的政治家和外交家。孔子對他極為讚揚。鄭國有個「鄉校」，平日一般士大夫聚集在那裏議論朝廷政治，於是有人主張毀掉它。子產不肯，並且說：「其所善者，吾則行之；其所惡者，吾則改之，是吾師也，若之何毀之？」這時孔子至多十一歲，而後來評論説：「以是觀之，人謂子產不仁，吾不信也。」（《左傳》襄公三十一年）孔子以「仁」來讚揚子產的極有限的民主作風，足見他對待當時政治的態度。他譏評魯國早年的執政臧文仲「三不仁」、「三不知（智）」。其中有壓抑賢良展禽（柳下惠）一事（《左傳》文公二年），而又讚許公叔文子大力提拔大夫僎升居卿位。用人唯賢，不准許壓抑賢良，這也是孔子品評人物標準之一。又譬如晉國有位叔向（羊舌肸），當時賢良之士都表揚他，喜愛他。他也和吳季札、齊晏嬰、鄭子產友好，孔子對他沒有什麼議論，可能因為他政治態度過於傾向保守吧。春秋時代二三百年，著名而有影響的人物不少，他們的言行，或多或少地影響孔子。這自是孔子思想體系淵源之一。

以上幾點説明，孔子的思想淵源是複雜的，所受的影響是多方面的。我們今天研究孔子，不應當只抓住某一方面，片面地加以誇大，肯定一切或否定一切。

（三）孔子論天、命、鬼神和卜筮

孔子是殷商苗裔，又是魯國人，這兩個國家比其它各國更為迷信。以宋國而論，宇宙有隕星，這是自然現象，也是常見之事，宋襄公是個圖霸之君，卻還向周內史過問吉凶，使得內史過不敢不詭辭答覆。宋景公逝世，有兩個養子，宋昭公——養子之一，名「得」，《史記》作「特」——因為作了個好夢，就自信能繼承君位。這表示宋國極迷信，認為天象或夢境預示着未來的吉凶。至於魯國也一樣，穆姜搬家，先要用《周易》占筮（《左傳》襄公九年）；叔孫穆子剛出生，也用《周易》卜筮（《左傳》昭公五年）；成季尚未出生，魯桓公既用龜甲卜，又用蓍草筮（《左傳》閔公二年），而且聽信多年以前的童謠，用這童謠來斷定魯國政治前途。這類事情，在今天看來，都很荒謬。其它各國無不信天、信命、信鬼神。這是奴隸社會以及封建社會的必然現象，唯有有見地而又有勇氣者，才不如此。以周太史過而論，他認為「隕星」是「陰陽」之事，而「吉凶由人」，因為不敢得罪宋襄公，才以自己觀察所得假「隕星」以答。以子產而論，能說「天道遠，人道邇，非所及也」（《左傳》昭公十八年），卻對伯有作為鬼魂出現這種謠傳和驚亂，不敢作勇敢的否定，恐怕一則不願得罪晉國執政大臣趙景子，二則也不敢過於作違俗之論吧！

孔子是不迷信的。我認為只有莊子懂得孔子，莊子說：「六合之外，聖人存而不論。」（《莊子．齊物論篇》）莊子所說的「聖人」無疑是孔子，由下文「春秋經世先王之志，聖人議而不辯」可以肯定。「天」、「命」、「鬼神」都是「六合之外，聖人存而不論」的東西。所謂「存而不論」，用現代話說，就是保留它而不置可否，不論其有或無。實際上也就是不大相信有。

孔子為什麼沒有迷信思想，這和他治學態度的嚴謹很有關係。他說過，「多聞闕疑」，「多見闕殆」。（2.18）還說：「學而不思則罔，思而不學則殆。」（2.15）足見他主張多聞、多見和學思結合。「思」什麼呢？其中至少包括思考某事某物的道理。雖然當時絕大多數人相信卜筮，相信鬼神，孔子卻想不出它們存在的道理。所以他不講「怪、力、亂、神」。（7.21）「力」和「亂」，或者是孔子不願談，「怪」和「神」很大可能是孔子根本採取「闕疑」、「存而不論」的態度。臧文仲相信占卜，畜養一個大烏龜，並且給牠極為華麗的地方住，孔子便批評他不聰明，或者說是愚蠢。（5.18）一個烏龜殼怎能預先知道一切事情呢？這是孔子所想不通的。由於孔子這種治學態度，所以能夠超出當時一般人，包括宋、魯二國人之上。「知之為知之，不知為不知」，（2.17）不但於「六合之外」存而不論，即六合之內，也有存而不論的。

我們現在來談談孔子有關天、命、卜筮和鬼神的一些具體說法和看法。我只用《論語》和《左傳》的資料。其它古書的數據，很多是靠不住的，需要更多地審查和選擇，不能輕易使用。

先討論「天」。

在《論語》中，除複音詞如「天下」、「天子」、「天道」之類外，單言「天」字的，一共十八次。在十八次中，除掉別人說的，孔子自己說了十二次半。在這十二次半中，「天」有三個意義：一是自然之「天」，一是主宰或命運之天，一是義理之天。自然之天僅出現三次，而且二句是重複句：

天何言哉！四時行焉，百物生焉，天何言哉，(7.19) 巍巍乎唯天為大。(8.19)

義理之天，僅有一次：

獲罪於天，無所禱也。(3.13)

命運之天或主宰之天就比較多，依出現先後次序錄述它：

予所否者，天厭之！天厭之！(6.28)

天生德於予，桓魋其如予何？(7.23)

天之將喪斯文也，後死者不得與於斯文也；天之未喪斯文也，匡人其如予

何?·(9.5)

吾誰欺，欺天乎!·(9.12)

不怨天，不尤人。下學而上達，知我者，其天乎!·(14.35)

另外一次是子夏說的。他說:「商聞之矣:死生有命，富貴在天。」但這話子夏是聽別人說的。聽誰說的呢?很大可能是聽孔子說的，所以算它半次。

若從孔子講「天」的具體語言環境來說，不過三 四種。一種是發誓，「天厭之」就是當時賭咒的語言。一種是孔子處於困境或險境中，如在匡被圍或者桓魋想謀害他，他無以自慰，只好聽天。因為孔子很自負，不但自認有「德」，而且自認有「文」，所以把自己的生死都歸之於天。一種是發怒，對子路的弄虛作假和違犯禮節大為不滿，便罵「欺天乎」。在不得意而又被學生發牢騷時，只得說「知我者其天乎」。古人也說過，疾病則呼天，創痛則呼父母。孔子這樣稱天，並不一定認為天真是主宰，天真有意志，不過藉天以自慰、或發洩感情罷了。至於「獲罪於天」的「天」，意思就是行為不合天理。

再討論「命」，《論語》中孔子講「命」五次半，講「天命」三次。也羅列於下:

亡之!命矣夫!斯人也而有斯疾也!·(6.10)

道之將行也與，命也；道之將廢也與，命也。公伯寮其如命何？（14.36）

不知命，無以為君子也。（20.3）

同「富貴在天」一樣，子夏還聽他説過「死生有命」。關於「天命」的有下列一些語句：

君子有三畏：畏天命，……小人不知天命而不畏也。（16.8）

五十而知天命。（2.4）

從文句表面看，孤立地看，似乎孔子是宿命論者，或者如《墨子・天志篇》所主張的一樣，是天有意志能行令論者。其實不然。古代人之所以成為宿命論者或者天志論者，是因為他們對於宇宙以至社會現象不能很好理解的緣故。孔子於「六合之外，存而不論」，他認為對宇宙現象不可能有所知，因此也不談，所以他講「命」，都是關於人事。依一般人看，在社會上，應該有個「理」。無論各家各派的「理」怎樣，各家各派自然認為他們的「理」是正確的，善的，美的。而且他們還要認為依他的「理」而行，必然會得到「善報」；違背他們的「理」而行，必然會有「凶惡」的結果。然而世間事不完全或者大大地不如他們的意料，這就是常人所説善人得不到好報，惡人反而能夠榮華富貴以及長壽。伯牛是好人，卻得了治不好的病，當時自然無所謂病理學和生理學，無以歸之，只得歸之於「命」。如果說，孔子是天志論者，認為天便是人間的主宰，自會「賞善而罰淫」，那伯牛有疾，孔子不會說「命矣夫」，而會怨天瞎了眼，怎麼孔子自己又說「不怨天」呢？（14.35）如果孔子是天命論者，那一切早已由天安排妥當，什麼都不必幹，聽其自然就可以了，孔子又何必棲棲遑遑「知其不可而為之」呢？人世間事，有必然，有偶然。越是文化落後的社會，偶然性越大越多，在不少人看來，不合「理」的事越多。古人自然不懂得偶然性和必然性以及這兩者的關係，由一般有知識者看來，上天似乎有意志，又似乎沒有意志，這是謎，是個不可解的謎，孟子因之說：「莫之為而為者，天也；莫之致而至者，命也。」（《萬章上》）這就是把一切偶然性，甚至某些必然性，都歸之於「天」和「命」。這就是孔、孟的天命觀。

孔子是懷疑鬼神的存在的。他說：「祭如在，祭神如神在。」（3.12）祭祖先（鬼）好像祖先真在那裏，祭神好像神真在那裏。所謂「如在」，「如神在」，實際上是說並不在。孔子病危，子路請求祈禱，並且徵引古書作證，孔子就婉言拒絕。（7.35）楚昭王病重，拒絕祭神，孔子讚美他「知大道」（《左傳》哀公六年）。假使孔子真認為天地有神靈，祈禱能去災得福，為什麼拒絕祈禱呢？為什麼讚美楚昭王「知大道」呢？子路曾問孔子如何服事鬼神。孔子答說：「活人還不能服事，怎麼能去服事死人？」子路又問死是怎麼回事。孔子答說：「生的道理還沒有弄明白，怎麼能夠懂得死？」（11.12）足見孔子只講現實的事，不講虛無渺茫的事。孔子說：「君子於其所不知，蓋闕如也。」（13.3）孔子對死和鬼的問題，迴避答覆，也是這種表現。那麼為什麼孔子要講究祭祀，講孝道，講三年之喪呢？我認為，這是孔子利用所謂古禮來為現實服務。殷人最重祭祀，最重鬼神。孔子雖然不大相信鬼神的實有，卻不去公開否定它，而是利用它，用曾參的話說：「慎終追遠，民德歸厚矣。」（1.9）很顯然，孔子的這些主張不過企圖藉此維持剝削者的統治而已。

至於卜筮，孔子曾經引《易經》「不恆其德，或承之羞」，結論是不必占卜了。這正如王充《論衡．卜筮篇》所說，「枯骨死草，何能知吉凶乎」（依劉盼遂《集解》本校正）。

（四）孔子的政治觀和人生觀

在春秋時代，除鄭國子產等幾位世卿有心救世以外，本人原在下層地位，而有心救世的，像戰國時許多人物一般，或許不見得沒有，但卻沒有一人能和孔子相比，這從所有流傳下來的歷史數據可以肯定。在《論語》一書中，有很多地方反映孔子熱心救世，被不少隱士潑涼水的事情。除長沮、桀溺外，還有楚狂接輿、（18.5）荷蓧丈人、（18.7）石門司門者（14.38）和微生畝（14.32）等等。孔子自己說：「天下有道，丘不與易也。」（18.6）石門司門者則評孔子為「知其不可而為之」。「知其不可而為之」，可以說是「不識時務」，但也可以說是堅韌不拔。孔子的熱心救世，當時未見成效，有客觀原因，也有主觀原因，這裏不談。但這種「席不暇暖」（韓愈：《爭臣論》，蓋本於《文選．班固答賓戲》），「三月無君則弔」（《孟子．滕文公下》）的精神，不能不說是極難得的，也是可敬佩的。

孔子的時代，周王室已經無法恢復權力和威信，這是當時人都知道的，難道孔子不清楚？就是齊桓公、晉文公這樣的霸主，也已經成為歷史。中原各國，不是政權落於卿大夫，就是「陪臣執國命」。如晉國先有六卿相爭，後來只剩四卿——韓、趙、魏和知伯。《左傳》最後載知伯被滅，孔子早「壽終正寢」了。齊國陳恆殺了齊簡公，這也是孔子所親見的。（14.21）在魯國，情況更不好，「祿之去公室五世（宣、成、襄、昭、定五公）矣，政逮於大夫四世（季文子、武子、平子、桓子四代）矣，故夫三桓之子孫微矣」，（16.3）而處於「陪臣執國命」（16.2）時代。在這種情況下，中原諸國，如衛、陳、蔡等，國小力微，不能有所作為。秦國僻在西方，自秦穆公、康公以後已無力再過問中原之事。楚國又被吳國打得精疲力盡，孔子僅僅到了楚國邊境，和葉公相見。（13.16，又7.19）縱然有極少數小官，如儀封人之輩讚許孔子，（3.24）但在二千多年以前，要對當時政治實行較大改變，沒有適當力量的依靠是不可能做到的。孔子徒抱大志，感歎以死罷了。

孔子的政治思想，從《堯日篇》可以看出。我認為《堯日篇》「謹權量，審法度」以下都是孔子的政治主張。然而度、量、衡的統一直到孔子死後二百五十八年，秦始皇二十六年統一中國後才實行。孔子又說，治理國家要重視三件事，糧食充足，軍備無缺，人民信任，而人民信任是極為重要的。（12.7）甚至批評晉文公伐原取信（見《左傳》僖公二十六年）為「譎而不正」。（14.15）孔子主張「正名」，（13.3）正名就是「君君，臣臣，父父，子子」；（12.11）而當時正是「君不君，臣不臣，父不父，子不子」。孔子的政績表現於當時的，一是定公十年和齊景公在夾谷相會，在外交上取得重大勝利；一是子路毀壞季氏的費城，叔孫氏自己毀壞了他們的郈城，唯獨孟氏不肯毀壞成城（《左傳》定公十二年）。假使三家的老巢城池都被毀了，孔子繼續在魯國做官，他的「君君，臣臣」的主張有可能逐漸實現。但齊國的「女樂」送來，孔子只得離開魯國了。（18.4）孔子其它政治主張，僅僅託之空言。

孔子還說：「如有用我者，吾其為東周乎！」（17.5）孔子所謂「東周」究竟是些什麼內容，雖然難以完全考定，但從上文所述以及聯繫孔子其它言行考察，可以肯定絕不是把周公旦所制定的禮樂制度恢復原狀。孔子知道時代不同，禮要有「損益」。（2.23）他主張「行夏之時」，（15.11）便是對周禮的改變。夏的曆法是以立春之月為一年的第一月，周的曆法是以冬至之月為一年的第一月。夏曆便於農業生產，周曆不便於農業生產。從《左傳》或者《詩經》看，儘管某些國家用周曆，但民間還用夏曆。晉國上下全用夏曆。所謂周禮，在春秋以前，很被人重視。孔子不能拋棄這面旗幟，因為它有號召力，何況孔子本來景仰周公。周禮是上層建築，在階級社會，封建地主階級無妨利用奴隸主階級某些禮制加以改造，來鞏固自己的統治。不能説孔子要「復禮」，要「為東周」，便是倒退。他在夾谷會上，不惜用武力對待齊景公的無禮，恐怕未必合乎周禮。由此看來，孔子的政治主張，儘管難免有些保守處，如「興滅國，繼絕世」，（20.1）但基本傾向是進步的，是和時代的步伐合拍的。

至於他的人生觀，更是積極的。他「發憤忘食，樂以忘憂，不知老之將至」。（7.19）他能夠過窮苦生活，而對於不義的富貴，視同浮雲。（7.16）這些地方也不失他原為平民的本色。

（五）關於忠恕和仁

春秋時代重視「禮」，「禮」包括禮儀、禮制、禮器等，卻很少講「仁」。我統計了一下，《左傳》裏，一共講了四百六十二次「禮」；另外還有「禮食」一次，「禮書」、「禮經」各一次，「禮秩」一次，「禮義」三次。但講「仁」不過三十三次，少於講「禮」四百二十九次之多。《左傳》還把禮提到了最高地位。《左傳》昭公二十六年晏嬰對齊景公說：「禮之可以為國也久矣，與天地並。」還有一個現象，《左傳》沒有「仁義」並言的。《論語》講「禮」七十五次，包括「禮樂」並言的；講「仁」卻是一百零九次。由此看來，孔子批判地繼承春秋時代的思潮，不以禮為核心，而以仁為核心。而且認為沒有仁，也就談不上禮，所以說：「人而不仁，如禮何？」（3.3）

一部《論語》，對「仁」有許多解釋，或者說「克己復禮為仁」，（12.1）或者說「仁者先難而後獲」，（6.22）或者說「能行五者（恭、寬、信、敏、惠）於天下為仁」，（17.6）或者說「愛人」就是「仁」，（12.22）還有很多歧異的說法。究竟「仁」的內涵是什麼呢？我認為從孔子對曾參一段話可以推知「仁」的真諦。孔子對曾參說：「吾道一以貫之。」曾參告訴其它同學說：「夫子之道，忠恕而已矣。」（4.15）「吾道」就是孔子自己的整個思想體系，而貫穿這個思想體系的，必然是它的核心。分別講是「忠、恕」，概括講是「仁」。

孔子自己曾給「恕」下了定義：「己所不欲，勿施於人。」（15.24）這是「仁」的消極面。另一面是積極面：「己欲立而立人，己欲達而達人。」（6.30）而「仁」並不是孔子所認為的最高境界，「聖」才是最高境界。「聖」的目標是：「博施於民而能濟眾」，（6.30）「修己以安百姓」。（14.41）這個目標，孔子認為堯、舜都未必能達到。

下面用具體人物來作證。

孔子不輕許人以「仁」。有人說：「雍也仁而不佞。」孔子的答覆是，「不知其仁（意卽雍不為仁），焉用佞」。（5.5）又答覆孟武伯說，子路、冉有、公西華，都「不知其仁」。（5.8）孔子對所有學生，僅僅說「回也其心三月不違仁」，（6.7）這也未必是說顏淵是仁人。對於令尹子文和陳文子，說他們「忠」或「清」，卻不同意他們是仁。（5.19）但有一件似乎不無矛盾的事，孔子說管仲不儉，不知禮，（3.22）卻說：「桓公九合諸侯，不以兵車，管仲之力也！如其仁！如其仁！」（14.16）由這點看來，孔子認為管仲縱使「有反坫」，「有三歸」，卻幫助齊桓公使天下有一個較長期的（齊桓公在位四十三年）、較安定的局面，這是大有益於大眾的事，而這就是仁德，《孟子·告子下》曾載齊桓公葵丘之會的盟約，其中有幾條，如「尊賢育才」，「無曲防，無遏糴」。並且說：「凡我同盟之人，既盟之後，言歸於好。」孟子還說當孟子時的諸侯，都觸犯了葵丘的禁令。由此可見，依孔子意見，誰能夠使天下安定，保護大多數人的生命，就可以許他為仁。

孔子是愛惜人的生命的。殷商是奴隸社會，但那時以活奴隸殉葬的風氣孔子未必知道。自從生產力有所發展，奴隸對奴隸主多少還有些用處、有些利益以後，奴隸主便捨不得把他們活埋，而用木偶人、土偶代替殉葬的活人了。在春秋，也有用活人殉葬的事。秦穆公便用活人殉葬，殉葬的不僅是奴隸，還有聞名的賢良三兄弟，秦國人叫他們做「三良」。秦國人譴責這一舉動，《詩經．秦風》裏《黃鳥》一詩就是哀慟三良、譏刺秦穆公的。《左傳》宣公十五年記載晉國魏犨有個愛妾，魏犨曾經告訴他兒子說，我死了，一定嫁了她。等到魏犨病危，卻命令兒子，一定要她殉葬，在黃泉中陪侍自己。結果他兒子魏顆把她嫁了出去。足見春秋時代一般人不以用活人殉葬為然。孟子曾經引孔子的話說：「始作俑者，其無後乎！」（《孟子．梁惠王上》）在別處，孔子從來不曾這樣狠毒地咒罵人。罵人「絕子滅孫」，「斷絕後代」，在過去社會裏是誰都忍受不了的。用孟子的話說，「不孝有三，無後為大。」（《孟子．離婁上》）孔子對最初發明用木俑、土俑殉葬的人都這樣狠毒地罵，對於用活人殉葬的態度又該怎樣呢？由此足以明白，在孔子的仁德中，包括着重視人的生命。

孔子說仁就是「愛人」。後代，尤其現代，有些人說「人」不包括「民」。「民」是奴隸，「人」是士以上的人物。「人」和「民」二字，有時有區別，有時沒有區別。以《論語》而論，「節用而愛人，使民以時」，（1.5）「人」和「民」對言，就有區別。「逸民」（18.8）的「民」，便不是奴隸，因為孔子所舉的伯夷、叔齊、柳下惠等都是上層人物，甚至是大奴隸主，「人」和「民」便沒有區別。縱然在孔子心目中，「士」以下的庶民是不足道的，「民斯為下矣」（16.9）但他對於「修己以安百姓」（14.42）「博施於民而能濟眾」（6.30）的人，簡直捧得比堯和舜還高。從這裏又可以看到，孔子的重視人的性命，也包括一切階級、階層的人在內。

要做到「修己以安人」，至少做到「不以兵車」「一匡天下」，沒有相當地位、力量和時間是不行的。但是做到「己所不欲，勿施於人」，孔子以為比較容易。子貢問「有一言而可以終身行之者乎」，孔子便拈出一個「恕」字。實際上在階級社會中，要做到「己所不欲，勿施於人」，不但極難，甚至不可能，只能是一種幻想，孔子卻認為可以「終身行之」，而且這是「仁」的一個方面。於是乎說能「為仁由己」（12.1）了。

有些人抓住「克己復禮為仁」（12.1）一句不放，武斷地說孔子所要「復」的「禮」是周禮，是奴隸制的禮，而撇開孔子其它論「仁」的話不加討論，甚至不予參考，這是有意歪曲。《論語》裏「禮」字出現七十四次，其中不見孔子對禮下任何較有概括性的定義。孔子只是說：「人而不仁，如禮何？人而不仁，如樂何？」（3.3）還說：「禮云禮云，玉帛云乎哉？樂云樂云，鐘鼓云乎哉？」（17.11）可見孔子認為禮樂不在形式，不在器物，而在於其本質。其本質就是仁。沒有仁，也就沒有真的禮樂。春秋以及春秋以上的時代，沒有仁的禮樂，不過徒然有其儀節和器物罷了。孔子也並不是完全固執不變的人。他主張臣對君要行「拜下」之禮，但對「麻冕」卻贊同實行變通，（9.3）以求省儉。他不主張用周代曆法，上文已經說過。由此看來，有什麼憑據能肯定孔子在復周禮呢？孔子曾經說自己，「我則異於是，無可無不可」，（18.8）孟子說孔子為「聖之時」（《萬章下》），我認為這才是真正的孔子！

（六）孔子對後代的貢獻

孔子以前有不少文獻，孔子一方面學習它，一方面加以整理，同時向弟子傳授。《論語》所涉及的有《易》，有《書》，有《詩》。雖然有「禮」，卻不是簡冊（書籍）。據《禮記・雜記下》「恤由之喪，哀公使孺悲之孔子學士喪禮，士喪禮於是乎書」，那麼，《儀禮》諸篇雖出在孔子以後，卻由孔子傳出。孺悲這人也見於《論語》，他曾求見孔子，孔子不但以有病為辭不接見，還故意彈瑟使他知道是託病拒絕，其實並沒有病。（17.20）但孺悲若是受哀公之命而來學，孔子就難以拒絕。《論語》沒有談到《春秋》，然而自《左傳》作者以來都說孔子修《春秋》，孟子甚至說孔子作《春秋》。《公羊春秋》和《穀梁春秋》記載孔子出生的年、月、日，《左氏春秋》也記載孔子逝世的年、月、日；而且《公羊春秋》、《穀梁春秋》止於哀公十四年「西狩獲麟」，《左氏春秋》則止於哀公十六年「夏四月己丑孔丘卒」。三種《春秋》，二種記載孔子生，一種記載孔子卒，能說《春秋》和孔子沒有關係麼？我不認為孔子修過《春秋》，更不相信孔子作過《春秋》，而認為目前所傳的《春秋》還是魯史的原文。儘管王安石詆譭《春秋》為「斷爛朝報」（初見於蘇轍《春秋集解》自序，其後周麟之、陸佃以及《宋史・王安石傳》都曾記載這話），但《春秋》二百四十二年的史事大綱卻賴此以傳。更為重要的是假若沒有《春秋》，就不會有人作《左傳》。《春秋》二百多年的史料，我們就只能靠地下挖掘。總而言之，古代文獻和孔子以及孔門弟子有關係的，至少有《詩》、《書》、《易》、《儀禮》、《春秋》五種。

孔子弟子不過七十多人，《史記・孔子世家》說「弟子蓋三千焉」，用一「蓋」字，就表明太史公說這話時自己也不太相信。根據《左傳》昭公二十年記載，琴張往弔宗魯之死，孔子阻止他。琴張是孔子弟子，這時孔子三十歲。其後又不斷地招收門徒，所以孔子弟子有若干批；年齡相差也很大。依《史記·仲尼弟子列傳》所載，子路小於孔子九歲，可能是年紀最大的學生。（《史記·索隱》引《孔子家語》說顏無繇只小於孔子六歲，不知可靠否，因不計數。）可能以顓孫師卽子張為最小，小於孔子四十八歲，孔子四十八歲時他才出生。假定他十八歲從孔子受業，孔子已是六十六歲的老人。孔子前半生，有志於安定天下，弟子也跟隨他奔走，所以孔子前一批學生從事政治的多，故《左傳》多載子路、冉有、子貢的言行。後輩學生可能以子游、子夏、曾參為著名，他們不做官，多半從事教學。子夏曾居於西河，為魏文侯所禮遇，曾參曾責備他「退而老於西河之上，使西河之民疑女於夫子」（《禮記·檀弓上》），可見他在當時名聲之大。孔門四科，文學有子游、子夏，（11.3）而子張也在後輩之列，自成一派，當然也設帳教書，所以《荀子·非十二子篇》有「子張氏之賤儒」、「子夏氏之賤儒」和「子游氏之賤儒」。姑不論他們是不是「賤儒」，但他們傳授文獻，使中國古代文化不致絕滅，而且有發展、有變化，這種貢獻開自孔子，行於孔門。若依韓非子顯學篇所說，儒家又分為八派。戰國初期魏文侯禮待儒生，任用能人；禮待者，卽所謂「君皆師之」（《史記·魏世家》，亦見《韓詩外傳》和《說苑》）的，有卜子夏、田子方（《呂氏春秋·當染篇》說他是子貢學生）、段干木（《呂氏春秋．尊賢篇》說他是子夏學生）三人。信用的能人有魏成子，卽推薦子夏等三人之人；有翟璜，卽推薦吳起、樂羊、西門豹、李克、屈侯鮒（《韓詩外傳》作「趙蒼」）的人。吳起本是儒家，其後成為法家和軍事家。李克本是子夏學生，但為魏文侯「務盡地力」，卽努力於開墾並提高農業生產力，而且著有《法經》（《晉書．刑法志》），也變成法家。守孔子學說而不加變通的，新興地主階級的頭目，只尊重他們，卻不任用他們。接受孔門所傳的文化教育，而適應形勢，由儒變法的，新興地主階級的頭目卻任用他們，使他們竭盡心力，為自己國家爭取富強。魏文侯禮賢之後，又有齊國的稷下。齊都（今山東臨淄）西面城門叫稷門，在稷門外建築不少學舍，優厚供養四方來的學者，讓他們辯論和著書，當時稱這班被供養者為稷下先生。稷下可能開始於田齊桓公，而盛於威王、宣王，經歷湣王、襄王，垂及王建，歷時一百多年。荀子重禮，他的禮近於法家的法，而且韓非、李斯都出自他門下，但縱在稷下「三為祭酒」（《史記．孟荀列傳》），卻仍然得不到任用，這是由於他仍然很大程度地固守孔子學說而變通不大。但他的講學和著作，卻極大地影響到後代。韓非是荀卿學生，也大不以他老師為然。《顯學篇》的「孫氏之儒」就是「荀氏之儒」。然而沒有孔子和孔門弟子以及其後的儒學，尤其是荀卿，不但不可能有戰國的百家爭嗚，更不可能有商鞅幫助秦孝公變法（《晉書．刑法志》說：「李悝（即李克）著法經六篇，商鞅受之以相秦。」），奠定秦始皇統一的基礎；尤其不可能有李斯幫助秦始皇統一天下。溯源數典，孔子在學術上、文化上的貢獻以及對後代的影響是不可磨滅的。

孔子的學習態度和教學方法，也有可取之處。孔子雖說「生而知之者上也」，（16.9）卻也說：「我非生而知之者，好古，敏以求之者也。」（7.20）似乎孔子並不真正承認有「生而知之者」。孔子到了周公廟，事事都向人請教，有人譏笑他不知禮。孔子答覆是，不懂得就問，正是禮。（3.15）孔子還說：「三人行，必有我師焉：擇其善者而從之，其不善者而改之。」（7.22）就是說，在交往的人中，總有我的正面老師，也有我的反面教員。子貢說，孔子沒有一定的老師，哪裏都去學習。（19.22）我們現在說「活到老，學到老」。依孔子自述的話，「發憤忘食，樂以忘憂，不知老之將至」，（7.19）就是說學習而忘記了老。不管時代怎麼不同，如何發展，這種學習精神是值得敬佩而取法的。

孔子自己說「誨人不倦」，（7.2，又34）而且毫無隱瞞。（7.24）元好問《論詩》詩說：「鴛鴦繡了從教看，莫把金針度與人。」過去不少工藝和拳術教師，對學生總留一手，不願意把全部本領尤其最緊要處，最關鍵處，俗話說的「最後一手」、「看家本領」傳授下來。孔子則對學生無所隱瞞，因而才贏得學生對他的無限尊敬和景仰。孔子死了，學生如同死了父母一般，在孔子墓旁結廬而居，三年而後去，子貢還繼續居住墓旁三年（《孟子・滕文公上》）。有這種「誨人不倦」的老師，才能有這種守廬三年、六年的學生。我們當然反對什麼守廬，但能做到師生關係比父子還親密，總有值得學習的地方。

孔子對每個學生非常了解，對有些學生作了評論。在解答學生的疑問時，縱然同一問題，因問者不同，答覆也不同。《顏淵篇》記載顏淵、仲弓、司馬牛三人「問仁」，孔子有三種答案。甚至子路和冉有都問「聞斯行諸」，孔子的答覆竟完全相反，引起公西華的疑問。（11.22）因材施教，在今天的教育中是不是還用得着？我以為還是可以用的，只看如何適應今天的情況而已。時代不同，具體要求和做法必然也不同。然而孔子對待學生的態度和某些教學方法如「不憤不啟，不悱不發」，（7.8）就是在今天，也還有可取之處。

孔子以前，學在官府。《左傳》載鄭國有鄉校，那也只有大夫以上的人及他們的子弟才能入學。私人設立學校，開門招生，學費又非常低廉，只是十條肉乾，（7.7）自古以至春秋，恐怕孔子是第一人。有人說同時有少正卯也招收學徒，這事未必可信。縱有這事，但少正卯之學和他的學生對後代毫無影響。

孔子所招收的學生，除魯的南宮敬叔以外，如果司馬牛果然是桓魋兄弟，僅他們兩人出身高門，其餘多出身貧賤。據《史記．仲尼弟子列傳》，子路「冠雄雞，佩豭豚」，簡直像個流氓。據《史記．遊俠列傳》，原憲「終身空室蓬戶，褐衣疏食」，更為窮困。《論語》說公冶長無罪被囚，假設他家有地位，有罪還未必被囚，何況無罪？足見也是下賤門第。據《弟子列傳．正義》引《韓詩外傳》，曾參曾經做小吏，能謀斗升之粟來養親，就很滿足，可見曾點、曾參父子都很窮。據《呂氏春秋．尊師篇》，子張是「魯之鄙家」。顏回居住在陋巷，簞食瓢飲，死後有棺無槨，都見於《論語》。由此推論，孔子學生，出身貧賤的多，出身富貴的可知者只有二人。那麼，孔子向下層傳播文化的功勞，何能抹殺？《淮南子．要略篇》說：「墨子學儒者之業，受孔子之術。」這不是說墨子出自儒，而是說，在當時，要學習文化和文獻，離開孔門不行。韓非子說「今之顯學，儒、墨也」，由儒家、墨家而後有諸子百家，所以我說，中國文化的流傳和發達與孔子的整理古代文獻和設立私塾是分不開的。

導言

(一)「論語」命名的意義和來由

《論語》是這樣一部書，它記載着孔子的言語行事，也記載着孔子的若干學生的言語行事。班固的《漢書．藝文志》說：

《論語》者，孔子應答弟子、時人及弟子相與言而接聞於夫子之語也。當時弟子各有所記，夫子既卒，門人相與輯而論纂，故謂之《論語》。

《文選．辯命論》注引《傅子》也說：

昔仲尼既歿，仲弓之徒追論夫子之言，謂之《論語》。

從這兩段話裏，我們得到兩點概念：(1)「論語」的「論」是「論纂」的意思，「論語」的「語」是「語言」的意思，「論語」就是把「接聞於夫子之語」「論纂」起來的意思。(2)「論語」的名字是當時就有的，不是後來別人給它的。

關於「論語」命名的意義，後來還有些不同的說法，譬如劉熙在《釋名．釋典藝》中說：「《論語》，記孔子與弟子所語之言也。論，倫也，有倫理也。語，敘也，敘己所欲說也。」那麼，「論語」的意義便是「有條理地敘述自己的話」。說到這裏，誰都不免會問一句：難道除孔子和他的弟子以外，別人的說話都不是「有條理的敘述」嗎？如果不是這樣，那「論語」這樣命名有什麼意義呢？可見劉熙這一解釋是很牽強的。（《釋名》的訓詁名物，以音訓為主，其中不少牽強附會的地方。）還有把「論」解釋為「討論」的，說「論語」是「討論文義」的書，何異孫的《十一經問對》便如是主張，更是後出的主觀的看法了。

關於《論語》命名的來由，也有不同的說法。王充在《論衡．正說篇》便說：「初，孔子孫孔安國以教魯人扶卿，官至荊州刺史，始曰《論語》。」似乎是《論語》之名要到漢武帝時才由孔安國、扶卿給它的。這一說法不但和劉歆、班固的說法不同，而且也未必與事實相合，《禮記．坊記》中有這樣一段話：

> 子云：君子弛其親之過而敬其美。《論語》曰：「三年無改於父之道，可謂孝矣。」

《坊記》的著作年代我們目前雖然還不能夠確定，但是不會在漢武帝以後，則是可以斷言的①。因之，《論衡》的這一說法也未必可靠。

由此可以得出結論：「論語」這一書名是當日的編纂者給它命名的，意義是語言的論纂。

（二）「論語」的作者和編著年代

《論語》又是若干斷片的篇章集合體。這些篇章的排列不一定有什麼規則；就是前後兩章間，也不一定有什麼關連。而且這些斷片的篇章絕不是一個人的手筆。《論語》一書，篇幅不多，卻出現了不少次的重複的章節。其中有字句完全相同的，如「巧言令色鮮矣仁」一章，先見於《學而篇第一》，又重出於《陽貨篇第十七》；「博學於文」一章先見於《雍也篇第六》，又重出於《顏淵篇第十二》。又有基本上是重複只是詳略不同的，如「君子不重」章，《學而

① 吳騫《經說》因《坊記》有「論語」之稱，便認為它是漢人所記，固屬武斷；而沈約卻說《坊記》是子思所作，也欠缺有力論證。

篇第一》多出十一個字，《子罕篇第九》只載「主忠信」以下的十四個字；「父在觀其志」章，《學而篇第一》多出十字，《里仁篇第四》只載「三年」以下的十二字。還有一個意思，卻有各種記載的，如《里仁篇第四》說：「不患莫己知，求為可知也。」《憲問篇第十四》又說：「不患人之不己知，患其不能也。」《衛靈公篇第十五》又說：「君子病無能焉，不病人之不己知也。」如果加上《學而篇第一》的「人不知而不慍，不亦君子乎」，便是重複四次。這種現象只能作一個合理的推論：孔子的言論，當時弟子各有記載，後來才彙集成書。所以《論語》一書絕不能看成某一個人的著作。

那麼，《論語》的作者是一些什麼人呢？其中當然有孔子的學生。今天可以窺測得到的有兩章。一章在《子罕篇第九》：

牢曰：「子云：吾不試，故藝。」

「牢」是人名，相傳他姓琴，字子開，又字子張（這一說法最初見於王肅的偽《孔子家語》，因此王引之的《經義述聞》和劉寶楠的《論語正義》都對它有懷疑，認為琴牢和琴張是不同的兩個人）。不論這一傳說是否可靠，但這裏不稱姓氏只稱名，這種記述方式和《論語》

的一般體例是不相吻合的。因此，便可以作這樣的推論，這一章是琴牢本人的記載，編輯《論語》的人，「直取其所記而載之耳」（日本學者安井息軒《論語集說》中語）。另一章就是《憲問篇第十四》的第一章：

憲問恥。子曰：「邦有道，穀；邦無道，穀，恥也。」

「憲」是原憲，字子思，也就是《雍也篇第六》的「原思為之宰」的原思。這裏也去姓稱名，不稱字，顯然和《論語》的一般體例不合，因此也可以推論，這是原憲自己的筆墨。《論語》的篇章不但出自孔子不同學生之手，而且還出自他不同的再傳弟子之手。這裏面不少是曾參的學生的記載。像《泰伯篇第八》的第一章：

曾子有疾，召門弟子曰：「啟予足！啟予手！《詩》云，戰戰兢兢，如臨深淵，如履薄冰。而今而後，吾知免夫！小子！」

又如《子張篇第十九》：

子夏之門人問交於子張。子張曰：「子夏云何？」對曰：「子夏曰：可者與之，其不可者拒之。」子張曰：「異乎吾所聞：君子尊賢而容眾，嘉善而矜不能。

我之大賢與，於人何所不容？我之不賢與，人將拒我，如之何其拒人也？」

這一段又像子張或者子夏的學生的記載。又如《先進篇第十一》的第五章和第十三章：

子曰：「孝哉閔子騫，人不間於其父母昆弟之言。」

閔子侍側，誾誾如也；子路，行行如也；冉有、子貢，侃侃如也。子樂。

孔子稱學生從來直呼其名，獨獨這裏對閔損稱字，不能不啟人疑竇。有人說，這是「孔子述時人之言」，從上下文意來看，這一解釋不可憑信，崔述在《論語餘說》中加以駁斥是正確的。我認為這一章可能就是閔損的學生追記的，因而有這一不經意的失實。至於「閔子侍側」一章，不但閔子騫稱「子」，而且列在子路、冉有、子貢三人之前，都是難以理解的。以年齡而論，子路最長；以仕宦而論，閔子更趕不上這三人。他憑什麼能在這一段記載上居於首位而且得到「子」的尊稱呢？合理的推論是，這也是閔子騫的學生把平日聞於老師之言追記下來而成的。

《論語》一書有孔子弟子的筆墨，也有孔子再傳弟子的筆墨，那麼，著作年代便有先有後了。這一點，從詞義的運用上也適當地反映了出來。譬如「夫子」一詞，在較早的年代一般指第三者，相當於「他老人家」，直到戰國，才普遍用為第二人稱的表敬代詞，相當於「你老人家」。《論語》的一般用法都是相當於「他老人家」的，孔子學生當面稱孔子為「子」，背面才稱「夫子」，別人對孔子也是背面才稱「夫子」，孔子稱別人也是背面才稱「夫子」。只是在《陽貨篇第十七》中有兩處例外，言偃對孔子說，「昔者偃也聞諸夫子」；子路對孔子也說，「昔者由也聞諸夫子」，都是當面稱「夫子」，「夫子」用如「你老人家」，開戰國時運用「夫子」一詞的詞義之端。崔述在《洙泗考信錄》據此來斷定《論語》的少數篇章的「駁雜」，固然未免武斷；但《論語》的着筆有先有後，其間相距或者不止於三五十年，似乎可以由此窺測得到。

《論語》一書，既然成於很多人之手，而且這些作者的年代相去或者不止於三五十年，那麼，這最後編定者是誰呢？自唐人柳宗元以來，很多學者都疑心是由曾參的學生所編定的，我看很有道理。第一，《論語》不但對曾參無一處不稱「子」，而且記載他的言行和孔子其它弟子比較起來為最多。除開和孔子問答之詞以外，單獨記載曾參言行的，還有《學而篇》兩章，《泰伯篇》五章，《顏淵篇》一章，《憲問篇》和孔子的話合併的一章，《子張篇》四章，總共十三章。第二，在孔子弟子中，不但曾參最年輕，而且有一章還記載着曾參將死之前對孟敬子的一段話。孟敬子是魯大夫孟武伯的兒子仲孫捷的謚號②。假定曾參死在魯元公元年（周考王五年，公元前四三六年。這是依《闕里文獻考》「曾子年七十而卒」一語而推定的），則孟敬子之死更在其後，那麼，這一事的記述者一定是在孟敬子死後才着筆的。孟敬子的年

② 謚法在什麼時候才興起的，古今說法不同。歷代學者相信《逸周書·謚法解》的說法，說起於周初。自王國維發表了《遹敦跋》（《觀堂集林》卷十八）以後，這一說法才告動搖。王氏的結論說：「周初諸王若文、武、成、康、昭、穆，皆號而非謚也。」又說：「則謚法之作其在宗周共、懿諸王以後乎？」這一說法較可信賴。郭沫若先生則說「當在春秋中葉以後」（《金文叢考·謚法之起源》），又《兩周金文辭大系·初序》），這結論則尚待研究。至於疑心「謚法之興當在戰國時代」（《謚法之起源》），甚至說「起於戰國中葉以後」（《文學遺產》一一七期《讀了關於〈周頌·噫嘻篇〉的解釋》），那未免更使人懷疑了。郭先生的後一種結論，不但在其文中缺乏堅強的論證，而且太與古代的文獻材料相矛盾。即從《論語》看（如「孔文子何以謂之文也」），從《左傳》看（如文公元年、宣公十一年、襄公十三年死後議謚的記載），這些史料，都不能以「託古作偽」四字輕輕了之。因而我對舊說仍作適當保留。唐人陸淳說：「《史記》、《世本》，厲王以前，諸人有謚者少，其後乃皆有謚。」似亦可屬余說之佐證。

歲我們已難考定，但《檀弓》記載着當魯悼公死時，孟敬子對答季昭子的一番話，可見當曾子年近七十之時，孟敬子已是魯國執政大臣之一了。則這一段記載之為曾子弟子所記，毫無可疑。《論語》所敍的人物和事跡，再沒有比這更晚的，那麼，《論語》的編定者或者就是這班曾參的學生。因此，我們說《論語》的着筆當開始於春秋末期，而編輯成書則在戰國初期，大概是接近於歷史事實的[3]。

（三）「論語」的版本和真偽

《論語》傳到漢朝，有三種不同的本子：（1）《魯論語》二十篇；（2）《齊論語》二十二篇，其中二十篇的章句很多和《魯論語》相同，但是多出《問王》和《知道》兩篇；（3）《古文論語》二十一篇，也沒有《問王》和《知道》兩篇，但是把《堯曰篇》的「子張問」另分

---

③ 日本學者山下寅次有《論語編纂年代考》（附於其所著《史記編述年代考》內）。謂《論語》編纂年代為公元前四七九年（孔子卒年）至四〇〇年（子思卒年）之間。雖然其論證與我不同。但結論卻基本一致。

為一篇，於是有了兩個《子張篇》。篇次也和《齊論》、《魯論》不一樣，文字不同的計四百多字。《魯論》和《齊論》最初各有師傳，到西漢末年，安昌侯張禹先學習了《魯論》，後來又講習《齊論》，於是把兩個本子融合為一，但是篇目以《魯論》為根據，「採獲所安」，號為《張侯論》。張禹是漢成帝的師傅，其時極為尊貴，所以他的這一個本子便為當時一般儒生所尊奉，後漢靈帝時所刻的《熹平石經》就是用的《張侯論》。《古文論語》是在漢景帝時由魯恭王劉餘在孔子舊宅壁中發現的，當時並沒有傳授。何晏《論語集解》序說：「《古論》，唯博士孔安國為之訓解，而世不傳。」《論語集解》並經常引用孔安國的注。但孔安國是否曾為《論語》作訓解，集解中的孔安國說是否偽作，陳鱣的《論語古訓》自序已有懷疑，沈濤的《論語孔注辨偽》認為就是何晏自己的偽造品，丁晏的《論語孔注證偽》則認為出於王肅之手。這一官司我們且不去管它。直到東漢末年，大學者鄭玄以《張侯論》為依據，參照《齊論》、《古論》，作了《論語注》。在殘存的鄭玄《論語注》中我們還可以略略窺見魯、齊、古三種《論語》本子的異同。然而，我們今天所用的《論語》本子，基本上就是《張侯論》。於是懷疑《論語》的人便在這裏抓住它作話柄。張禹這個人實際上夠不上説是一位「經師」，只是一個政客，附會王氏，保全富貴，當時便被斥為「佞臣」，所以崔述在《論語源流附考》中竟說：「《公山》、《佛肸》兩章安知非其有意採之以入《魯論》為己解嘲地（也）乎？」但是，崔述的話縱然不為無理，而《論語》的篇章仍然不能說有後人所杜撰的東西在內，頂多只是說摻雜着孔門弟子以及再傳弟子之中的不同傳說而已。如果我們要研究孔子，仍然只能以《論語》為最可信賴的材料。無論如何，《論語》的成書要在《左傳》之前，我很同意劉寶楠在《論語正義》（《公山章》）的主張，我們應該相信《論語》來補充《左傳》，不應該根據《左傳》來懷疑《論語》。至於崔述用後代的道德作為標準，以此來看待孔子，來辨別《論語》的真偽、純駁，更是不公平和不客觀的。

（四）略談古今「論語」注釋書籍

《論語》自漢代以來，便有不少人注解它，《論語》和《孝經》是漢朝初學者必讀書，一定要先讀這兩部書，才進而學習「五經」，「五經」就是今天的《詩經》、《尚書》（除去偽古文）、《易經》、《儀禮》和《春秋》。看來，《論語》是漢人啟蒙書的一種。漢朝人所注釋的《論語》，基本上全部亡佚，今日所殘存的，以鄭玄（一二七—二〇〇，《後漢書》有傳）注為較多，因為敦煌和日本發現了一些唐寫本殘卷，估計十存六七；其它各家，在何晏（一九〇—

二四九）《論語集解》以後，就多半只存於《十三經注疏》之《論語注疏》就用何晏《集解》，宋人邢昺（九三二—一〇一〇，《宋史》有傳）的《疏》。至於何晏、邢昺前後還有不少專注《論語》的書，可以參看清人朱彝尊（一六二九—一七〇九，《清史稿》有傳）《經義考》，紀昀（一七二四—一八〇五）等的《四庫全書總目提要》以及唐陸德明（五五〇左右—六三〇左右。新、舊《唐書》對他的生卒年並沒有明確記載，此由《冊府元龜》卷九十七推而估計之）《經典釋文．序錄》和吳檢齋（承仕）師的《疏證》。

我曾經說過，關於《論語》的書，真是汗牛充棟，舉不勝舉。讀者如果認為看了《論語譯注》還有進一步研究的必要，可以再看下列幾種書：

（1）《論語注疏》——即何晏《集解》、邢昺《疏》，在《十三經注疏》中，除武英殿本外，其它各本多沿襲阮元南昌刻本，因它有《校勘記》，可以參考。其本文文字出現於《校勘記》的，便在那文字句右側用小圈作標幟，便於查考。

（2）《論語集注》——宋朱熹（一一三〇—一二〇〇）從《禮記》中抽出《大學》和《中庸》，合《論語》、《孟子》為四書，自己用很大功力做集注。固然有很多迂腐之論，但一則自明朝以至清末，科舉考試，題目都從《四書》中出；所做文章的義理，也不能違背朱熹的見解，這叫做「代聖人立言」，影響很大。二則朱熹對於《論語》，不但講「義理」，也注意訓詁。所以這書無妨參看。

（3）劉寶楠（一七九一——一八五五）《論語正義》——清代儒生大多不滿意於唐、宋人的注疏，所以陳奐（一七八六——一八六三）作《毛詩傳疏》，焦循（一七六三——一八二〇）作《孟子正義》。劉寶楠便依焦循作《孟子正義》之法，作《論語正義》，因病而停筆，由他的兒子劉恭冕（一八二一——一八八〇）繼續寫定。所以這書實是劉寶楠父子二人所共著。徵引廣博，折中大體恰當。只因學問日益進展，當日的好書，今天便可以指出不少缺點，但參考價值仍然不小。

（4）程樹德《論語集釋》。此書在例言中已有論述，不再重複。

（5）楊樹達（一八八五——一九五六）《論語疏證》。這書把三國以前所有徵引《論語》或者和《論語》的有關資料都依《論語》原文疏列，有時出己意，加案語。值得參考。

例言

一、在本書中，著者的企圖是：幫助一般讀者比較容易而正確地讀懂《論語》，並給有志深入研究的人提供若干線索。同時，有許多讀者想藉自學的方式提高閱讀古書的能力，本書也能起一些階梯作用。

二、《論語》章節的分合，歷代版本和各家注解本互相間稍有出入，著者在斟酌取捨之後，依照舊有體例，在各篇篇名之下，簡略地記述各重要注解本的異同。

三、《論語》的本文，古今學者作了極為詳盡的校勘，但本書所擇取的只是必須對通行本的文字加以訂正的那一部分。而在這一部分中，其有刊本足為依據的，便直接用那一刊本的文字；不然，仍用通行本的文字印出，只是在應加訂正的原文之後用較小字體注出來。

四、譯文在儘可能不走失原意並保持原來風格下力求流暢明白。但古人言辭簡略，有時不得不加些詞句。這些在原文涵義之外的詞句，外用方括號〔 〕作標記。

五、在注釋中，著者所注意的是字音詞義、語法規律、修辭方式、歷史知識、地理沿革、名物制度和風俗習慣的考證等等，依出現先後以阿拉伯數字為標記。

六、本書雖然不糾纏於考證，但一切結論都是從細緻深入的考證中提煉出來的。其中絕大多數為古今學者的研究成果，也間有著者個人千慮之一得。結論固很簡單，得來卻不容易。為便於讀者查究，有時注明出處，有時略舉參考書籍，有時也稍加論證。

七、字音詞義的注釋只限於生僻字、破讀和易生歧義的地方，而且一般只在第一次出現時加注。注音一般用漢語拼音，有時兼用直音法，而以北京語音為標準。直音法力求避免古今音和土語方言的歧異。但以各地方言的紛歧龐雜，恐難完全避免，所以希望讀者依照漢語拼音所拼成的音去讀。

八、注釋中所用的語法術語以及其所根據的理論，可參考我的另一本著作《文言語法》（北京出版社出版）。

九、《論語》中某地在今日何處，有時發生不同說法，著者只選擇其較為可信的，其它說法不再徵引。今日的地名暫依《中華人民共和國行政區劃簡冊》，這本書是依據一九七五年底由公安部編成的資料。

十、朱熹的《論語集注》，雖然他自己也說，「至於訓詁皆仔細者」（《朱子語類大全》卷十一），但是，他究竟是個唯心主義者，也有意地利用《論語》的注釋來闡述自己的哲學思想，因之不少主觀片面的說法；同時，他那時的考據之學、訓詁之學的水平遠不及後代，所以必須糾正的地方很多。而他這本書給後代的影響特別大，至今還有許多人「積非成是」，深信不疑。因之，在某些關節處，著者對其錯誤説法，不能不稍加駁正。

十一、《論語》的詞句，幾乎每一章節都有兩三種以至十多種不同的講解。一方面，是由於古今人物引用《論語》者「斷章取義」的結果。我們不必去反對「斷章取義」的做法（這實在是難以避免的），但是不要認為其斷章之義就是《論語》的本義。另一方面，更有許多是由於解釋《論語》者「立意求高」的結果。金人王若虛在其所著《滹南遺老集》卷五中說：「『子曰，十室之邑必有忠信如丘者焉，不如丘之好學也。』或訓『焉』為『何』，而屬之下句。『廄焚，子退朝，曰，傷人乎，不問馬。』或讀『不』為『否』而屬之上句（著者案：當云另成一讀）。意聖人至謙，必不肯言人之莫己若；聖人至仁，必不賤畜而無所恤也。義理之是非姑置勿論，且道世之為文者有如此語法乎？故凡解經，其論雖高，而於文勢語法不順者亦未可遽從，況未高乎？」

我非常同意這種意見。因之，著者的方針是不炫博，不矜奇，像這樣的講解，一概不加論列。但也不自是，不遺美。有些講解雖然和「譯文」有所不同，卻仍然值得考慮，或者可以兩存，便也在注釋中加以徵引。也有時對某些流行的似是而非的講解加以論辨。

十二、本書引用諸家，除仲父及師友稱字並稱「先生」外，餘皆稱名。

十三、本書初稿曾經我叔父遇夫（樹達）先生逐字審讀，直接加以批改，改正了不少錯誤。其後又承王了一（力）教授審閱，第二次稿又承馮芝生（友蘭）教授審閱，兩位先生都給提了寶貴意見。最後又承古籍出版社童第德先生提了許多意見。著者因此作了適當的增改。對馮、王、童三位先生，著者在此表示感謝；但很傷心的是遇夫先生已經不及看到本書的出版了。

十四、古今中外關於《論語》的著作真是「汗牛充棟」。僅日本學者林泰輔博士在《論語年譜》中所著錄的便達三千種之多，此外還有他所不曾著錄和不及著錄的，又還有散見於別的書籍的大量零星考證材料。程樹德的《論語集釋》，徵引書籍六百八十種，可說是繁富的了，然而還未免有疏略和可以商量的地方。著者以前人已有的成果為基礎，着手雖然比較容易，但仍限於學力和見解，一定還有不妥以至錯誤之處，誠懇地希望讀者指正。

著者

一九五六年七月十六日寫訖，一九五七年三月廿六日增改。一九七九年十二月修訂。

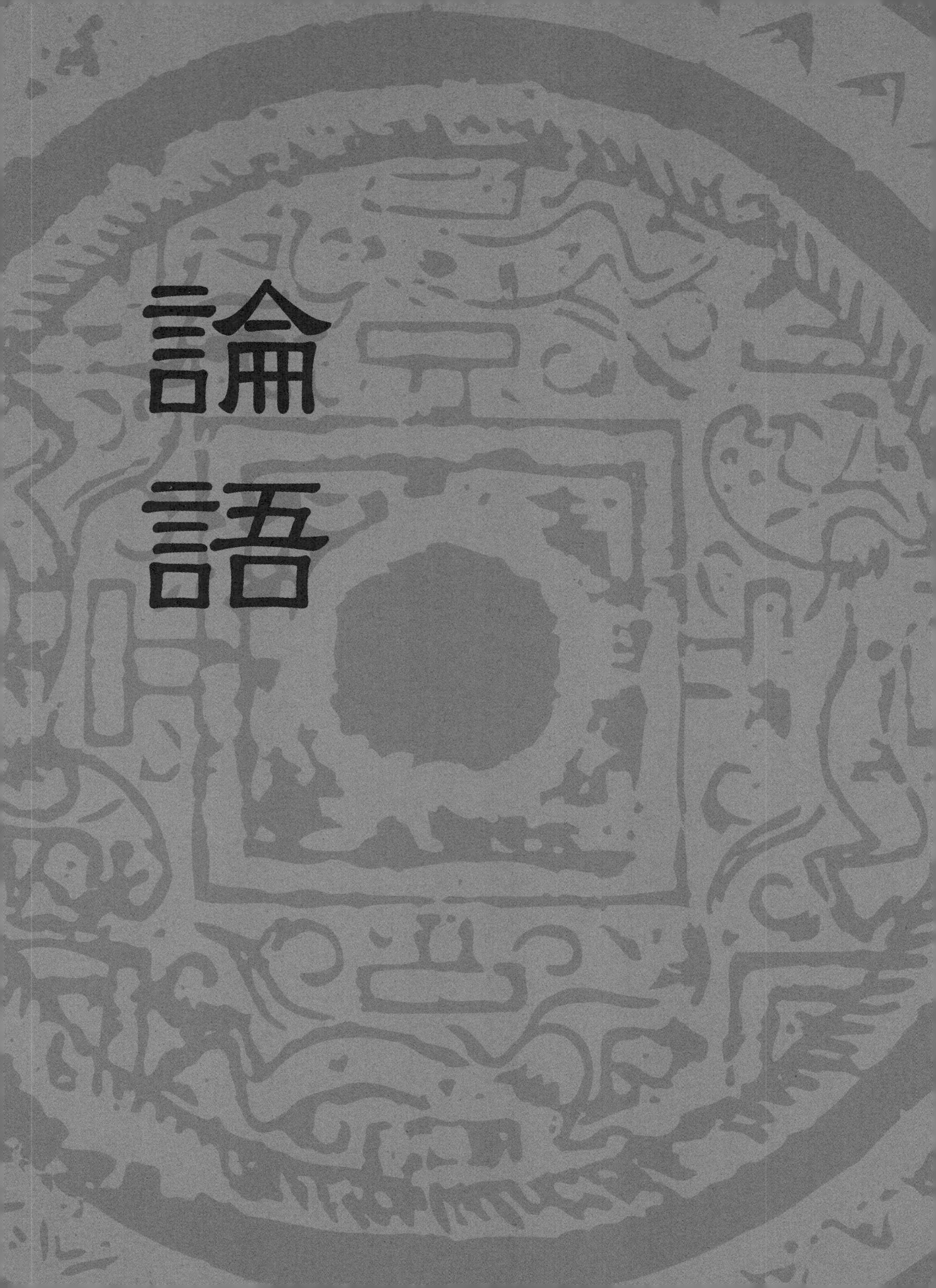

論語

學而篇第一

共十六章

1.1 子[①]曰：「學而時[②]習[③]之，不亦說[④]乎？有朋[⑤]自遠方來，不亦樂乎？人不知[⑥]，而不慍[⑦]，不亦君子[⑧]乎？」

【譯文】

孔子說：「學了，然後按一定的時間去實習它，不也高興嗎？有志同道合的人從遠處來，不也快樂嗎？人家不了解我，我卻不怨恨，不也是君子嗎？」

【注釋】

① 子——《論語》「子曰」的「子」都是指孔子而言。

② 時——「時」字在周秦時候若作副詞用，等於《孟子·梁惠王上》「斧斤以時入山林」的「以時」，「在一定的時候」或者「在適當的時候」的意思。王肅的《論語注》正是這樣解釋的。朱熹的《論語集注》把它解為「時常」，是用後代的詞義解釋古書。

③習——一般人把習解為「溫習」，但在古書中，它還有「實習」、「演習」的意義，如《禮記．射義》的「習禮樂」、「習射」。《史記．孔子世家》：「孔子去曹適宋，與弟子習禮大樹下。」這一「習」字，更是演習的意思。孔子所講的功課，一般都跟當時的社會生活和政治生活密切結合。像禮（包括各種儀節）、樂（音樂）、射（射箭）、御（駕車）這些，尤其非演習、實習不可。所以這「習」字以講為實習為好。

④說——音讀和意義跟「悅」字相同，高興、愉快的意思。

⑤有朋——古本有作「友朋」的。舊注說：「同門曰朋。」宋翔鳳《樸學齋札記》說，這裏的「朋」字卽指「弟子」，就是《史記．孔子世家》的「故孔子不仕，退而修詩、書、禮樂，弟子彌眾，至自遠方」。譯文用「志同道合之人」卽本此義。

⑥人不知——這一句，「知」下沒有賓語，人家不知道什麼呢？當時因為有說話的實際環境，不需要說出便可以了解，所以未給說出。但這卻給後人留下了一個謎。有人說，這一句是接上一句說的，從遠方來的朋友向我求教，我告訴他，他還不懂，我卻不慍恨。這樣，「人不知」是「人家不知道我所講述的」了。這種說法我嫌牽強，所以仍照一般的解釋。這一句和《憲問篇》的「君子病無能焉，不病人之不己知也」的精神相同。

⑦慍——yùn，怨恨。

⑧君子——《論語》的「君子」，有時指「有德者」，有時指「有位者」，這裏是指「有德者」。

1.2 **有子[①]曰：「其為人也孝弟[②]，而好犯[③]上者，鮮[④]矣；不好犯上，而好作亂者，未之有也[⑤]。君子務本，本立而道生。孝弟也者，其為仁之本[⑥]與[⑦]！」**

【譯文】

有子說：「他的為人，孝順爹娘，敬愛兄長，卻喜歡觸犯上級，這種人是很少的；不喜歡觸犯上級，卻喜歡造反，這種人從來沒有過。君子專心致力於基礎工作，基礎樹立了，『道』就會產生。孝順爹娘，敬愛兄長，這就是『仁』的基礎吧！」

【注釋】

①有子——孔子學生，姓有，名若，比孔子小十三歲，一說小三十三歲，以小三十三歲之說較可信。《論語》記載孔子的學生一般稱字，獨曾參和有若稱「子」（另外，冉有和閔子騫偶一稱子，又當別論），因此很多人疑心《論語》就是由他們

兩人的學生所纂述的。但是有若稱子，可能是由於他在孔子死後曾一度為孔門弟子所尊重的緣故（這一史實可參閱《禮記·檀弓上》、《孟子·滕文公上》和《史記·仲尼弟子列傳》）。至於《左傳》哀公八年說有若是一個「國士」，還未必是足以使他被尊稱為「子」的原因。

② 孝弟——孝，奴隸社會時期所認為的子女對待父母的正確態度；弟，音讀和意義跟「悌」相同，音替，tì，弟弟對待兄長的正確態度。封建時代也把「孝弟」作為維持它那時候的社會制度、社會秩序的一種基本道德力量。

③ 犯——抵觸，違反，冒犯。

④ 鮮——音顯，xiǎn，少。《論語》的「鮮」都是如此用法。

⑤ 未之有也——「未有之也」的倒裝形式。古代句法有一條這樣的規律：否定句，賓語若是指代詞，這指代詞的賓語一般放在動詞前。

⑥ 孝弟為仁之本——「仁」是孔子的一種最高道德的名稱。也有人說（宋人陳善的《捫蝨新語》開始如此說，後人贊同者很多），這「仁」字就是「人」字，古書「仁」「人」兩字本有很多寫混了的。這裏是說「孝悌是做人的根本」。這一說雖然也講得通，但不能和「本立而道生」一句相呼應，未必符合有子的原意。《管子·戒篇》說，「孝弟者，仁之祖也」，也是這意。

⑦ 與——音讀和意義跟「歟」字一樣，《論語》的「歟」字都寫作「與」。

1.3

子曰：「巧言令色[1]，鮮矣仁！」

【譯文】

孔子說：「花言巧語，偽善的面貌，這種人，『仁德』是不會多的。」

【注釋】

① 巧言令色——朱注云：「好其言，善其色，致飾於外，務以說人。」所以譯文以「花言巧語」譯巧言，「偽善的面貌」譯令色。

1.4

曾子[1]曰：「吾日三省[2]吾身——為人謀而不忠乎？與朋友交而不信[3]乎？傳[4]不習[5]乎？」

【譯文】

曾子說：「我每天多次自己反省：替別人辦事是否盡心竭力了呢？同朋友往來是否誠實呢？老師傳授我的學業是否復習了呢？」

【注釋】

①曾子——孔子學生，名參（音森，sēn），字子輿，南武城（故城在今天的山東棗莊附近）人，比孔子小四十六歲（公元前五〇五—四三五）。

②三省——「三」字有讀去聲的，其實不破讀也可以。「省」音醒，xǐng，自我檢查，反省，內省。「三省」的「三」表示多次的意思。古代在有動作性的動詞上加數字，這數字一般表示動作頻率。而「三」「九」等字，又一般表示次數的多，不要着實地去看待。說詳汪中《述學・釋三九》。這裏所反省的是三件事，和「三省」的「三」只是巧合。如果這「三」字是指以下三件事而言，依《論語》的句法便應該這樣說：「吾日省者三。」和《憲問篇》的「君子道者三」一樣。

③信——誠也。

④傳——平聲，chuán，動詞作名詞用，老師的傳授。

⑤習——這「習」字和「學而時習之」的「習」一樣，包括溫習、實習、演習而言，這裏概括地譯為「復習」。

1.5 子曰：「道①千乘之國②，敬事③而信，節用而愛人④，使民以時⑤。」

【譯文】

孔子說：「治理具有一千輛兵車的國家，就要嚴肅認真地對待工作，信實無欺，節約費用，愛護官吏，役使老百姓要在農閒時間。」

【注釋】

①道——動詞，治理的意思。

②千乘之國——乘音剩，shèng，古代用四匹馬拉着的兵車。春秋時代，打仗用車子，所以國家的強弱都用車輛的數目來計算。春秋初期，大國都沒有千輛兵車。像《左傳》僖公二十八年所記載的城濮之戰，晉文公還只有七百乘。但是在那個時代，戰爭頻繁，無論侵略者和被侵略者都必須擴充軍備。侵略者更因為兼併的結果，兵車的發展速度更快；譬如晉國到平丘之會，據叔向的話，已有四千乘了（見《左傳》昭公十三年）。千乘之國，在孔子之時已經不是大國，因此子路也說「千乘之國攝乎大國之間」（11.26）的話了。

③敬事——「敬」字一般用於表示工作態度，因之常和「事」字連用，如《衞靈公篇》的「事君敬其事而後其食」。

④愛人——古代「人」字有廣狹兩義。廣義的「人」指一切人羣，狹義的人只指士大夫以上各階層的人。這裏和「民」（使「民」以時）對言，用的是狹義。

⑤ 使民以時——古代以農業為主，「使民以時」即是《孟子．梁惠王上》的「不違農時」，因此用意譯。

1.6 子曰：「弟子①，入②則孝，出②則悌，謹③而信，泛愛眾，而親仁④。行有餘力，則以學文。」

【譯文】

孔子說：「後生小子，在父母跟前，就孝順父母；離開自己房子，便敬愛兄長；寡言少語，說則誠實可信，博愛大眾，親近有仁德的人。這樣躬行實踐之後，有剩餘力量，就再去學習文獻。」

【注釋】

① 弟子——一般有兩種意義：（甲）年紀幼小的人，（乙）學生。這裏用的是第一種意義。

② 入、出——《禮記．內則》：「由命士以上，父子皆異宮」，則知這裏的「弟子」是指「命士」以上的人物而言。「入」是「入父宮」，「出」是「出己宮」。

③ 謹——寡言叫做謹。詳見楊遇夫先生的《積微居小學金石論叢》卷一。

④ 仁——「仁」即「仁人」，和《雍也篇第六》的「井有仁焉」的「仁」一樣。古代的詞彙經常運用這樣一種規律：用某一具體人和事物的性質、特徵甚至原料來代表那一具體的人和事物。

1.7

子夏[①]曰：「賢賢易色[②]；事父母，能竭其力；事君，能致[③]其身；與朋友交，言而有信。雖曰未學，吾必謂之學矣。」

【譯文】

子夏說：「對妻子，重品德，不重容貌；侍奉爹娘，能盡心竭力；服事君上，能豁出生命；同朋友交往，說話誠實守信。這種人，雖說沒學習過，但我一定說他已經學習過了。」

【注釋】

① 子夏——孔子學生，姓卜，名商，字子夏，比孔子小四十四歲（公元前五〇七—？）。

②賢賢易色——這句話，一般的解釋是：「用尊重優秀品德的心來交換（或者改變）愛好美色的心。」照這種解釋，這句話的意義就比較空泛。陳祖範的《經咫》、宋翔鳳的《樸學齋札記》等書卻說，以下三句，事父母、事君、交朋友，各指一定的人事關係；那麼，「賢賢易色」也應該是指某一種人事關係而言，不能是一般的泛指。奴隸社會和封建社會把夫妻間關係看得極重，認為是「人倫之始」和「王化之基」，這裏開始便談到它，是不足為奇的。我認為這話很有道理。「易」有交換、改變的意義，也有輕視（如言「輕易」）、簡慢的意義。因之我便用《漢書》卷七十五《李尋傳》顏師古注的說法，把「易色」解為「不重容貌」。

③致——有「委棄」、「獻納」等意義，所以用「豁出生命」來譯它。

1.8

子曰：「君子①不重，則不威；學則不固。主忠信②。無友不如己者③。過，則勿憚改。」

【譯文】

孔子說：「君子，如果不莊重，就沒有威嚴；卽使讀書，所學的也不會鞏固。要以忠和信兩種道德為主。不要跟不如自己的人交朋友。有了過錯，就不要怕改正。」

【注釋】

①君子——這一詞一直貫串到末尾，因此譯文將這兩字作一停頓。

②主忠信——《顏淵篇》（12.10）也說，「主忠信，徙義，崇德也」，可見「忠信」是道德。

③無友不如己者——古今人對這一句發生不少懷疑，因而有一些不同的解釋。譯文只就字面譯出。

1.9 **曾子曰：「慎終[1]，追遠[2]，民德歸厚矣。」**

【譯文】

曾子說：「謹慎地對待父母的死亡，追念遠代祖先，自然會使老百姓歸於忠厚老實了。」

【注釋】

①慎終——鄭玄的注：「老死曰終。」可見這「終」字是指父母的死亡。慎終的內容，劉寶楠《論語正義》引《檀弓》曾子的話是指附身（裝殮）、附棺（埋葬）的事必誠必信，不要有後悔。

②追遠——具體地說是指「祭祀盡其敬」。兩者譯文都只就字面譯出。

1.10 子禽[①]問於子貢[②]曰：「夫子[③]至於是邦也，必聞其政，求之與？抑與之與？」子貢曰：「夫子溫、良、恭、儉、讓以得之。夫子之求之也，其諸[④]異乎人之求之與？」

【譯文】

子禽向子貢問道：「他老人家一到哪個國家，必然聽得到那個國家的政事，他是求來的呢？還是別人自動告訴他的呢？」子貢回答道：「他老人家是靠溫和、善良、嚴肅、節儉、謙遜來取得的。他老人家獲得的方法，和別人獲得的方法，不相同吧？」

【注釋】

①子禽——陳亢（kàng）字子禽。從《子張篇》所載的事看來，恐怕不是孔子的學生。《史記．仲尼弟子列傳》也不載此人。但鄭玄注《論語》和《檀弓》都說他是孔子學生，不清楚有什麼根據。（臧庸的《拜經日記》說子禽就是仲尼弟子列傳的原亢禽，簡朝亮的《論語集注補疏》曾加以辯駁。）

②子貢——孔子學生，姓端木，名賜，字子貢，衞人，比孔子小三十一歲（公元前五二〇——？）。

③夫子——這是古代的一種敬稱，凡是做過大夫的人，都可以取得這一敬稱。孔子曾為魯國的司寇，所以他的學生稱他為夫子，後來因此沿襲以稱呼老師。在一定的場合下，也用以特指孔子。

④其諸——洪頤煊《讀書叢錄》云：「公羊桓六年傳，『其諸以病桓與？』閔公元年傳，『其諸吾仲孫與？』僖公二十四年傳，『其諸此之謂與？』宣公五年傳，『其諸為其雙雙而俱至者與？』十五年傳，『其諸則宜於此焉變矣。』『其諸』是齊魯間語。」案，總上諸例，皆用來表示不肯定的語氣。黃家岱《嫥藝軒雜著》說「其諸」意為「或者」，大致得之。

1.11 子曰：「父在，觀其①志；父沒，觀其行②；三年③無改於父之道④，可謂孝矣。」

【譯文】孔子說：「當他父親活着，〔因為他無權獨立行動，〕要觀察他的志向；他父親死了，要考察他的行為；若是他對他父親的合理部分，長期地不加改變，就可以說做到孝了。」

【注釋】

①其——指兒子，不是指父親。

②行——去聲，xìng。

③三年——古人這種數字，有時不要看得太機械。它經常只表示一種很長的時期。

④道——有時候是一般意義的名詞，無論好壞、善惡都可以叫做道。但更多時候是積極意義的名詞，表示善的好的東西。這裏應該這樣看，所以譯為「合理部分」。

1.12 有子曰：「禮之用，和①為貴。先王之道，斯為美；小大由之。有所不行②，知和而和，不以禮節之，亦不可行也。」

【譯文】

有子說：「禮的作用，以遇事都做得恰當為可貴。過去聖明君王治理國家，可寶貴的地方就在這裏；他們小事大事都做得恰當。但是，如有行不通的地方，便為恰當而求恰當，不用一定的規矩制度來加以節制，也是不可行的。」

【注釋】

①和——《禮記．中庸》：「喜怒哀樂之未發謂之中，發而皆中節謂之和。」楊遇夫先生《論語疏證》說：「事之中節者皆謂之和，不獨喜怒哀樂之發一事也。《說文》云：『龢，調也。』『盉，調味也。』樂調謂之龢，味調謂之盉，事之調適者謂之和，其義一也。和今言適合，言恰當，言恰到好處。」

②有所不行——皇侃《義疏》把這句屬上，全文便如此讀：「禮之用，和為貴。先王之道，斯為美。小大由之，有所不行。……」他把「和」解為音樂，說：「此以下明人君行化必禮樂相須。……變樂言和，見樂功也。……小大由之有所不行者，言每事小大皆用禮，而不以樂和之，則其政有所不行也。」這種句讀法值得考慮，但把「和」解釋為音樂，而且認為「小大由之」的「之」是指「禮」而言，都覺牽強。特為注出，以供大家參考。

1.13 有子曰：「信近於義，言可復[①]也。恭近於禮，遠[②]恥辱也。因[③]不失其親，亦可宗[④]也。」

【譯文】

有子說：「所守的約言符合義，說的話就能兑現。態度容貌的莊矜合於禮，就不致遭受侮辱。依靠關係深的人，也就可靠了。」

【注釋】

①復——《左傳》僖公九年荀息說：「吾與先君言矣，不可以貳，能欲復言而愛身乎？」又哀公十六年葉公說：「吾聞勝也好復言，……復言非信也。」這「復言」都是實踐諾言之義。《論語》此義當同於此。朱熹《集注》云：「復，踐言也。」但未舉論證，因之後代訓詁家多有疑之者。童第德先生為我舉出《左傳》為證，足補古今字書之所未及。

②遠——去聲，音院，yuàn，動詞，使動用法，使之遠離的意思。此處亦可以譯為避免。

③因——依靠，憑藉。有人讀為「姻」字，那「因不失其親」，便當譯為「所與婚姻的人都是可親的」，恐未必如此。

④宗——主，可靠。一般解釋為「尊敬」，不妥。

1.14 子曰：「君子①食無求飽，居無求安，敏於事而慎於言，就有道而正②焉，可謂好學也已。」

【譯文】

孔子說：「君子，吃食不要求飽足，居住不要求舒適，對工作勤勞敏捷，說話卻謹慎，到有道的人那裏去匡正自己，這樣，可以說是好學了。」

【注釋】

①君子——《論語》的「君子」有時指「有位之人」，有時指「有德之人」。但有的地方究竟是指有位者，還是指有德者，很難分別。此處大概是指有德者。

②正——《論語》「正」字用了很多次。當動詞的，都作「匡正」或「端正」講，這裏不必例外。一般把「正」字解為「正其是非」、「判其得失」，我所不取。

1.15

子貢曰：「貧而無諂，富而無驕，何如[①]？」子曰：「可也；未若貧而樂[②]，富而好禮者也。」

子貢曰：「《詩》云：『如切如磋，如琢如磨[③]』其斯之謂與？」子曰：「賜[④]也，始可與言詩已矣，告諸往而知來者[⑤]。」

【譯文】

子貢說：「貧窮卻不巴結奉承，有錢卻不驕傲自大，怎麼樣？」孔子說：「可以了；但是還不如雖貧窮卻樂於道，縱有錢卻謙虛好禮。」

子貢說：「《詩經》上說：『要像對待骨、角、象牙、玉石一樣，先開料，再糙銼，細刻，然後磨光。』那就是這樣的意思吧？」孔子道：「賜呀，現在可以同你討論《詩經》了，告訴你一件事，你能有所發揮，舉一反三了。」

【注釋】

① 何如——《論語》中的「何如」，都可以譯為「怎麼樣」。

② 貧而樂——皇侃本「樂」下有「道」字。鄭玄注云：「樂謂志於道，不以貧為憂苦。」所以譯文增「於道」兩字。

③ 如切如磋，如琢如磨——兩語見於《詩經·衛風·淇奧篇》。

④ 賜——子貢名。孔子對學生都稱名。

⑤ 告諸往而知來者——「諸」，在這裏用法同「之」一樣。「往」，過去的事，這裏譬為已知的事；「來者」，未來的事，這裏譬為未知的事。譯文用意譯法。孔子讚美子貢能運用《詩經》作譬，表示學問道德都要提高一步看。

1.16 子曰：「不患人之不己知，患不知人也。」

【譯文】

孔子說：「別人不了解我，我不急；我急的是自己不了解別人。」

為政篇第二

共二十四章

2.1 子曰：「為政以德，譬如北辰①居其所而眾星共②之。」

【譯文】

孔子說：「用道德來治理國政，自己便會像北極星一般，在一定的位置上，別的星辰都環繞着它。」

【注釋】

①北辰——由於地球自轉軸正對天球北極，在地球自轉和公轉所反映出來的恒星週日和週年視運動中，天球北極是不動的，其它恒星則繞之旋轉。中國黃河中、下游流域，約為北緯三十六度，因之天球北極也高出北方地平線上三十六度。孔子所說的北辰，不是指天球北極，而是指北極星。天球北極雖然不動，其它星辰都環繞着它動，但北極星也是動的，而且轉動非常快。只是因為它距離地球太遠，約七百八十二光年，人們不覺得它移動罷了。距今四千年前北極在右樞（天龍座

α）附近，目前則在勾陳一（小熊座α）附近。

② 共——同拱，與《左傳》僖公三十二年「爾墓之木拱矣」的「拱」意義相近，環抱、環繞之意。

2.2

子曰：「詩三百①，一言以蔽之，曰：『思無邪②』。」

【譯文】

孔子說：「《詩經》三百篇，用一句話來概括它，就是『思想純正』。」

【注釋】

① 詩三百——《詩經》實有三百零五篇，「三百」只是舉其整數。

② 思無邪——「思無邪」一語本是《詩經．魯頌．駉篇》之文，孔子借它來評論所有詩篇。思字在《駉篇》本是無義的語首詞，孔子引用它卻當思想解，自是斷章取義。俞樾《曲園雜纂說項》說這也是語辭，恐不合孔子原意。

2.3

子曰：「道①之以政，齊之以刑，民免②而無恥；道之以德，齊之以禮，有恥且格③。」

【譯文】

孔子說：「用政法來誘導他們，用刑罰來整頓他們，人民只是暫時地免於罪過，卻沒有廉恥之心。如果用道德來誘導他們，用禮教來整頓他們，人民不但有廉恥之心，而且人心歸服。」

【注釋】

①道——有人把它看成「道千乘之國」的「道」一樣，治理的意思。也有人把它看成「導」字，引導的意思，我取後一說。

②免——先秦古書若單用一個「免」字，一般都是「免罪」、「免刑」、「免禍」的意思。

③格——這個字的意義本來很多，在這裏有把它解為「來」的，也有解為「至」的，還有解為「正」的，更有寫作「恪」，解為「敬」的。這些不同的講解都未必符合孔子原意。《禮記．緇衣篇》：「夫民，教之以德，齊之以禮，則民有格心；教之以政，齊之以刑，則民有遯心。」這話可以看作孔子此言的最早注釋，較為可信。

此處「格心」和「遯心」相對成文，「遯」即「遁」字，逃避的意思。逃避的反面應該是親近、歸服、嚮往，所以用「人心歸服」來譯它。

2.4 子曰：「吾十有①五而志於學，三十而立②，四十而不惑③，五十而知天命④，六十而耳順⑤，七十而從心所欲，不踰矩⑥。」

【譯文】

孔子說：「我十五歲，有志於學問；三十歲，〔懂禮儀，〕說話做事都有把握；四十歲，〔掌握了各種知識，〕不至迷惑；五十歲，得知天命；六十歲，一聽別人言語，便可以分別真假，判明是非；到了七十歲，便隨心所欲，任何念頭都不越出規矩。」

【注釋】

①有——同又。古人在整數和小一位的數字之間多用「有」字，不用「又」字。

②立——《泰伯篇》說：「立於禮。」《季氏篇》又說：「不學禮，無以立。」因之譯文添了「懂得禮儀」幾個字。「立」是站立的意思，這裏是「站得住」的意思，為

求上下文的流暢，意譯為遇事「都有把握」。

③ 不惑——《子罕篇》和《憲問篇》都有「知者不惑」的話，所以譯文用「掌握了知識」來說明「不惑」。

④ 天命——孔子不是宿命論者，但也講天命。孔子的天命，我已有文探討。後來的人雖然談得很多，未必符合孔子本意。因此，這兩個字暫不譯出。

⑤ 耳順——這兩個字很難講，企圖把它講通的也有很多人，但都覺牽強。譯者姑且作如此講解。

⑥ 從心所欲不踰矩——「從」字有作「縱」字的，皇侃《義疏》也讀為「縱」，解為放縱。柳宗元《與楊晦之書》說「孔子七十而縱心」，不但「從」字寫作「縱」，而且以「心」字絕句，「所欲」屬下讀。「七十而縱心，所欲不踰矩」。但「縱」字古人多用於貶義，如《左傳》昭公十年「我實縱欲」，柳讀難從。

2.5 孟懿子[①]問孝。子曰：「無違[②]。」

樊遲[③]御，子告之曰：「孟孫問孝於我，我對曰，無違。」樊遲曰：「何謂也？」子曰：「生，事之以禮[④]；死，葬之以禮，祭之以禮。」

【譯文】

孟懿子向孔子問孝道。孔子說：「不要違背禮節。」不久，樊遲替孔子趕車子，孔子便告訴他說：「孟孫向我問孝道，我答覆說，不要違背禮節。」樊遲道：「這是什麼意思？」孔子道：「父母活着，依規定的禮節侍奉他們；父母死了，依規定的禮節埋葬他們，祭祀他們。」

【注釋】

①孟懿子——魯國的大夫，三家之一，姓仲孫，名何忌，「懿」是諡號。他父親是孟僖子仲孫貜。《左傳》昭公七年說，孟僖子將死，遺囑要他向孔子學禮。

②無違——黃式三《論語後案》說：「《左傳》桓公二年云，『昭德塞違』，『滅德立違』，『君違，不忘諫之以德』；六年傳云：『有嘉德而無違心』，襄公二十六年傳云，『正其違而治其煩』……古人凡背禮者謂之違。」因此，我把「違」譯為「違禮」。王充《論衡．問孔篇》曾經質問孔子，為什麼不講「無違禮」，而故意省略講為「無違」，難道不怕人誤會為「毋違志」嗎？由此可見「違」字的這一涵義在後漢時已經不被人所了解了。

③樊遲——孔子學生，名須，字子遲，比孔子小四十六歲。（《史記．仲尼弟子列傳》作小三十六歲，《孔子家語》作小四十六歲。若從《左傳》哀公十一年所記載

的樊遲的事考之，可能《史記》的「三」係「亖」（古四字）之誤。」

④ 生，事之以禮——「生」和下句「死」都是表示時間的節縮語，所以自成一逗。古代的禮儀有一定的差等，天子、諸侯、大夫、士、庶人各不相同。魯國的三家是大夫，不但有時用魯公（諸侯）之禮，甚至有時用天子之禮。這種行為當時叫做「僭」，是孔子所最痛心的。孔子這幾句答語，或者是針對這一現象發出的。

2.6

孟武伯[1]問孝。子曰：「父母唯其[2]疾之憂。」

【譯文】

孟武伯向孔子請教孝道。孔子道：「做爹娘的只是為孝子的疾病發愁。」

【注釋】

① 孟武伯——仲孫彘，孟懿子的兒子，「武」是謚號。

② 其——第三人稱表示領位的代名詞，相當於「他的」、「他們的」。但這裏所指代的是父母呢，還是兒女呢？便有兩說。王充《論衡·問孔篇》說：「武伯善憂父母，故曰，唯其疾之憂。」《淮南子·說林訓》說：「憂父之疾者子，治之者醫。」

高誘注云：「父母唯其疾之憂，故曰憂之者子。」可見王充、高誘都以為「其」字是指代父母而言。馬融卻說：「言孝子不妄為非，唯疾病然後使父母憂。」把「其」字代孝子。兩說都可通，此處採取馬融之說。

2.7

子游①問孝。子曰：「今之孝者，是謂能養②。至於③犬馬，皆能有養④；不敬，何以別乎？」

【譯文】

子游問孝道。孔子說：「現在的所謂孝，就是說能夠養活爹娘便行了。對於狗馬都能夠得到飼養；若不存心嚴肅地孝順父母，那養活爹娘和飼養狗馬怎樣去分別呢？」

【注釋】

① 子游——孔子學生，姓言，名偃，字子游，吳人，小於孔子四十五歲。

② 養——「養父母」的「養」從前人都讀去聲，音漾，yàng。

③ 至於——張相的《詩詞曲語詞匯釋》把「至於」解作「卽使」、「就是」。在這一

段中固然能夠講得文從字順，可是「至於」的這一種用法，在先秦古書中僅此一見，還難於據以肯定。我認為這一「至於」和《孟子・告子上》的「惟耳亦然。至於聲，天下期於師曠，是天下之耳相似也。惟目亦然。至於子都，天下莫不知其姣也。」的「至於」用法相似。都可用「談到」、「講到」來譯它。不譯也可。

④ 至於犬馬皆能有養——這一句很有些不同的講法。一說是犬馬也能得到養活，人養活人，若不加以敬，便和犬馬得到養活無所分別。這一說也通。還有一說是犬馬也能養活牠自己的爹娘（李光地《論語劄記》、翟灝《四書考異》），可是犬馬在事實上是不能夠養活自己爹娘的，所以這說不可信。還有人說，犬馬是比喻小人之詞（劉寶楠《論語正義》引劉寶樹說），可是用這種比喻的修辭法，在《論語》中找不出第二個相似的例子，和《論語》的文章風格不相侔，更不足信。

2.8 子夏問孝。子曰：「色難①。有事，弟子②服其勞；有酒食③，先生饌④，曾⑤是以為孝乎？」

【譯文】

子夏問孝道。孔子道：「兒子在父母跟前經常有愉悅的容色，是件難事。有事情，年輕人效勞；有酒有餚，年長的人吃喝，難道這竟可認為是孝麼？」

【注釋】

①色難——這句話有兩說，一說是兒子侍奉父母時的容色。《禮記・祭義篇》說：「孝子之有深愛者必有和氣，有和氣者必有愉色，有愉色者必有婉容。」可以做這兩個字的注腳。另一說是侍奉父母的容色，後漢的經學家包咸、馬融都如此說。但是，若原意果真如此的話，應該說為「侍色為難」，不該簡單地說為「色難」，因之我不採取。

②弟子、先生——劉台拱《論語駢枝》云：「《論語》言『弟子』者七，其二皆年幼者，其五謂門人。言『先生』者二，皆謂年長者。」馬融說：「先生謂父兄也。」亦通。

③食——舊讀去聲，音嗣，sì，食物。不過現在仍如字讀shí，如「主食」、「副食」、「麵食」。

④饌——zhuàn，吃喝。《魯論》作「餕」。餕，食餘也。那麼這句便當如此讀：「有酒，食先生餕」，而如此翻譯：「有酒，幼輩吃其剩餘。」

⑤曾——音層，céng，副詞，竟也。

子曰：「吾與回①言終日，不違，如愚。退而省其私②，亦足以發，回也不愚。」

【譯文】

孔子說：「我整天和顏回講學，他從不提反對意見和疑問，像個蠢人。但等他退回去自己研究，卻也能發揮，可見顏回並不愚蠢。」

【注釋】

①回——顏回，孔子最得意的學生，魯國人，字子淵，小孔子三十歲（《史記·仲尼弟子列傳》如此說。但根據毛奇齡《論語稽求篇》和崔適《論語足徵記》的考證，《史記》的「三十」應為「四十」之誤，顏淵實比孔子小四十歲，公元前五一一—四八〇）。

②退而省其私——朱熹的《集注》以為孔子退而省顏回的私，「則見其日用動靜語默之間皆足以發明夫子之道。」用顏回的實踐來證明他能發揮孔子之道，說也可通。

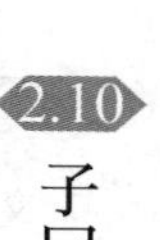

子曰：「視其所以①，觀其所由②，察其所安③。人焉廋哉④？人焉廋哉？」

【譯文】

孔子說：「考查一個人所結交的朋友；觀察他為達到一定目的所採用的方式方法；了解他的心情，安於什麼，不安於什麼。那麼，這個人怎樣隱藏得住呢？這個人怎樣隱藏得住呢？」

【注釋】

①所以——「以」字可以當「用」講，也可以當「與」講。如果解釋為「用」，便和下句「所由」的意思重複，因此我把它解釋為「與」，和《微子篇第十八》「而誰以易之」的「以」同義。有人說「以猶為也」。「視其所以」即《大戴禮‧文王官人篇》的「考其所為」，也通。

②所由——「由」，「由此行」的意思。《學而篇第一》的「小大由之」，《雍也篇第六》的「行不由徑」，《泰伯篇第八》的「民可使由之」的「由」都如此解。「所由」是指所從由的道路，因此我用方式方法來譯述。

③所安——「安」就是《陽貨篇第十七》孔子對宰予說的「女安，則為之」的「安」。一個人未嘗不錯做一兩件壞事，如果因此而心不安，仍不失為好人。因之譯文多說了幾句。

④人焉廋哉——焉，何處；廋，音搜，sōu，隱藏，藏匿。這句話機械地翻譯，便

是：「這個人到哪裏去隱藏呢。」《史記．魏世家》述説李克的觀人方法是「居視其所親，富視其所與，達視其所舉，窮視其所不為，貧視其所不取」。雖較具體，卻無此深刻。

2.11

子曰：「溫故而知新①，可以為師矣。」

【譯文】孔子說：「在溫習舊知識時，能有新體會、新發現，就可以做老師了。」

【注釋】①溫故而知新——皇侃《義疏》說，「溫故」就是「月無忘其所能」，「知新」就是「日知其所亡」（19.5），也通。

2.12

子曰：「君子不器①。」

【譯文】

孔子說：「君子不像器皿一般，〔只有一定的用途。〕」

【注釋】

①古代知識範圍狹窄，孔子認為應該無所不通。後人還曾說，一事之不知，儒者之恥。雖然有人批評孔子「博學而無所成名」(9.2)，但孔子仍說「君子不器」。

2.13 子貢問君子。子曰：「先行其言而後從之。」

【譯文】

子貢問怎樣才能做一個君子。孔子道：「對於你要說的話，先實行了，再說出來，〔這就夠說是一個君子了〕。」

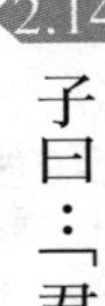

子曰：「君子周而不比①，小人比而不周。」

【譯文】

孔子說：「君子是團結，而不是勾結；小人是勾結，而不是團結。」

【注釋】

①周、比——「周」是以當時所謂道義來團結人，「比」則是以暫時共同利害互相勾結。「比」舊讀去聲bì。

子曰：「學而不思則罔①，思而不學則殆②。」

【譯文】

孔子說：「只是讀書，卻不思考，就會受騙；只是空想，卻不讀書，就會缺乏信心。」

【注釋】

①罔——誣罔的意思。「學而不思」則受欺，似乎是《孟子·盡心下》「盡信書，不如無書」的意思。

②殆——《論語》的「殆」(dài)有兩個意義。下文第十八章「多見闕殆」的「殆」當「疑惑」解（說本王引之《經義述聞》），《微子篇》「今之從政者殆而」的「殆」當危險解。這裏兩個意義都講得過去，譯文取前一義。古人常以「罔」「殆」對文，如《詩經·小雅·節南山》云：「弗問弗仕，勿罔君子，式夷式己，無小人殆。」（「無小人殆」即「無殆小人」，因韻腳而倒裝。）舊注有以「罔然無所得」釋「罔」，以「精神疲殆」釋「殆」的，似乎難以圓通。

2.16

子曰：「攻①乎異端②，斯③害也已④。」

【譯文】

孔子說：「批判那些不正確的議論，禍害就可以消滅了。」

【注釋】

①攻——《論語》共用四次「攻」字，像《先進篇》的「小子鳴鼓而攻之」，《顏淵篇》的「攻其惡，無攻人之惡」的三個「攻」字，都當「攻擊」解，這裏也不應例外。但很多人卻把它解為「治學」的「治」。

②異端——孔子之時，自然還沒有諸子百家，因之很難譯為「不同的學說」，但和孔子相異的主張、言論未必沒有，所以譯為「不正確的議論」。

③斯——連詞，「這就」的意思。

④已——應該看為動詞，止也。因之我譯為「消滅」。如果把「攻」字解為「治」，那麼「斯」字得看作指代詞，「這」的意思；「也已」得看作語氣詞。全文便如此譯：「從事於不正確的學術研究，這是禍害呢。」一般的講法是如此的，雖能文從字順，但和《論語》詞法和句法都不合。

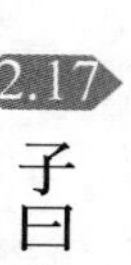

2.17

子曰：「由①！誨女知之乎！知之為知之，不知為不知，是知也②。」

【譯文】

孔子說：「由！教給你對待知或不知的正確態度吧！知道就是知道，不知道就是不知道，這就是聰明智慧。」

【注釋】

①由——孔子學生，仲由，字子路，卞（故城在今山東泗水縣東五十里）人，小於

孔子九歲（公元前五四二—四八〇）。

② 是知也——《荀子．子道篇》也載了這一段話，但比這詳細。其中有兩句道：「言要則知，行至則仁。」因之讀「知」為「智」。如果「知」如字讀，便該這樣翻譯：這就是對待知或不知的正確態度。

2.18

子張[①]學干祿[②]。子曰：「多聞闕疑，慎言其餘，則寡尤；多見闕殆[③]，慎行其餘，則寡悔。言寡尤，行[④]寡悔，祿在其中矣。」

【譯文】

子張向孔子學求官職得俸祿的方法。孔子說：「多聽，有懷疑的地方，加以保留；其餘足以自信的部分，謹慎地說出，就能減少錯誤。多看，有懷疑的地方，加以保留；其餘足以自信的部分，謹慎地實行，就能減少懊悔。言語的錯誤少，行動的懊悔少，官職俸祿就在這裏面了。」

【注釋】

① 子張——孔子學生顓孫師，字子張，陳人，小於孔子四十八歲（公元前五〇

三—?）。

②干祿——干，求也，祿，舊時官吏的俸給。

③闕殆——和「闕疑」同義。上文作「闕疑」，這裏作「闕殆」。「疑」和「殆」是同義詞，所謂「互文」見義。

④行——名詞，去聲，xìng。

2.19

哀公[①]問曰：「何為則民服？」孔子對曰[②]：「舉直錯諸枉[③]，則民服；舉枉錯諸直，則民不服。」

【譯文】

魯哀公問道：「要做些甚麼事才能使百姓服從呢？」，孔子答道：「把正直的人提拔出來，放在邪曲的人之上，百姓就服從了；若是把邪曲的人提拔出來，放在正直的人之上，百姓就會不服從。」

【注釋】

①哀公——魯君，姓姬，名蔣，定公之子，繼定公而卽位，在位二十七年（公元前

四九四—四六六），「哀」是諡號。

② 孔子對曰——《論語》的行文體例是，臣下對答君上的詢問一定用「對曰」，這裏孔子答覆魯君之問，所以用「孔子對曰」。

③ 錯諸枉——「錯」有放置的意思，也有廢置的意思。一般人把它解為廢置，説是「廢置那些邪惡的人」（把「諸」字解為「眾」）。這種解法和古漢語語法規則不相合。因為「枉」、「直」是以虛代實的名詞，古文中的「眾」、「諸」這類數量形容詞，一般只放在真正的實體詞之上，不放在這種以虛代實的詞之上。這一規律，南宋人孫季和（名應時）便已明白。王應麟《困學紀聞》曾引他的話説：「若諸家解，何用二『諸』字？」這二「諸」字只能看做「之於」的合音，「錯」當「放置」解。「置之於枉」等於説「置之於枉人之上」，古代漢語「於」字之後的方位詞有時可以省略。朱亦棟《論語札記》解此句不誤。

2.20 季康子[①]問：「使民敬、忠以[②]勸，如之何？」子曰：「臨之以莊，則敬；孝慈，則忠；舉善而教不能，則勸。」

【譯文】

季康子問道：「要使人民嚴肅認真，盡心竭力和互相勉勵，應該怎麼辦呢？」孔子說：「你對待人民的事情嚴肅認真，他們對待你的政令也會嚴肅認真了；你孝順父母，疼愛幼小，他們也就會對你盡心竭力了；你提拔好人，教育能力弱的人，他們也就會勸勉了。」

【注釋】

① 季康子——季孫肥，魯哀公時正卿，當時政治上最有權力的人。「康」是諡號。

② 以——連詞，與「和」同。

2.21

或謂孔子曰：「子奚不為政？」子曰：「《書》[①]云：『孝乎惟孝，友於兄弟，施[②]於有政[③]。』是亦為政，奚其為為政？」

【譯文】

有人對孔子道：「你為什麼不參與政治？」孔子道：「《尚書》上說，『孝呀，只有孝順父母，友愛兄弟，把這種風氣影響到政治上去。』這也就是參與政治了呀，為什麼定要做官才算參與政治呢？」

【注釋】

①書云——以下三句是《尚書》的逸文，作《偽古文尚書》的便從這裏採入《君陳篇》。

②施——這裏應該當「延及」講，從前人解為「施行」，不妥。

③施於有政——「有」字無義，加於名詞之前，這是古代構詞法的一種形態，詳見拙著《文言語法》。楊遇夫先生說：「政謂卿相大臣，以職言，不以事言。」（說詳增訂《積微居小學金石論叢・〈論語〉子奚不為政解》）那麼，這句話便當譯為「把這種風氣影響到卿相大臣上去」。

2.22 子曰：「人而無信①，不知其可也。大車無輗，小車無軏②，其何以行之哉？」

【譯文】

孔子說：「作為一個人，卻不講信譽，不知那怎麼可以。譬如大車子沒有安橫木的輗，小車子沒有安橫木的軏，如何能走呢？」

【注釋】

①人而無信——這「而」字不能當「如果」講。不說「人無信」，而說「人而無信」者，表示「人」字要作一讀。古書多有這種句法，譯文似能表達其意。

②輗、軏——輗音倪，ní；軏音月，yuè。古代用牛力的車叫大車，用馬力的車叫小車。兩者都要把牲口套在車轅上。車轅前面有一道橫木，就是駕牲口的地方。那橫木，大車上的叫做鬲，小車上的叫做衡。鬲、衡兩頭都有關鍵（活銷），輗就是鬲的關鍵，軏就是衡的關鍵。車子沒有它們，自然無法套住牲口，那怎麼能走呢？

2.23

子張問：「十世可知也[①]？」子曰：「殷因於夏禮，所損益，可知也；周因於殷禮，所損益，可知也。其或繼周者，雖百世，可知也。」

【譯文】

子張問：「今後十代（的禮儀制度）可以預先知道嗎？」孔子說：「殷朝沿襲夏朝的禮儀制度，所廢除的，所增加的，是可以知道的；周朝沿襲殷朝的禮儀制度，所廢除的，所增加的，也是可以知道的。那麼，假定有繼承周朝而當政的人，就是以後一百代，也是可以預先知道的。」

【注釋】

①十世可知也——從下文孔子的答語看來，便足以斷定子張是問今後十代的禮儀制度，而不是泛問，所以譯文加了幾個字。這「也」字同「耶」，表疑問。

2.24 **子曰：「非其鬼①而祭②之，諂③也。見義不為，無勇也。」**

【譯文】

孔子說：「不是自己應該祭祀的鬼神，卻去祭祀，這是獻媚。眼見應該挺身而出的事情，卻袖手旁觀，這是怯懦。」

【注釋】

①鬼——古代人死都叫「鬼」，一般指已死的祖先而言，但也偶有泛指的。

②祭——祭是吉祭，和凶祭的奠不同（人初死，陳設飲食以安其靈魂，叫做奠）。祭鬼的目的一般是祈福。

③諂——chǎn，諂媚，阿諛。

八佾篇第三

共二十六章

3.1 孔子謂季氏①，「八佾②舞於庭，是可忍③也，孰不可忍也？」

【譯文】

孔子談到季氏，說：「他用六十四人在庭院中奏樂舞蹈，這都可以狠心做出來，甚麼事不可以狠心做出來呢？」

【注釋】

①季氏——根據《左傳》昭公二十五年的記載和《漢書·劉向傳》，這季氏可能是指季平子，卽季孫意如。據《韓詩外傳》，似以為季康子，馬融注則以為季桓子，恐皆不足信。

②八佾——佾音逸，yì。古代舞蹈奏樂，八個人為一行，這一行叫一佾。八佾是八行，八八六十四人，只有天子才能用。諸侯用六佾，卽六行，四十八人。大夫用四佾，三十二人。四佾才是季氏所應該用的。

③忍——一般人把它解為「容忍」、「忍耐」，不好；因為孔子當時並沒有討伐季氏的條件和意志，而且季平子削弱魯公室，魯昭公不能忍，出走到齊，又到晉，終於死在晉國之乾侯。這可能就是孔子所「孰不可忍」的事。《賈子・道術篇》：「惻隱憐人謂之慈，反慈為忍。」這「忍」字正是此意。

三家[①]者以《雍》[②]徹。子曰：「『相[③]維辟公，天子穆穆』，奚取於三家之堂？」

【譯文】

季孫、孟孫（即仲孫）、叔孫三家，當他們祭祀祖先的時候，〔也用天子的禮，〕唱着《雍》這篇詩來撤除祭品。孔子說：「〔《雍》詩上有這樣的話〕，『助祭的是諸侯，天子嚴肅靜穆地在那兒主祭。』這兩句話，用在三家祭祖的大廳上在意義上取它哪一點呢？」

【注釋】

①三家——魯國當政的三卿。

②《雍》——也寫作「雝」，《詩經・周頌》的一篇。

③ 相——去聲，音向，xiàng，助祭者。

3.3 子曰：「人而不仁，如禮何？人而不仁，如樂何？」

【譯文】

孔子說：「做了人，卻不仁，怎樣來對待禮儀制度呢？做了人，卻不仁，怎樣來對待音樂呢？」

3.4 林放①問禮之本。子曰：「大哉問！禮，與其奢也，寧儉；喪，與其易②也，寧戚。」

【譯文】

林放問禮的本質。孔子說：「你的問題意義重大呀，就一般禮儀說，與其鋪張浪費，寧可樸素儉約；就喪禮說，與其儀文周到，寧可過度悲哀。」

【注釋】

①林放——魯人。

②易——《禮記·檀弓上》云：「子路曰，『吾聞諸夫子：喪禮，與其哀不足而禮有餘也，不若禮不足而哀有餘也。』」可以看做「與其易也，寧戚」的最早的解釋。「易」有把事情辦妥的意思，如《孟子·盡心上》「易其田疇」，因此這裏譯為「儀文周到」。

子曰：「夷狄之有君，不如①諸夏之亡②也。」

【譯文】

孔子說：「文化落後國家雖然有個君主，還不如中國沒有君主呢。」

【注釋】

①夷狄有君……亡也——楊遇夫先生《論語疏證》說，夷狄有君指楚莊王、吳王闔廬等。君是賢明之君。句意是夷狄還有賢明之君，不像中原諸國卻沒有。說亦可通。

②亡——同「無」。在《論語》中，「亡」下不用賓語，「無」下必有賓語。

3.6 季氏旅①於泰山。子謂冉有②曰：「女弗能救與？」對曰：「不能。」子曰：「嗚呼！曾謂泰山不如林放乎？」

【譯文】

季氏要去祭祀泰山。孔子對冉有說道：「你不能阻止嗎？」冉有答道：「不能。」孔子道：「哎呀！竟可以說泰山之神還不及林放（懂禮，居然接受這不合規矩的祭祀）嗎？」

【注釋】

①旅——動詞，祭山。在當時，只有天子和諸侯才有祭祀「名山大川」的資格。季氏只是魯國的大夫，竟去祭祀泰山，因之孔子認為是「僭禮」。

②冉有——孔子學生冉求，字子有，小於孔子二十九歲（公元前五二二——？）。當時在季氏之下做事，所以孔子責備他。

子曰：「君子無所爭。必也射乎！揖讓而升，下而飲。其爭也君子[1]。」

【譯文】

孔子說：「君子沒有什麼可爭的事情。如果有所爭，一定是比箭吧，〔但是當射箭的時候，〕相互作揖然後登堂；〔射箭完畢，〕走下堂來，然後〔作揖〕喝酒。那一種競賽是很有禮貌的。」

【注釋】

① 其爭也君子——這是講古代射禮，詳見《儀禮·鄉射禮》和《大射儀》。登堂而射，射後計算誰中靶多，中靶少的被罰飲酒。

3.8

子夏問曰：「『巧笑倩[1]兮，美目盼[2]兮，素以為絢[3]兮。』何謂也？」子曰：「繪事後素。」

曰：「禮後[4]乎？」子曰：「起[5]予者商也！始可與言《詩》已矣。」

【譯文】

子夏問道：「『有酒渦的臉笑得美呀，黑白分明的眼流轉得媚呀，潔白的底子上畫着花卉呀。』這幾句詩是什麼意思？」孔子道：「先有白色底子，然後畫花。」子夏道：「那麼，是不是禮樂的產生在〔仁義〕以後呢？」孔子道：「卜商呀，你真是能啟發我的人。現在可以同你討論《詩經》了。」

【注釋】

① 倩——音欠，qiàn，面頰長得好。

② 盼——黑白分明。

③ 絢——xuàn，有文采，譯文為着叶韻，故用「畫着花卉」以代之。這三句詩，第一句第二句見於《詩經·衞風·碩人》。第三句可能是逸句，王先謙《三家詩義集疏》以為《魯詩》有此一句。

④ 禮後——「禮」在什麼之後呢，原文沒說出。根據儒家的若干文獻，譯文加了「仁義」兩字。

⑤ 起——友人孫子書（楷第）先生云：「凡人病困而瘉謂之起，義有滯礙隱蔽，通達之，亦謂之起。」說見楊遇夫先生《漢書窺管》卷九引文。

子曰：「夏禮，吾能言之，杞①不足徵也；殷禮，吾能言之，宋②不足徵也。文獻③不足故也。足，則吾能徵之矣。」

【譯文】

孔子說：「夏代的禮，我能說出來，它的後代杞國不足以作證；殷代的禮，我能說出來，它的後代宋國不足以作證。這是他們的歷史文件和賢者不夠的緣故。若有足夠的文件和賢者，我就可以引來作證了。」

【注釋】

①杞——國名，夏禹的後代。周武王時候的故城卽今日河南杞縣。其後因為國家弱小，依賴別國的力量來延長國命，屢經遷移。

②宋——國名，商湯的後代，故城在今日河南商邱南。國土最大的時候，有現在河南商邱以東，江蘇徐州以西之地。戰國時為齊、魏、楚三國所共滅。

③文獻——《論語》的「文獻」和今天所用的「文獻」一詞的概念有不同之處。《論語》的「文獻」包括歷代的歷史文件和當時的賢者兩項（朱注云：「文，典籍也；獻，賢也。」）。今日「文獻」一詞只指歷史文件而言。

3.10 子曰：「禘①自既灌②而往者，吾不欲觀之矣。」

【譯文】

孔子說：「禘祭的禮，從第一次獻酒以後，我就不想看了。」

【注釋】

① 禘——這一禘禮是指古代一種極為隆重的大祭之禮，只有天子才能舉行。不過周成王曾因為周公旦對周朝有過莫大的功勳，特許他舉行禘祭。以後魯國之君都沿此慣例，「僭」用這一禘禮，因此孔子不想看。

② 灌——本作「祼」，祭祀中的一個節目。古代祭祀，用活人以代受祭者，這活人便叫「尸」。尸一般用幼小的男女。第一次獻酒給尸，使他（她）聞到「鬱鬯」（一種配合香料煮成的酒）的香氣，叫做祼。

3.11 或問禘之說。子曰：「不知也①；知其說者之於天下也，其如示②諸斯乎！」指其掌。

【譯文】有人向孔子請教關於禘祭的理論。孔子說：「我不知道；知道的人對於治理天下，會好像把東西擺在這裏一樣容易罷！」他一面說，一面指着手掌。

【注釋】

①不知也——禘是天子之禮，魯國舉行，在孔子看來，是完全不應該的。但孔子又不想明白指出，只得說「不欲觀」，「不知也」，甚至說「如果有懂得的人，他對於治理天下是好像把東西放在手掌上一樣的容易」。

②示——假借字，同「置」，擺、放的意義。或曰同「視」，猶言「瞭如指掌」。

3.12 **祭如在，祭神如神在。子曰：「吾不與祭，如不祭①。」**

【譯文】孔子祭祀祖先的時候，便好像祖先真在那裏；祭神的時候，便好像神真在那裏。孔子又說：「我若是不能親自參加祭祀，是不請別人代理的。」

【注釋】

①吾不與祭，如不祭——這是一般的句讀法。「與」讀去聲，音預，yù，參與的意思。「如不祭」譯文是意譯。另外有人主張「與」字仍讀上聲，贊同的意思，而且在這裏一讀，便是「吾不與，祭如不祭」。譯文便應改為：「若是我所不同意的祭禮，祭了同沒祭一般。」我不同意此義，因為孔丘素來不贊成不合所謂禮的祭祀，如「非其鬼而祭之，諂也」，(2.24) 孔丘自不會參加他所不贊同的祭祀。

3.13

王孫賈[①]問曰：「與其媚於奧，寧媚於灶[②]，何謂也？」子曰：「不然；獲罪於天，無所禱也[③]。」

【譯文】

王孫賈問道：「『與其巴結房屋裏西南角的神，寧可巴結灶君司命，』這兩句話是什麼意思？」孔子道：「不對；若是得罪了上天，祈禱也沒用。」

【注釋】

①王孫賈——衞靈公的大臣。

②與其媚於奧，寧媚於灶——這兩句疑是當時俗語。屋內西南角叫奧，弄飯的設備叫灶，古代都以為那裏有神，因而祭它。

③王孫賈和孔子的問答都用的比喻，他們的正意何在，我們只能揣想。有人說，奧是一室之主，比喻衞君，又在室內，也可以比喻衞靈公的寵姬南子；灶則是王孫賈自比。這是王孫賈暗示孔子，「你與其巴結衞公或者南子，不如巴結我。」因此孔子答覆他：「我若做了壞事，巴結也沒有用處，我若不做壞事，誰都不巴結。」又有人說，這不是王孫賈暗示孔子的話，而是請教孔子的話。奧指衞君，灶指南子、彌子瑕，位職雖低，卻有權有勢。意思是說，「有人告訴我，與其巴結國君，不如巴結有勢力的左右像南子、彌子瑕。你以為怎樣？」孔子卻告訴他：「這話不對；得罪了上天，那無所用其祈禱，巴結誰都不行。」我以為後一說比較近情理。

3.14

子曰：「周監於二代①，郁郁乎文哉！吾從周。」

【譯文】

孔子說：「周朝的禮儀制度是以夏商兩代為根據，然後制定的，多麼豐富多彩呀，我主張周朝的。」

【注釋】

①二代——夏、商兩朝。

3.15 子入太廟①，每事問。或曰：「孰謂鄹人之子②知禮乎？入太廟，每事問。」子聞之，曰：「是禮也。」

【譯文】

孔子到了周公廟，每件事情都發問。有人便說：「誰說叔梁紇的這個兒子懂得禮呢？他到了太廟，每件事都要向別人請教。」孔子聽到了這話，便道：「這正是禮呀。」

【注釋】

①太廟——古代開國之君叫太祖，太祖之廟便叫做太廟，周公旦是魯國最初受封之君，因之這太廟就是周公的廟。

②鄹人之子——鄹音鄒，zōu，又作郰，地名。《史記．孔子世家》：「孔子生魯昌平鄉郰邑。」有人說，這地就是今天的山東省曲阜東南十里的西鄒集。「鄹人」指孔

子父親叔梁紇。叔梁紇曾經作過鄹大夫，古代經常把某地的大夫稱為某人，因之這裏也把鄹大夫叔梁紇稱為「鄹人」。

3.16

子曰：「射不主皮①，為②力不同科③，古之道也。」

【譯文】

孔子說：「比箭，不一定要穿破箭靶子，因為各人的氣力大小不一樣，這是古時的規矩。」

【注釋】

①射不主皮——「皮」代表箭靶子。古代箭靶子叫「侯」，有用布做的，也有用皮做的。當中畫着各種猛獸或者別的東西，最中心的又叫做「正」或者「鵠」。孔子在這裏所講的射應該是演習禮樂的射，而不是軍中的武射，因此以中不中為主，不以穿破皮侯與否為主。《儀禮·鄉射禮》云，「禮射不主皮」，蓋本此。

②為——去聲，wèi，因為。

③同科——同等。

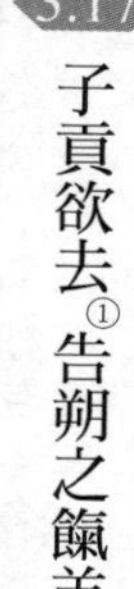

子貢欲去①告朔之餼羊②。子曰：「賜也！爾愛③其羊，我愛其禮。」

【譯文】

子貢要把魯國每月初一告祭祖廟的那隻活羊去而不用。孔子道：「賜呀，你可惜那隻羊，我可惜那種禮。」

【注釋】

① 去——從前讀為上聲，因為它在這裏作為及物動詞，而且和「來去」的「去」意義不同。

② 告朔餼羊——「告」，從前人讀梏，gù，入聲。「朔」，每月的第一天，初一。「餼」，xì。「告朔餼羊」，古代的一種制度。每年秋冬之交，周天子把第二年的曆書頒給諸侯。這曆書包括那年有無閏月，每月初一是哪一天，因之叫「頒告朔」。諸侯接受了這一曆書，藏於祖廟。每逢初一，便殺一隻活羊祭於廟，然後回到朝廷聽政。這祭廟叫做「告朔」，聽政叫做「視朔」，或者「聽朔」。到子貢的時候，每月初一，魯君不但不親臨祖廟，而且也不聽政，只是殺一隻活羊「虛應故事」罷了。所以子貢認為不必留此形式，不如乾脆連羊也不殺。孔子卻認為儘管這是殘存的形式，但也比什麼也不留好。

③ 愛——可惜的意思。

3.18 子曰：「事君盡禮，人以為諂也。」

【譯文】

孔子說：「服事君主，一切依照做臣子的禮節去做，別人卻以為他在諂媚呢。」

3.19 定公[①]問：「君使臣，臣事君，如之何？」孔子對曰：「君使臣以禮，臣事君以忠。」

【譯文】

魯定公問：「君主使用臣子，臣子服事君主，各應該怎麼樣？」孔子答道：「君主應該依禮來使用臣子，臣子應該忠心地服事君主。」

【注釋】

① 定公——魯君，名宋，昭公之弟，繼昭公而立，在位十五年（公元前五〇九—四

九五），「定」是謚號。

3.20 子曰：「《關雎》①，樂而不淫②，哀而不傷。」

【譯文】

孔子說：「《關雎》這詩，快樂而不放蕩，悲哀而不痛苦。」

【注釋】

①《關雎》——《詩經》的第一篇。但這篇詩並沒有悲哀的情調，因此劉台拱的《論語駢枝》說：「詩有《關雎》，樂亦有《關雎》，此章據樂言之。古之樂章皆三篇為一。……樂而不淫者，《關雎》、《葛覃》也；哀而不傷者，《卷耳》也。」

②淫——古人凡過分以至於到失當的地步叫淫，如言「淫祀」（不應該祭祀而去祭祀的祭禮）、「淫雨」（過久的雨水）。

3.21 哀公問社①於宰我②。宰我對曰：「夏后氏以松，殷人以柏，周人以栗，曰，使民戰慄。」子聞之，曰：「成事不說，遂事不諫，既往不咎。」

【譯文】

魯哀公向宰我問，作社主用什麼木。宰我答道：「夏代用松木，殷代用柏木，周代用栗木，意思是使人民戰戰慄慄。」孔子聽到了這話，〔責備宰我〕說：「已經做了的事不便再解釋了，已經完成的事不便再挽救了，已經過去的事不便再追究了。」

【注釋】

①社——土神叫社，不過哀公所問的社，從宰我的答話中可以推知是指社主而言。古代祭祀土神，要替他立一個木製的牌位，這牌位叫主，而認為這一木主，便是神靈之所憑依。如果國家有對外戰爭，還必需載這一木主而行。詳見俞正燮《癸巳類稾》。有人說「社」是指立社所栽的樹，未必可信。

②宰我——孔子學生，名予，字子我。

子曰：「管仲①之器小哉！」

或曰：「管仲儉乎？」曰：「管氏有三歸②，官事不攝③，焉得儉？」「然則管仲知禮乎？」曰：「邦君樹塞門④，管氏亦樹塞門。邦君為兩君之好⑤，有反坫⑥，管氏亦有反坫。管氏而⑦知禮，孰不知禮？」

【譯文】

孔子說：「管仲的器量狹小得很呀！」

有人便問：「他是不是很節儉呢？」孔子道：「他收取了人民的大量市租，他手下的人員，（一人一職，）從不兼差，如何能說是節儉呢？」

那人又問：「那麼，他懂得禮節麼？」孔子又道：「國君宮殿門前，立了一個塞門；管氏也立了個塞門；國君設宴招待外國的君主，在堂上有放置酒杯的設備，管氏也有這樣的設備。假若說他懂得禮節，那誰不懂得禮節呢？」

【注釋】

①管仲——春秋時齊國人，名夷吾，做了齊桓公的宰相，使他稱霸諸侯。

②三歸——「三歸」的解釋還有：（甲）國君一娶三女，管仲也娶了三國之女（《集解》引包咸說，皇侃《義疏》等）；（乙）三處家庭（俞樾《羣經平議》）；（丙）

地名，管仲的采邑（梁玉繩《瞥記》）；（丁）藏泉幣的府庫（武億《羣經義證》）。我認為這些解釋都不正確。郭嵩燾《養知書屋文集》卷一釋三歸云：「此蓋《管子》九府輕重之法，當就《管子》書求之。《山至數篇》曰：『則民之三有歸於上矣。』三歸之名，實本於此。是所謂三歸者，市租之常例之歸之公者也。桓公既霸，遂以賞管仲。《漢書．地理志》、《食貨志》並云，桓公用管仲設輕重以富民，身在陪臣，而取三歸。其言較然明顯。《韓非子》云，『使子有三歸之家』，《說苑》作『賞之市租』。三歸之為市租，漢世儒者猶能明之，此一證也。《晏子春秋》辭三歸之賞，而云厚受賞以傷國民之義，其取之民無疑也，此又一證也。」這一說法很有道理。我還再舉兩個間接證據。（甲）《戰國策》一說：「齊桓公宮中七市，女閭七百，國人非之。管仲故為三歸之家以掩桓公，非自傷於民也。」似亦以三歸為市租。（乙）《三國志．魏志．武帝紀》建安十五年令曰：「若必廉士而後可用，則齊桓其何以霸？」亦以管仲不是清廉之士，當指三歸。

③ 攝——兼職。

④ 樹塞門——樹，動詞，立也。塞門，用以間隔內外視線的一種東西，形式和作用可以同今天的照壁相比。

⑤ 好——古讀去聲，友好。

⑥ 反坫——坫音店，diàn，用以放置器物的設備，用土築成的，形似土堆，築於兩

楹（廳堂前部東西各有一柱）之間。詳全祖望《經史問答》。

⑦ 而——假設連詞，假如，假若。

3.23

子語[①]魯大師[②]樂，曰：「樂其可知也：始作，翕[③]如也；從[④]之，純如也，皦[⑤]如也，繹如也，以成。」

【譯文】

孔子把演奏音樂的道理告訴給魯國的太師，說道：「音樂，那是可以知道的：開始演奏，翕翕地熱烈；繼續下去，純純地和諧，皦皦地清晰，繹繹地不絕，這樣，然後完成。」

【注釋】

① 語——去聲，yù，告訴。

② 大師——大音泰，tài，樂官之長。

③ 翕——xī。

④ 從——去聲，zòng。

⑤ 皦——音皎，jiǎo。

3.24 儀封人①請見②，曰：「君子之至於斯也，吾未嘗不得見也。」從者③見之②。出曰：「二三子何患於喪④乎？天下之無道也久矣，天將以夫子為木鐸⑤。」

【譯文】

儀這個地方的邊防官請求孔子接見他，說道：「所有到了這個地方的有道德學問的人，我從沒有不和他見面的。」孔子的隨行學生請求孔子接見了他。他辭出以後，對孔子的學生們說：「你們這些人為什麼着急沒有官位呢？天下黑暗日子也長久了，〔聖人也該有得意的時候了，〕上天會讓他老人家做人民的導師呢。」

【注釋】

① 儀封人——儀，地名。有人說當在今開封市內，未必可靠。封人，官名。《左傳》有潁谷封人、祭封人、蕭封人、呂封人，大概是典守邊疆的官。說本方觀旭《論語偶記》。

② 請見、見之——兩個「見」字從前都讀去聲，音現，xiàn。「請見」是請求接見的意思，「見之」是使孔子接見了他的意思。何焯《義門讀書記》云：「古者相見必由紹介，逆旅之中無可因緣，故稱平日未嘗見絕於賢者，見氣類之同，致詞以代紹介，故從者因而通之。夫子亦不拒其請，與不見孺悲異也。」

③ 從者——「從」去聲，zòng。

④ 喪——去聲，sàng，失掉官位。

⑤ 木鐸——銅質木舌的鈴子。古代公家有什麼事要宣佈，便搖這鈴，召集大家來聽。

子謂韶[①]，「盡美[②]矣，又盡善[②]也。」謂武[③]，「盡美矣，未盡善也。」

【譯文】孔子論到韶，說：「美極了，而且好極了。」論到武，說：「美極了，卻還不夠好。」

【注釋】

① 韶——舜時的樂曲名。

②美、善——「美」可能指聲音言，「善」可能指內容言。舜的天子之位是由堯「禪讓」而來，故孔子認為「盡善」。周武王的天子之位是由討伐商紂而來，儘管是正義戰，依孔子意，卻認為「未盡善」。

③武——周武王時樂曲名。

子曰：「居上不寬，為禮不敬，臨喪不哀，吾何以觀之哉？」

【譯文】

孔子說：「居於統治地位不寬宏大量，行禮的時候不嚴肅認真，參加喪禮的時候不悲哀，這種樣子我怎麼看得下去呢？」

里仁篇第四

共二十六章

4.1 子曰：「里[①]仁為美。擇不處[②]仁，焉得知[③]？」

【譯文】孔子說：「住的地方，要有仁德才好。選擇住處，沒有仁德，怎麼能是聰明呢？」

【注釋】

① 里——這裏可以看為動詞。居住也。

② 處——上聲，音杵，chǔ，居住也。

③ 知——《論語》的「智」字都如此寫。這一段話，究竟孔子是單純地指「擇居」而言呢，還是泛指，「擇鄰」、「擇業」、「擇友」等等都包括在內呢？我們已經不敢肯定。《孟子．公孫丑上》云：「孟子曰：『矢人豈不仁於函人哉？矢人惟恐不傷人，函人惟恐傷人。巫、匠亦然。故術不可不慎也。孔子曰，里仁為美。擇不處仁，焉得智？』」便是指擇業。因此譯文於「仁」字僅照字面翻譯，不實指為仁人。

 子曰：「不仁者不可以久處約，不可以長處樂。仁者安仁，知者利仁。」

【譯文】

孔子說：「不仁的人不可以長久地居於窮困中，也不可以長久地居於安樂中。有仁德的人安於仁，〔實行仁德便心安，不實行仁德心便不安〕；聰明人利用仁，〔他認識到仁德對他長遠而巨大的利益，他便實行仁德〕。」

4.3 子曰：「唯仁者能好人，能惡人①。」

【譯文】

孔子說：「只有仁人才能夠喜愛某人，厭惡某人。」

【注釋】

① 唯仁者能好人，能惡人——《後漢書·孝明八王傳》注引《東觀漢記》說：和帝賜彭城王恭詔曰：「孔子曰，『惟仁者能好人，能惡人』。——貴仁者所好惡得其中也。」我認為「貴仁者所好惡得其中」，正可說明這句。

4.4 子曰：「苟志於仁矣，無惡也。」

【譯文】

孔子說：「假如立定志向實行仁德，總沒有壞處。」

4.5 子曰：「富與貴，是人之所欲也；不以其道得之，不處也。貧與賤，是人之所惡也；不以其道得之[①]，不去也。君子去仁，惡乎[②]成名？君子無終食之間違[③]仁，造次必於是，顛沛必於是。」

【譯文】

孔子說：「發大財，做大官，這是人人所盼望的；不用正當的方法去得到它，君子不接受。窮困和下賤，這是人人所厭惡的；不用正當的方法去拋掉它，君子不擺脫。君子拋棄了仁德，怎樣去成就他的聲名呢？君子沒有吃完一餐飯的時間離開仁德，就是在倉促匆忙的時候一定和仁德同在，就是在顛沛流離的時候一定和仁德同在。」

【注釋】

① 貧與賤……不以其道得之——「富與貴」可以說「得之」，「貧與賤」卻不是人人想「得之」的。這裏也講「不以其道得之」，「得之」應該改為「去之」。譯文只就這一整段的精神加以詮釋，這裏為什麼也講「得之」，可能是古人的不經意處，我們不必再在這上面做文章了。

② 惡乎——惡音烏，wū，何處。「惡乎」即「於何處」，譯文意譯為「怎樣」。

③ 違——離開，和《公冶長篇第五》的「棄而違之」的「違」同義。

4.6 子曰：「我未見好仁者，惡不仁者。好仁者，無以尚①之；惡不仁者，其為仁矣②，不使不仁者加乎其身。有能一日用其力於仁矣乎？我未見力不足者。蓋③有之矣，我未之見也。」

【譯文】

孔子說：「我不曾見到過愛好仁德的人和厭惡不仁德的人。愛好仁德的人，那是再好也沒有的了；厭惡不仁德的人，他行仁德只是不使不仁德的東西加在自己身上。有誰能在某一天使用他的力量於仁德呢？我沒見過力量不夠的。大概這樣的人還是有的，我不曾見到罷了。」

【注釋】

①尚——動詞，超過之意。

②矣——這個「矣」字用法同「也」，表示停頓。

③蓋——副詞，大概之意。

4.7 子曰：「人之過也，各於其黨。觀過，斯知仁①矣。」

【譯文】

孔子說：「（人是各種各樣的，人的錯誤也是各種各樣的。）什麼樣的錯誤就是由什麼樣的人犯的。仔細考察某人所犯的錯誤，就可以知道他是什麼樣式的人了。」

【注釋】

①仁——同「人」。《後漢書·吳祐傳》引此文正作「人」（武英殿本卻又改作「仁」），

不可為據）。

4.8

子曰：「朝聞道，夕死可矣。」

【譯文】

孔子說：「早晨得知真理，要我當晚死去，都可以。」

4.9

子曰：「士志於道，而恥惡衣惡食者，未足與議也。」

【譯文】

孔子說：「讀書人有志於真理，但又以自己吃粗糧穿破衣為恥辱，這種人，不值得同他商議了。」

4.10

子曰：「君子之於天下也，無適①也，無莫①也，義之與比②。」

【譯文】

孔子說：「君子對於天下的事情，沒規定要怎樣幹，也沒規定不要怎樣幹，只要怎樣幹合理恰當，便怎樣幹。」

【注釋】

①適，莫——這兩個字講法很多，有的解為「親疏厚薄」，「無適無莫」便是「情無親疏厚薄」。有的解為「敵對與羨慕」，「無適（讀為敵）無莫（讀為慕）」便是「無所為仇，無所欣羨」。我則用朱熹《集注》的說法。

②比——去聲，bì，挨着，靠攏，為鄰。從孟子和以後的一些儒家看來，孔子「無必無固」（9.4），通權達變，「可以仕則仕，可以止則止，可以久則久，可以速則速」（《孟子·公孫丑上》），唯義是從，叫做「聖之時」，或者可以做這章的解釋。

4.11

子曰：「君子懷德，小人懷土①；君子懷刑②，小人懷惠。」

【譯文】

孔子說：「君子懷念道德，小人懷念鄉土；君子關心法度，小人關心恩惠。」

【注釋】

①土——如果解為田土，亦通。

②刑——古代法律制度的「刑」作「刑」，刑罰的「刑」作「㓝」，從刀井，後來都寫作「刑」了。這「刑」字應該解釋為法度。

4.12 子曰：「放[①]於利而行，多怨。」

【譯文】

孔子說：「依據個人利益而行動，會招致很多的怨恨。」

【注釋】

①放——舊讀上聲，音仿，fǎng，依據。

子曰：「能以禮讓為國乎？何有[①]？不能以禮讓為國，如禮何[②]？」

【譯文】

孔子說：「能夠用禮讓來治理國家嗎？這有什麼困難呢？如果不能用禮讓來治理國家，又怎樣來對待禮儀呢？」

【注釋】

① 何有——這是春秋時代的常用語，在這裏是「有何困難」的意思。黃式三《論語後案》、劉寶楠《論語正義》都說：「何有，不難之詞。」

② 如禮何——依孔子的意見，國家的禮儀必有其「以禮讓為國」的本質，它是內容和形式的統一體。如果捨棄它的內容，徒拘守那些儀節上的形式，孔子說，是沒有什麼作用的。

4.14

子曰：「不患無位，患所以立①。不患莫己知，求為可知也。」

【譯文】

孔子說：「不發愁沒有職位，只發愁沒有任職的本領；不怕沒有人知道自己，去追求足以使別人知道自己的本領好了。」

【注釋】

①患所以立——「立」和「位」古通用，這「立」字便是「不患無位」的「位」字。《春秋》桓公二年「公卽位」，《石經》作「公卽立」可以為證。

4.15 子曰：「參乎！吾道一以貫[①]之。」曾子曰：「唯。」子出，門人問曰：「何謂也？」曾子曰：「夫子之道，忠恕[②]而已矣。」

【譯文】

孔子說：「參呀！我的學說貫穿着一個基本觀念。」曾子說：「是。」孔子走出去以後，別的學生便問曾子道：「這是什麼意思？」曾子道：「他老人家的學說，只是忠和恕罷了。」

【注釋】

①貫——貫穿、統貫。阮元《揅經室集》有《一貫說》，認為《論語》的「貫」字都是「行」、「事」的意義，未必可信。

②忠、恕——「恕」，孔子自己下了定義：「己所不欲，勿施於人。」「忠」則是「恕」

的積極一面，用孔子自己的話，便應該是：「己欲立而立人，己欲達而達人。」

子曰：「君子[①]喻於義，小人[①]喻於利。」

【譯文】

孔子說：「君子懂得的是義，小人懂得的是利。」

【注釋】

① 君子、小人——這裏的「君子」、「小人」是指在位者，還是指有德者，還是兩者兼指，孔子原意不得而知。《漢書．楊惲傳．報孫會宗書》曾引董仲舒的話說：「明明求仁義常恐不能化民者，卿大夫之意也；明明求財利常恐困乏者，庶人之事也。」只能看作這一語的漢代經師的注解，不必過信。

子曰：「見賢思齊焉，見不賢而內自省也。」

【譯文】

孔子說：「看見賢人，便應該想向他看齊；看見不賢的人，便應該自己反省，〔有沒有同他類似的毛病。〕」

4.18 子曰：「事父母幾①諫，見志不從，又敬不違②，勞③而不怨。」

【譯文】

孔子說：「侍奉父母，〔如果他們有不對的地方，〕就輕微婉轉地勸止，即使自己的心意沒有被聽從，仍然恭敬地不觸犯他們，雖然憂愁，但不怨恨。」

【注釋】

①幾——平聲，音機，jī，輕微，婉轉。
②違——觸忤，冒犯。
③勞——憂愁。說見王引之《經義述聞》。

4.19

子曰：「父母在，不遠遊，遊必有方。」

【譯文】

孔子說：「父母在世，不出遠門，如果要出遠門，必須有一定的去處。」

4.20

子曰：「三年無改於父之道，可謂孝矣①。」

【注釋】

① 見《學而篇》。(1.11)

4.21

子曰：「父母之年，不可不知也。一則以喜，一則以懼。」

【譯文】

孔子說：「父母的年紀不能不時時記在心裏：一方面因〔其高壽〕而喜歡，另一方面又因〔其壽高〕而有所恐懼。」

子曰：「古者言之不出，恥[1]躬之不逮[2]也。」

【譯文】

孔子說：「古時候言語不輕易出口，就是怕自己的行動趕不上。」

【注釋】

①恥——動詞的意動用法，以為可恥的意思。

②逮——音代，dài，及，趕上。

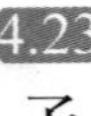

子曰：「以約[1]失之者鮮矣。」

【譯文】

孔子說：「因為對自己節制、約束而犯過失的，這種事情總不會多。」

【注釋】

①約——《論語》的「約」字不外兩個意義：（甲）窮困，（乙）約束。至於節儉的

意義，雖然已見於《荀子》，卻未必適用於這裏。

子曰：「君子欲訥①於言而敏於行②。」

【譯文】

孔子說：「君子言語要謹慎遲鈍，工作要勤勞敏捷。」

【注釋】

① 訥——讀nà，語言遲鈍。

② 訥於言敏於行——這句和《學而篇》的「敏於事而慎於言」意思一樣，所以譯文加「謹慎」兩字，同時也把「行」字譯為「工作」。

子曰：「德不孤，必有鄰①。」

【譯文】

孔子說：「有道德的人不會孤單，一定會有〔志同道合的人來和他做〕伙伴。」

【注釋】

①德不孤必有鄰——《易・繫辭上》說：「方以類聚，物以羣分。」又《乾・文言》說：「子曰：同聲相應，同氣相求。」這都可以作為「德不孤」的解釋。

4.26 子游曰：「事君數①，斯辱矣；朋友數①，斯疏矣。」

【譯文】

子游說：「對待君主過於煩瑣，就會招致侮辱；對待朋友過於煩瑣，就會反被疏遠。」

【注釋】

①數——音朔，shuò，密，屢屢。這裏依上下文意譯為「煩瑣」。《顏淵篇第十二》說：「子貢問友。子曰：『忠告而善道之，不可則止，無自辱焉。』」也正是這個意思。

公冶長篇第五

共二十八章

（何晏《集解》把第十章「子曰，始吾於人也」以下又分一章，故題為二十九章；朱熹《集注》把第一、第二兩章併為一章，故題為二十七章。）

5.1 子謂公冶長[①]，「可妻[②]也。雖在縲絏[③]之中，非其罪也。」以其子[④]妻之。

【譯文】

孔子說公冶長，「可以把女兒嫁給他。他雖然曾被關在監獄之中，但那不是他的罪過。」便把自己的女兒嫁了給他。

【注釋】

① 公冶長——孔子學生，齊人。

② 妻——動詞，去聲，qì。

③ 縲絏——縲同「累」，léi；絏音泄，xiè。縲絏，拴罪人的繩索，這裏指代監獄。

④ 子——兒女，此處指的是女兒。

5.2 子謂南容[①]，「邦有道，不廢；邦無道，免於刑戮。」以其兄之子妻之[②]。

【譯文】

孔子說南容，「國家政治清明，〔總有官做，〕不被廢棄；國家政治黑暗，也不致被刑罰。」於是把自己的侄女嫁給他。

【注釋】

① 南容——孔子學生南宮適，字子容。

② 兄之子——孔子之兄叫孟皮，見《史記・孔子世家・索隱》引《家語》。這時孟皮可能已死，所以孔子替他女兒主婚。

5.3 子謂子賤[1]，「君子哉若人！魯無君子者，斯焉取斯？」

【譯文】

孔子評論宓子賤，說：「這人是君子呀！假若魯國沒有君子，這種人從哪裏取來這種好品德呢？」

【注釋】

① 子賤——孔子學生宓不齊，字子賤，小於孔子四十九歲（公元前五二一—？）。

5.4 子貢問曰：「賜也何如？」子曰：「女，器也。」曰：「何器也？」曰：「瑚璉①也。」

【譯文】

子貢問道：「我是一個怎樣的人？」孔子道：「你好比是一個器皿。」子貢道：「什麼器皿？」孔子道：「宗廟裏盛黍稷的瑚璉。」

【注釋】

① 瑚璉——音胡連，又音胡 hú 輦 niǎn，即簠簋，古代祭祀時盛糧食的器皿，方形的叫簠，圓形的叫簋，是相當尊貴的。

5.5 或曰：「雍①也仁而不佞②。」子曰：「焉用佞？禦人以口給③，屢憎於人。不知其仁④，焉用佞？」

【譯文】

有人說：「冉雍這個人有仁德，卻沒有口才。」孔子道：「何必要口才呢？強嘴利舌地同人家辯駁，常常被人討厭。冉雍未必仁，但為什麼要有口才呢？」

【注釋】

① 雍——孔子學生冉雍，字仲弓。

② 佞——音濘，nìng，能言善說，有口才。

③ 口給——給，足也。「口給」猶如後來所說「言詞不窮」、「辯才無礙」。

④ 不知其仁——孔子說不知，不是真的不知，只是否定的另一方式，實際上說冉雍還不能達到「仁」的水平。下文第八章「孟武伯問子路仁乎，子曰，不知也」，這「不知」也是如此。

子使漆彫開[1]仕。對曰：「吾斯之未能信[2]。」子說。

【譯文】

孔子叫漆彫開去做官。他答道：「我對這個還沒有信心。」孔子聽了很歡喜。

【注釋】

① 漆彫開——「漆彫」是姓，「開」是名，孔子學生，字子開。

② 吾斯之未能信——這句是「吾未能信斯」的倒裝形式，「之」是用來倒裝的詞。

子曰：「道不行，乘桴[①]浮於海。從[②]我者，其由與？」子路聞之喜。子曰：「由也好勇過我，無所取材[③]。」

【譯文】

孔子道：「主張行不通了，我想坐個木簰到海外去，跟隨我的恐怕只有仲由吧！」子路聽到這話，高興得很。孔子說：「仲由這個人太好勇了，好勇的精神大大超過了我，這就沒有什麼可取的呀！」

【注釋】

① 桴——音孚，fú，古代把竹子或者木頭編成簰，以當船用，大的叫筏，小的叫桴，也就是現在的木簰。

② 從——動詞，舊讀去聲，跟隨。

③材——同「哉」，古字有時通用。有人解做木材，説是孔子以為子路真要到海外去，便説，「沒地方去取得木材」。這種解釋一定不符合孔子原意。也有人把「材」看做「剪裁」的「裁」，説是「子路太好勇了，不知道節制、檢點」，這種解釋不知把「取」字置於何地，因之也不採用。

5.8

孟武伯問子路仁乎？子曰：「不知也。」又問。子曰：「由也，千乘之國，可使治其賦①也，不知其仁也。」

「求也何如？」子曰：「求也，千室之邑②，百乘之家③，可使為之④宰⑤也，不知其仁也。」

「赤也何如？」子曰：「赤也，束帶立於朝，可使與賓客⑥言也，不知其仁也。」

【譯文】

孟武伯問孔子子路有沒有仁德。孔子道：「不曉得。」他又問。孔子道：「仲由啦，如果有一千輛兵車的國家，可以叫他負責兵役和軍政的工作。至於他有沒有仁德，我不曉得。」

孟武伯繼續問：「冉求又怎麼樣呢？」，孔子道：「求啦，千戶人口的私邑，可以叫他當縣長；百輛兵車的大夫封地，可以叫他當總管。至於他有沒有仁德，我不曉得。」。

「公西赤又怎麼樣呢？」。孔子道：「赤啦，穿着禮服，立於朝廷之中，可以叫他接待外賓，辦理交涉。至於他有沒有仁德，我不曉得。」

【注釋】

① 賦——兵賦，古代的兵役制度。這裏自也包括軍政工作而言。

② 邑——《左傳》莊公二十八年云：「凡邑，有宗廟先王之主曰都，無曰邑。」又《公羊傳》桓公元年云：「田多邑少稱田，邑多田少稱邑。」可見「邑」就是古代庶民聚居之所，不過有一些田地罷了。

③ 家——古代的卿大夫由國家封以一定的地方，由他派人治理，並且收用當地的租稅，這地方便叫采地或者采邑。「家」便是指這種采邑而言。

④ 之——用法同「其」，他的。

⑤ 宰——古代一縣的縣長叫做「宰」，大夫家的總管也叫做「宰」。所以「原思為之宰」（6.5）的「宰」為「總管」，而「季氏使閔子騫為費宰」（6.9）的「宰」是「縣長」。

⑥賓客——「賓」「客」兩字散文則通，對文有異。一般是貴客叫賓，因之天子諸侯的客人叫賓，一般客人叫客，《易經・需卦・爻辭》「有不速之客三人來」的「客」正是此意。這裏則把「賓客」合為一詞了。

5.9 子謂子貢曰：「女與回也孰愈？」對曰：「賜也何敢望回？回也聞一以知十，賜也聞一以知二。」子曰：「弗如也；吾與①女弗如也。」

【譯文】

孔子對子貢道：「你和顏回，哪一個強些？」子貢答道：「我麼，怎敢和顏回相比？他啦，聽到一件事，可以推演知道十件事；我呢，聽到一件事，只能推知兩件事。」孔子道：「趕不上他；我同意你的話，是趕不上他。」

【注釋】

①與——動詞，同意，贊同。這裏不應該看作連詞。

5.10

宰予晝寢。子曰：「朽木不可雕也；糞土之牆不可杇[①]也；於予與何誅[②]？」子曰[③]：「始吾於人也，聽其言而信其行；今吾於人也，聽其言而觀其行。於予與改是。」

【譯文】

宰予在白天睡覺。孔子說：「腐爛了的木頭雕刻不得，糞土似的牆壁粉刷不得；對於宰予麼，不值得責備呀。」又說：「最初，我對人家，聽到他的話，便相信他的行為；今天，我對人家，聽到他的話，卻要考察他的行為。從宰予的事件以後，我改變了態度。」

【注釋】

① 杇——音烏，wū，泥工抹牆的工具叫杇，把牆壁抹平也叫杇。這裏依上文的意思譯為「粉刷」。

② 何誅——機械地翻譯是「責備什麼呢」，這裏是意譯。

③ 子曰——以下的話雖然也是針對「宰予晝寢」而發出，卻是孔子另一個時候的言語，所以又加「子曰」兩字以示區別。古人有這種修辭條例，俞樾《古書疑義舉例》卷二「一人之辭而加曰字例」曾有所闡述（但未引證此條），可參閱。

子曰：「吾未見剛者。」或對曰：「申棖[①]。」子曰：「棖也慾，焉得剛？」

【譯文】

孔子道：「我沒見過剛毅不屈的人。」有人答道：「申棖是這樣的人。」孔子道：「申棖啦，他慾望太多，哪裏能夠剛毅不屈？」

【注釋】

①申棖——棖音橙，chéng。《史記·仲尼弟子列傳》有申黨，古音「黨」和「棖」相近，那麼「申棖」就是「申黨」。

5.12

子貢曰：「我不欲人之加[①]諸我也，吾亦欲無加諸人。」子曰：「賜也，非爾所及也。」

【譯文】

子貢道：「我不想別人欺侮我，我也不想欺侮別人。」孔子說：「賜，這不是你能做到的。」

【注釋】

①加——凌駕，凌辱。

5.13

子貢曰：「夫子之文章[①]，可得而聞也；夫子之言性[②]與天道[③]，不可得而聞也。」

【譯文】

子貢說：「老師關於文獻方面的學問，我們聽得到；老師關於天性和天道的言論，我們聽不到。」

【注釋】

①文章——孔子是古代文化的整理者和傳播者，這裏的「文章」該是指有關古代文獻的學問而言。在《論語》中可以考見的有詩、書、史、禮等等。

②性——人的本性。古代不可能有階級觀點，因之不知道人的階級性。而對人的自然的性，孟子、荀子都有所主張，孔子卻只說過「性相近也，習相遠也」(17.2)一句話。

③天道——古代所講的天道一般是指自然和人類社會吉凶禍福的關係。但《左傳》

昭公十八年鄭國子產的話說：「天道遠，人道邇，非所及也。」卻是對自然和人類社會的吉凶有必然關係的否認。《左傳》昭公二十六年又有晏嬰的話：「天道不諂。」雖然是用人類的美德來衡量自然之神，反對禳災，也是對當時迷信習慣的破除。這倆人都與孔子同時而年齡較大，而且為孔子所稱道。孔子不講天道，對自然和人類社會的關係取存而不論的態度，不知道是否是受這種思想的影響。

5.14 **子路有聞，未之能行，唯恐有①聞。**

【譯文】子路有所聞，還沒有能夠去做，只怕又有所聞。

【注釋】①有——同「又」。

5.15 **子貢問曰：「孔文子①何以謂之『文』也？」子曰：「敏而好學，不恥下問，是以謂**

之『文』也。」

【譯文】

子貢問道：「孔文子憑什麼諡他為『文』？」孔子道：「他聰敏靈活，愛好學問，又謙虛下問，不以為恥，所以用『文』字做他的諡號。」

【注釋】

①孔文子——衛國的大夫孔圉。考孔文子死於魯哀公十五年，或者在此稍前，孔子卒於十六年夏四月，那麼，這次問答一定在魯哀公十五年到十六年初的一段時間內。

5.16

子謂子產①，「有君子之道四焉：其行己也恭，其事上也敬，其養民也惠，其使民也義。」

【譯文】

孔子評論子產，說：「他有四種行為合於君子之道：他自己的容顏態度莊嚴恭敬，他對待君上負責認真，他教養人民有恩惠，他役使人民合於道理。」

【注釋】

①子產——公孫僑，字子產，鄭穆公之孫，為春秋時鄭國的賢相，在鄭簡公、鄭定公之時執政二十二年。其時，於晉國當悼公、平公、昭公、頃公、定公五世，於楚國當共王、康王、郟敖、靈王、平王五世，正是兩國爭強、戰爭不息的時候。鄭國地位重要，而周旋於這兩大強國之間，子產卻能不低聲下氣，也不妄自尊大，使國家得到尊敬和安全，的確是古代中國的一位傑出的政治家和外交家。

5.17 子曰：「晏平仲①善與人交，久而敬之②。」

【譯文】

孔子說：「晏平仲善於和別人交朋友，相交越久，別人越發恭敬他。」

【注釋】

①晏平仲——齊國的賢大夫，名嬰。《史記》卷六十二有他的傳記。現在所傳的《晏

子春秋》，當然不是晏嬰自己的作品，但亦是西漢以前的書。

② 久而敬之——《魏著作郎韓顯宗墓誌》，「善與人交，人亦久而敬焉」，卽本《論語》，義與別本《論語》作「久而人敬之」者相合。故我以「之」字指晏平仲自己。若以為是指相交之人，譯文便當這樣：「相交越久，越發恭敬別人」。

子曰：「臧文仲①居蔡②，山節藻梲③，何如其知④也？」

【譯文】

孔子說：「臧文仲替一種叫蔡的大烏龜蓋了一間屋，有雕刻着像山一樣的斗栱和畫着藻草的樑上短柱，這個人的聰明怎麼這樣呢？」

【注釋】

① 臧文仲——魯國的大夫臧孫辰（？——公元前六一七年）。

② 居蔡——古代人把大烏龜叫做「蔡」。《淮南子．說山訓》說：「大蔡神龜，出於溝壑。」高誘注說：「大蔡，元龜之所出地名，因名其龜為大蔡，臧文仲所居蔡是也。」古代人迷信卜筮，卜卦用龜，筮用蓍草。用龜，認為越大越靈。蔡便是這

種大龜。臧文仲把牠當寶貝，使牠住在講究的地方。居，作及物動詞用，使動用法，使之居住的意思。

③ 山節藻棁——節，柱上斗栱；「棁」音啄，zhuō，樑上短柱。

④ 知——同「智」。

5.19 子張問曰：「令尹子文①三仕②為令尹，無喜色；三已②之，無慍色。舊令尹之政，必以告新令尹。何如？」子曰：「忠矣。」曰：「仁矣乎？」曰：「未知③；——焉得仁？」

「崔子弒齊君④，陳文子⑤有馬十乘，棄而違之。至於他邦，則曰，『猶吾大夫崔子也。』違之。之一邦，則又曰：『猶吾大夫崔子也。』違之。何如？」子曰：「清矣。」曰：「仁矣乎？」曰：「未知③；——焉得仁？」

【譯文】

子張問道：「楚國的令尹子文三次做令尹的官，沒有高興的表情；三次被罷免，沒有怨恨的表情。每次交接，他一定把自己的一切政令全部告訴接位的人。這個人怎麼樣？」孔子道：「可算盡忠於國家了。」子張道：「算不算仁呢？」孔子道：「不曉得；——這怎麼能算是仁呢？」

子張又問：「崔杼無理地殺掉齊莊公，陳文子有四十匹馬，捨棄不要，離開齊國。到了另一個國家，說道：『這裏的執政者同我們的崔子差不多。』又離開。又到了一國，又說道：『這裏的執政者同我們的崔子差不多。』於是又離開。這個人怎麼樣？」孔子道：「清白得很。」子張道：「算不算仁呢？」孔子道：「不曉得；——這怎麼能算是仁呢？」

【注釋】

① 令尹子文——楚國的宰相叫做令尹。子文即鬬穀（穀音構）於菟（音烏徒）。根據《左傳》，子文於魯莊公三十年開始做令尹，到僖公二十三年讓位給子玉，其中相距二十八年。在這二十八年中可能有幾次被罷免又被任命，《國語．楚語下》說：「昔子文三舍令尹，無一日之積」，也就可以證明。

② 三仕——「三仕」和「三已」的「三」不一定是實數，可能只是表示那事情的次數之多。

③ 未知——和上文第五章「不知其仁」，第八章「不知也」的「不知」相同，不是真的「不知」，只是否定的另一方式，孔子停了一下，又說「焉得仁」，因此用破

折號表示。

④ 崔子弒齊君——崔子，齊國的大夫崔杼；齊君，齊莊公，名光。弒，古代在下的人殺掉在上的人叫做弒。「崔子弒齊君」的事見《左傳》襄公二十五年。

⑤ 陳文子——也是齊國的大夫，名須無。《左傳》沒有記載他離開的事，卻記載了很多他以後在齊國的行為，可能是一度離開，後來又回到本國了。

季文子[①]三思[②]而後行。子聞之，曰：「再[③]，斯可矣。」

【譯文】

季文子每件事考慮多次才行動。孔子聽到了，說：「想兩次也就可以了。」

【注釋】

① 季文子——魯國的大夫季孫行父，歷仕魯國文公、宣公、成公、襄公諸代。孔子生於襄公二十二年，文子死在襄公五年。（？——公元前五六八年）孔子說這話的時候，文子死了很久了。

② 三思——這一「三」字不是實實在在的「三」。

③ 再——「再」在古文中一般只當副詞用，其下承上文省去了動詞「思」字。《唐石經》作「再思」，「思」字不省。凡事三思，一般總是利多弊少，為什麼孔子卻不同意季文子這樣做呢？宦懋庸《論語稽説》，「文子生平蓋禍福利害之計太明，故其美惡兩不相掩，皆三思之病也。其思之至三者，特以世故太深，過為謹慎；然其流弊將至利害徇一己之私矣」云云。若以《左傳》所載文子先後行事證明，此話不為無理。

子曰：「甯武子①，邦有道，則知；邦無道，則愚②。其知可及也，其愚不可及也。」

【譯文】

孔子說：「甯武子在國家太平時節，便聰明；在國家昏暗時節，便裝傻。他那聰明，別人趕得上；那裝傻，別人就趕不上了。」

【注釋】

① 甯武子——衞國的大夫，姓甯，名俞。

② 愚——孔安國以為這「愚」是「佯愚似實」，故譯為「裝傻」。

子在陳①，曰：「歸與！歸與！吾黨之小子狂簡，斐然成章，不知所以裁之②。」

【譯文】

孔子在陳國，說：「回去吧！回去吧！我們那裏的學生們志向高遠得很，文采又都斐然可觀，我不知道怎樣去指導他們。」

【注釋】

①陳——國名，姓媯。周武王滅殷以後，求得舜的後代叫媯滿的封於陳。春秋時擁有現在河南開封以東，安徽亳縣以北一帶地方。都於宛丘，即今河南淮陽。春秋末為楚所滅。

②不知所以裁之——《史記．孔子世家》作「吾不知所以裁之」。譯文也認為這一句的主語不是承上文「吾黨之小子」而省略，而是省略了自稱代詞。「裁」，剪裁。布要剪裁才能成衣，人要教育才能成才，所以譯為「指導」。

子曰：「伯夷、叔齊①不念舊惡②，怨是用希。」

【譯文】

孔子說：「伯夷、叔齊這兩兄弟不記念過去的仇恨，別人對他們的怨恨也就很少。」

【注釋】

①伯夷、叔齊——孤竹君的兩個兒子，父親死了，互相讓位，而都逃到周文王那裏。周武王起兵討伐商紂，他們攔住車馬勸阻。周朝統一天下，他們以食用周朝的糧食為可恥，餓死於首陽山。《史記》卷六十一有傳。

②惡——嫌隙，仇恨。

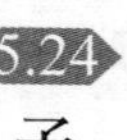

子曰：「孰謂微生高①直？或乞醯②焉，乞諸其鄰而與之。」

【譯文】

孔子說：「誰說微生高這個人直爽？有人向他討點醋，〔他不說自己沒有，〕卻到鄰人那裏轉討一點給人。」

【注釋】

①微生高——《莊子》、《戰國策》諸書載有尾生高守信的故事，說這人和一位女子相約，在橋樑之下見面。到時候，女子不來，他卻老等，水漲了都不走，終於淹死。「微」、「尾」古音相近，字通，因此很多人認為微生高就是尾生高。

②醯——xī，醋。

5.25 子曰：「巧言、令色、足①恭，左丘明②恥之，丘亦恥之。匿怨而友其人，左丘明恥之，丘亦恥之。」

【譯文】

孔子說：「花言巧語，偽善的容貌，十足的恭順，這種態度，左丘明認為可恥，我也認為可恥。內心藏着怨恨，表面上卻同他要好，這種行為，左丘明認為可恥，我也認為可恥。」

【注釋】

①足恭——「足」字舊讀去聲，zù。

② 左丘明——歷來相傳左丘明為《左傳》的作者，又因為司馬遷在《報任安書》中說過：「左丘失明，厥有《國語》。」又說他是《國語》的作者。這一問題，經過很多人的研究，我則以為下面的兩點結論是可以肯定的：（甲）《國語》和《左傳》的作者不是一人，（乙）兩書都不可能是和孔子同時甚或較早於孔子（因為孔子這段言語把左丘明放在自己之前，而且引以自重）的左丘明所作。

5.26

顏淵季路侍①。子曰：「盍②各言爾志？」

子路曰：「願車馬衣輕（輕字當刪）裘與朋友共敝之而無憾。③」

顏淵曰：「願無伐善，無施④勞。」

子曰：「願聞子之志。」

子曰：「老者安之，朋友信之，少者懷之⑤。」

【譯文】

孔子坐着，顏淵、季路兩人站在孔子身邊。孔子道：「何不各人說說自己的志向？」

子路道：「願意把我的車馬衣服同朋友共同使用，壞了也沒有什麼不滿。」

顏淵道：「願意不誇耀自己的好處，不表白自己的功勞。」

子路向孔子道：「希望聽到您的志向。」

孔子道：「〔我的志向是，〕老者使他安逸，朋友使他信任我，年青人使他懷念我。」

【注釋】

①侍——《論語》有時用一「侍」字，有時用「侍側」兩字，有時用「侍坐」兩字。若單用「侍」字，便是孔子坐着，弟子站着。若用「侍坐」，便是孔子和弟子都坐着。至於「侍側」，則或坐或立，不加肯定。

②盍——「何不」的合音字。

③願車馬衣輕裘與朋友共敝之而無憾——這句的「輕」字是後人加上去的，有很多證據可以證明唐以前的本子並沒有這一「輕」字。詳見劉寶楠《論語正義》。這一句有兩種讀法。一種從「共」字斷句，把「共」字作謂語。一種作一句讀，「共」字看作副詞，修飾「敝」字。這兩種讀法所表現的意義並無明顯的區別。

④施——《淮南子・詮言訓》「功蓋天下，不施其美。」這兩個「施」字意義相同，《禮記・祭統》注云：「施猶著也。」即表白的意思。

⑤信之、懷之——譯文把「信」和「懷」同「安」一樣看做動詞的使動用法。如果把它看做一般用法，那這兩句便應該如此翻譯：「對朋友有信任，年青人便關心他」。

子曰：「已矣乎，吾未見能見其過而內自訟者也。」

【譯文】

孔子說：「算了吧，我沒有看見過能夠看到自己的錯誤便自我責備的呢。」

子曰：「十室之邑，必有忠信如丘者焉，不如丘之好學也。」

【譯文】

孔子說：「就是十戶人家的地方，一定有像我這樣又忠心又信實的人，只是趕不上我的喜歡學問罷了。」

雍也篇第六

共三十章

（朱熹《集注》把第一、第二和第四、第五各併為一章，故作二十八章。）

子曰：「雍也可使南面①。」

【譯文】

孔子說：「冉雍這個人，可以讓他做一部門或一地方的長官。」

【注釋】

①南面——古代早就知道坐北朝南的方向是最好的，因此也以這個方向的位置最為尊貴，無論天子、諸侯、卿大夫，當他作為長官出現的時候，總是南面而坐的。說見王引之《經義述聞》和凌廷堪《禮經釋義》。

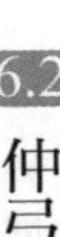

仲弓問子桑伯子①。子曰：「可也簡②。」

仲弓曰：「居敬而行簡，以臨其民，不亦可乎？居簡而行簡，無乃③大④簡乎？」子曰：「雍之言然。」

【譯文】

仲弓問到子桑伯子這個人。孔子道：「他簡單得好。」

仲弓道：「若存心嚴肅認真，而以簡單行之，〔抓大體，不煩瑣，〕來治理百姓，不也可以嗎？若存心簡單，又以簡單行之，不是太簡單了嗎？」孔子道：「你這番話正確。」

【注釋】

① 子桑伯子——此人已經無可考。有人以為就是《莊子》的子桑户，又有人以為就是秦穆公時的子桑（公孫枝），都未必可靠。既然稱「伯子」，很大可能是卿大夫。仲弓說「以臨其民」。也要是卿大夫才能臨民。

② 簡——《說苑》有子桑伯子的一段故事，說他「不衣冠而處」，孔子卻認為他「質美而無文」，因之有人認為這一「簡」字是指其「無文」而言。但此處明明說他「可也簡」，而《說苑》孔子卻說，「吾將說而文之」，似乎不能如此解釋。朱熹以為「簡」之所以「可」，在於「事不煩而民不擾」，頗有道理，故譯文加了兩句。

③ 無乃——相當於「不是」，但只用於反問句。

④ 大——同「太」。

6.3 哀公問：「弟子孰為好學？」孔子對曰：「有顏回者好學，不遷怒，不貳過。不幸短命[①]死矣，今也則亡，未聞好學者也。」

【譯文】

魯哀公問：「你的學生中，哪個好學？」孔子答道：「有一個叫顏回的人好學，不拿別人出氣；也不再犯同樣的過失。但他不幸短命死了，現在再沒有這樣的人了，再也沒聽過好學的人了。」

【注釋】

① 短命——《公羊傳》把顏淵的死列在魯哀公十四年（公元前四八一年），其時孔子年七十一，依《史記·仲尼弟子列傳》，顏淵小於孔子三十歲，則死時年四十一。但據《孔子家語》等書，顏回卒時年僅三十一，因此毛奇齡（《論語稽求篇》）謂《史記》「少孔子三十歲，原是四十之誤」。

6.4

子華[1]使[2]於齊，冉子[3]為其母請粟[4]。子曰：「與之釜[5]。」

請益。曰：「與之庾[6]。」

冉子與之粟五秉[7]。

子曰：「赤之適齊也，乘肥馬[8]，衣[9]輕裘。吾聞之也：君子周[10]急不繼富。」

【譯文】

公西華被派到齊國去做使者，冉有替他母親向孔子請求小米。孔子道：「給他六斗四升。」

冉有請求增加。孔子道：「再給他二斗四升。」

冉有卻給了他八十石。

孔子道：「公西赤到齊國去，坐着由肥馬駕的車輛，穿着又輕又暖的皮袍。我聽說過：君子只是雪裏送炭，不去錦上添花。」

【注釋】

①子華——孔子學生，姓公西，名赤，字子華，比孔子小四十二歲。

②使——舊讀去聲，出使。

③冉子——《論語》中，孔子弟子稱「子」的不過曾參、有若、閔子騫和冉有幾個人，因之這冉子當然就是冉有。

④粟——小米。一般的說法，粟是指未去殼的穀粒，去了殼就叫做米。但在古書中也有把米叫做粟的。見沈彤《周官祿田考》。

⑤釜——fǔ，古代量名，容當時的量器六斗四升，約合今天的容量一斗二升八合。

⑥庾——yǔ，古代量名，容當日的二斗四升，約合今日的四升八合。

⑦秉——音丙，bǐng，古代量名，十六斛。五秉則是八十斛。古代以十斗為斛，所以譯為八十石。南宋的賈似道才改為五斗一斛，一石兩斛，沿用到民國初年，現今已經廢除這一量名了。周秦的八十斛合今天的十六石。

⑧乘肥馬——不能解釋為「騎肥馬」，因為孔子時穿着大袖子寬腰身的衣裳，是不便於騎馬的。直到戰國時的趙武靈王才改穿少數民族服裝，學習少數民族的騎馬射箭，以便利於作戰。在所有「經書」中找不到騎馬的文字，只有《曲禮》有「前有車騎」一語，但《曲禮》的成書在戰國以後。

⑨衣——去聲，動詞，當「穿」字解。

⑩周——後人寫作「賙」，救濟。

6.5 原思[①]為之[②]宰，與之粟九百[③]，辭。子曰：「毋！以與爾鄰里鄉黨[④]乎！」

【譯文】原思任孔子家的總管，孔子給他小米九百，他不肯受。孔子道：「別辭，有多的，給你地方上（的窮人）吧！」

【注釋】

①原思——孔子弟子原憲，字子思。

②之——用法同「其」，他的，指孔子而言。

③九百——下無量名，不知是斛是斗，還是別的。習慣上常把最通用的度、量、衡的單位省略不說，古今大致相同。不過這一省略，可把我們搞迷糊了。

④鄰里鄉黨——都是古代地方單位的名稱，五家為鄰，二十五家為里，萬二千五百家為鄉，五百家為黨。

6.6 子謂仲弓，曰：「犁牛[①]之子騂[②]且角[③]；雖欲勿用[④]，山川其[⑤]舍諸[⑥]？」

【譯文】

孔子談到冉雍，說：「耕牛的兒子長着赤色的毛、整齊的角，雖然不想用牠作犧牲來祭祀，山川之神難道會捨棄牠嗎？」

【注釋】

①犂牛——耕牛。古人的名和字，意義一定互相照應。從孔子學生冉耕字伯牛、司馬耕字子牛的現象看來，足以知道生牛犂田的方法當時已經普遍實行。從前人說，耕牛制度開始於漢武帝時的趙過，那是由於誤解《漢書·食貨志》的緣故。

②騂——赤色。周朝以赤色為貴，所以祭祀的時候也用赤色的牲畜。

③角——意思是兩角長得周正。這是古人用詞的簡略處。

④用——義同《左傳》「用牲於社」之「用」，殺之以祭也。據《史記·仲尼弟子列傳》說，仲弓的父親是賤人，仲弓卻是「可使南面」的人才，因此孔子說了這番話。古代供祭祀的犧牲不用耕牛，而且認為耕牛之子也不配作犧牲。孔子的意思是，耕牛所產之子如果夠得上作犧牲的條件，山川之神一定會接受這種祭享。那麼，仲弓這樣的人才，為什麼因為他父親「下賤」而捨棄不用呢？

⑤其——意義同「豈」。

⑥諸——「之乎」兩字的合音字。

子曰：「回也，其心三月①不違仁，其餘則日月②至焉而已矣。」

【譯文】

孔子說：「顏回呀，他的心長久地不離開仁德，別的學生麼，只是短時期偶然想起一下罷了。」

【注釋】

①三月，日月——這種詞語必須靈活看，不要被字面所拘束，因此譯文用「長久地」譯「三月」，用「短時期」「偶然」來譯「日月」。

6.8

季康子問：「仲由可使從政也與？」子曰：「由也果，於從政乎何有？」

曰：「賜也可使從政也與？」曰：「賜也達，於從政乎何有？」

曰：「求也可使從政也與？」曰：「求也藝，於從政乎何有？」

【譯文】

季康子問孔子：「仲由這人，可以使用他治理政事麼？」孔子道：「仲由果敢決斷，讓他治理政事有什麼困難呢？」

又問：「端木賜可以使用他治理政事麼？」孔子道：「端木賜通情達理，讓他治理政事有什麼困難呢？」

又問：「冉求可以使用他治理政事麼？」孔子道：「冉求多才多藝，讓他治理政事有什麼困難呢？」

6.9

季氏使閔子騫①為費②宰。閔子騫曰：「善為我辭焉！如有復我者，則吾必在汶上③矣。」

【譯文】

季氏叫閔子騫做他采邑費地的縣長。閔子騫對來人說道：「好好地替我辭掉吧！若是再來找我的話，那我一定會逃到汶水之北去了。」

【注釋】

①閔子騫——孔子學生閔損，字子騫，比孔子小十五歲（公元前五一五—？）。

②費——舊音祕，故城在今山東費縣西北二十里。

③汶上——汶音問，wèn，水名，就是山東的大汶河。桂馥《札樸》云：「水以陽為北，凡言某水上者，皆謂水北。」「汶上」暗指齊國之地。

6.10

伯牛①有疾，子問之，自牖執其手，曰：「亡之②，命矣夫！斯人也而有斯疾也！斯人也而有斯疾也！」

【譯文】

伯牛生了病，孔子去探望他，從窗戶裏握着他的手，道：「難得活了，這是命呀，這樣的人竟有這樣的病！這樣的人竟有這樣的病！」

【注釋】

①伯牛——孔子學生冉耕，字伯牛。

②亡之——這「之」字不是代詞，不是「亡」（死亡之意）的賓語，因為「亡」字在這裏不應該有賓語，只是湊成一個音節罷了。古代常有這種形似賓語而實非賓語的「之」字，詳拙著《文言語法》。

6.11 子曰：「賢哉，回也！一簞[①]食，一瓢飲，在陋巷，人不堪其憂，回也不改其樂。賢哉，回也！」

【譯文】

孔子說：「顏回多麼有修養呀，一竹筐飯，一瓜瓢水，住在小巷子裏，別人都受不了那窮苦和憂愁，顏回卻不改變他自有的快樂。顏回多麼有修養呀！」

【注釋】

① 簞——音單，dān，古代盛飯的竹器，圓形。

6.12 冉求曰：「非不說子之道，力不足也。」子曰：「力不足者[①]，中道而廢。今女畫[②]。」

【譯文】

冉求道：「不是我不喜歡您的學說，是我力量不夠。」孔子道：「如果真是力量不夠，走到半道會再走不動了。現在你卻沒有開步走。」

【注釋】

①力不足者——「者」這一表示停頓的語氣詞，有時兼表假設語氣，詳《文言語法》。

②畫——停止。

6.13 子謂子夏曰：「女為君子儒！無為小人儒！」

【譯文】

孔子對子夏道：「你要去做個君子式的儒者，不要去做那小人式的儒者！」

6.14 子游為武城[①]宰。子曰：「女得人焉耳[②]乎？」曰：「有澹臺滅明者[③]，行不由徑，非公事，未嘗至於偃之室也。」

【譯文】

子游做武城縣縣長。孔子道：「你在這兒得到什麼人才沒有？」他道：「有一個叫澹臺滅明的人，走路不插小道，不是公事，從不到我屋裏來。」

【注釋】

①武城——魯國的城邑，在今山東費縣西南。

②耳——通行本作「爾」，茲依《唐石經》、《宋石經》、皇侃《義疏》本作「耳」。

③有澹臺滅明者——澹臺滅明字子羽，《史記·仲尼弟子列傳》也把他列入弟子。但從這裏子游的答話語氣來看，說這話時他還沒有向孔子受業。因為「有……者」的提法，是表示這人是聽者以前所不知道的。若果如《史記》所記，澹臺滅明在此以前便已經是孔子學生，那子游這時的語氣應該與此不同。

6.15 **子曰：「孟之反①不伐，奔而殿，將入門，策其馬，曰：『非敢後也，馬不進也。』」**

【譯文】

孔子說：「孟之反不誇耀自己，〔在抵禦齊國的戰役中，右翼的軍隊潰退了，〕他走在最後，掩護全軍，將進城門，便鞭打着馬匹，一面說道：『不是我敢於殿後，而是馬匹不肯快走的緣故。』」

【注釋】

①孟之反——《左傳》哀公十一年作「孟之側」，譯文參照《左傳》所敘述的事實有所增加。

6.16

子曰：「不有[①]祝鮀[②]之佞，而[③]有宋朝[④]之美，難乎免於今之世矣。」

【譯文】

孔子說：「假使沒有祝鮀的口才，而僅有宋朝的美麗，在今天的社會裏怕不易避免禍害了。」

【注釋】

①不有——這裏用以表示假設語氣，「假若沒有」的意思。

②祝鮀——衛國的大夫，字子魚，《左傳》定公四年曾記載着他的外交詞令。

③而——王引之《經義述聞》云：「而猶與也，言有祝鮀之佞與有宋朝之美也。」很多人同意這種講法，但我終嫌「不有祝鮀之佞，與有宋朝之美」為語句不順，王氏此說恐非原意。

④ 宋朝——宋國的公子朝，《左傳》昭公二十年和定公十四年都曾記載着他因為美麗而惹起亂子的事情。

6.17 子曰：「誰能出不由戶？何莫由斯道也？」

【譯文】
孔子說：「誰能夠走出屋外不從房門經過？為什麼沒有人從我這條路行走呢？」

6.18 子曰：「質勝文則野，文勝質則史。文質彬彬①，然後君子。」

【譯文】
孔子說：「樸實多於文采，就未免粗野；文采多於樸實，又未免虛浮。文采和樸實，配合適當，這才是個君子。」

【注釋】

① 文質彬彬——此處形容人既文雅又樸實，後來多用來指人文雅有禮貌。

子曰：「人之生也[1]直，罔[2]之生也幸而免。」

【譯文】

孔子說：「人的生存由於正直，不正直的人也可以生存，那是他僥倖地免於禍害。」

【注釋】

① 也——語氣詞，表「人之生」是一詞組作主語，這裏無妨作一停頓，下文「直」是謂語。

② 罔——誣罔的人，不正直的人。

子曰：「知之者不如好之者，好之者不如樂之者。」

【譯文】

孔子說：「〔對於任何學問和事業，〕懂得它的人不如喜愛它的人，喜愛它的人又不如以它為樂的人。」

6.21

子曰：「中人以上，可以語上也；中人以下，不可以語上也。」

【譯文】

孔子說：「中等水平以上的人，可以告訴他高深學問；中等水平以下的人，不可以告訴他高深學問。」

6.22

樊遲問知。子曰：「務民之義，敬鬼神而遠之[1]，可謂知矣。」問仁。曰：「仁者先難[2]而後獲，可謂仁矣。」

【譯文】

樊遲問怎麼樣才算聰明。孔子道：「把心力專一地放在使人民走向『義』上，嚴肅地對待鬼神，但並不打算接近他，可以說是聰明了。」

樊遲又問怎麼樣才叫做有仁德。孔子道：「仁德的人付出一定的力量，然後收獲果實，可以說是仁德了。」

【注釋】

①遠之——遠作及物動詞，去聲，yuàn。疏遠，不去接近的意思。譬如祈禱、淫祀，在孔子看來都不是「遠之」。

②先難——《顏淵篇第十二》又有一段答樊遲的話，其中有兩句道：「先事後得，非崇德與？」，和這裏「先難後獲可謂仁矣」是一個意思，所以我把「難」字譯為「付出一定的力量」。孔子對樊遲兩次說這樣的話，是不是樊遲有坐享其成的想法，那就不得而知了。

6.23 子曰：「知者樂水，仁者樂山。知者動，仁者靜。知者樂，仁者壽。」

【譯文】

孔子說：「聰明人樂於水，仁人樂於山。聰明人活動，仁人沉靜。聰明人快樂，仁人長壽。」

6.24

子曰：「齊一變，至於魯；魯一變，至於道。」

【譯文】

孔子說：「齊國〔的政治和教育〕一有改革，便達到魯國的樣子；魯國〔的政治和教育〕一有改革，便進而合於大道了。」

6.25

子曰：「觚①不觚，觚哉！觚哉！」

【譯文】

孔子說：「觚不像個觚，這是觚嗎？這是觚嗎？」

【注釋】

① 觚——音孤，gū，古代盛酒的器皿，腹部作四條棱角，足部也作四條棱角。每器

容當時容量二升（或曰三升）。孔子為什麼説這話，後人有兩種較近於情理的猜想：（甲）觚有棱角，才能叫做觚。可是做出棱角比做圓的難，孔子所見的觚可能只是一個圓形的酒器，而不是上圓下方（有四條棱角）的了。但也名為觚，因之孔子慨歎當日事物名實不符，如「君不君，臣不臣，父不父，子不子」之類。（乙）觚和孤同音，寡少的意思。只能容酒兩升（或者三升）的叫觚，是叫人少飲不要沉湎之意。可能當時的觚實際容量已經大大不止此數，由此孔子發出感慨。（古代釀酒，不懂得蒸酒的技術，因之酒精成份很低，而升又小，兩三升酒是微不足道的。《史記．滑稽列傳》載淳于髡的話，最多能夠飲一石，可以想見了。）

6.26

宰我問曰：「仁者，雖告之曰，『井有仁[①]焉。』其從之也？」子曰：「何為其然也？君子可逝[②]也，不可陷也；可欺[③]也，不可罔[④]也。」

【譯文】

宰我問道：「有仁德的人，就是告訴他，『井裏掉下一位仁人啦。』他是不是會跟着下去呢？」孔子道：「為什麼你要這樣做呢？君子可以叫他遠遠走開不再回來，卻不可以陷害他；可以欺騙他，卻不可以愚弄他。」

【注釋】

①仁——即「仁人」的意思，和《學而篇第一》「泛愛眾而親仁」的「仁」用法相同。

②逝——古代「逝」字的意義和「往」字有所不同，「往」而不復返才用「逝」字。譯文即用此義。俞樾《羣經平議》讀「逝」為「折」說：「逝與折古通用。君子殺身成仁則有之矣，故可得而摧折，然不可以非理陷害之，故可折而不可陷。」亦通。

③欺、罔——《孟子．萬章上》有這樣一段話，和這一段結合，正好說明「欺」和「罔」的區別。那段的原文是：「昔者有饋生魚於鄭子產，子產使校人畜之池。校人烹之，反命曰：『始舍之，圉圉焉；少則洋洋焉；攸然而逝。』子產曰：『得其所哉！得其所哉！』校人出，曰：『孰謂子產知？予既烹而食之，曰，得其所哉，得其所哉。』故君子可欺以其方，難罔以非其道。」那麼，校人的欺騙子產，是「欺以其方」，而宰我的假設便是「罔以非其道」了。

子曰：「君子博學於文，約之以禮①，亦可以弗畔②矣夫！」

【譯文】孔子說：「君子廣泛地學習文獻，再用禮節來加以約束，也就可以不至於離經叛道了。」

【注釋】

①博學於文，約之以禮——《子罕篇第九》云：「顏淵喟然歎曰：『夫子循循然善誘人，博我以文，約我以禮。』」這裏的「博學於文，約之以禮」和《子罕篇》的「博我以文，約我以禮」是不是完全相同呢？如果完全相同，則「約之以禮」的「之」是指代「君子」而言。這是一般人的說法。但毛奇齡的《論語稽求篇》卻說：「博約是兩事，文禮是兩物，然與『博我以文，約我以禮』不同。何也？彼之博約是以文禮博約回；此之博約是以禮約文，以約約博也。博在文，約文又在禮也。」毛氏認為「約之以禮」的「之」是指代「文」，正是我們平常所說的「由博返約」的意思。

②畔——同「叛」。

6.28 子見南子①，子路不說。夫子矢之曰：「予所②否者，天厭之！天厭之！」

【譯文】

孔子去和南子相見，子路不高興。孔子發誓道：「我假若不對的話，天厭棄我罷！天厭棄我罷！」

【注釋】

①南子——衛靈公夫人，把持着當日衛國的政治，而且有不正當的行為，名聲不好。《史記·孔子世家》對「子見南子」的情況有生動的描述。

②所——如果，假若。假設連詞，但只用於誓詞中。詳閻若璩《四書釋地》。

6.29 **子曰：「中庸[①]之為德也，其至矣乎！民[②]鮮久矣。」**

【譯文】

孔子說：「中庸這種道德，該是最高的了，大家已經是長久地缺乏它了。」

【注釋】

①中庸——這是孔子的最高道德標準。「中」，折中，無過，也無不及，調和；

「庸」，平常。孔子拈出這兩個字，就表示他的最高道德標準，其實就是折中的和平常的東西。後代的儒家又根據這兩個字作了一篇題為「中庸」的文章，西漢人戴聖收入《禮記》，南宋人朱熹又取入《四書》。司馬遷說是子思所作，未必可靠。從其文字和內容看，可能是戰國至秦的作品，難免不和孔子的「中庸」有相當距離。

② 民——這「民」字不完全指老百姓，因以「大家」譯之。

6.30

子貢曰：「如有博施①於民而能濟眾，何如？可謂仁乎？」子曰：「何事於仁！必也聖乎！堯舜②其猶病諸！夫③仁者，己欲立而立人，己欲達而達人。能近取譬，可謂仁之方也已。」

【譯文】

子貢道：「假若有這麼一個人，廣泛地給人民以好處，又能幫助大家生活得很好，怎麼樣？可以說是仁道了嗎？」孔子道：「哪裏僅是仁道！那一定是聖德了！堯舜或許都難以做到呢！仁是甚麼呢？自己要站得住，同時也使別人站得住；自己要事事行得通，同時也使別人事事行得通。能夠就眼下的事實選擇例子一步步去做，可以說是實踐仁道的方法了。」

【注釋】

①施——舊讀去聲。

②堯舜——傳說中的上古兩位帝王，也是孔子心目中的榜樣。

③夫——音扶，fú，文言中的提挈詞。

述而篇第七

共三十八章（朱熹《集注》把第九、第十兩章併作一章，所以題為三十七章。）

7.1 子曰：「述而不作，信而好古①，竊比於我老彭②。」

【譯文】

孔子說：「闡述而不創作，以相信的態度喜愛古代文化，我私自和我那老彭相比。」

【注釋】

①作，好古——下文第二十八章說：「蓋有不知而作之者，我無是也。」這個「作」，大概也是「不知而作」的涵義，很難說孔子的學說中沒有創造性。又第二十章說：「好古敏以求之」，也可為這個「好古」的證明。

②老彭——人名。有人說是老子和彭祖兩人，有人說是殷商時代的彭祖一人，又有人說孔子說「我的老彭」，其人一定和孔子相當親密，未必是古人。《大戴禮·虞戴德篇》有「商老彭」，不知卽此人否。

子曰：「默而識①之，學而不厭，誨人不倦，何有於我哉②？」

【譯文】

孔子說：「〔把所見所聞的〕默默地記在心裏，努力學習而不厭棄，教導別人而不疲倦，這些事情我做到了哪些呢？」

【注釋】

① 識——音志，zhì，記住。

② 何有於我哉——「何有」在古代是一常用語，在不同場合表示不同意義。像《詩·邶風·谷風》「何有何亡？黽勉求之」的「何有」便是「有什麼」的意思，譯文就是用的這一意義。也有人說，《論語》的「何有」都是「不難之辭」，那麼，這句話便該譯為「這些事情對我有什麼困難呢」。這種譯法便不是孔子謙虛之詞，而和下文第二十八章的「多聞，擇其善者而從之，多見而識之」以及「抑為之不厭，誨人不倦」的態度相同了。

子曰：「德之不修，學之不講，聞義不能徙，不善不能改，是吾憂也。」

【譯文】

孔子說：「品德不培養；學問不講習；聽到義在那裏，卻不能親身赴之；有缺點不能改正，這些都是我的憂慮呢！」

7.4 子之燕居，申申[①]如也，夭夭[②]如也。

【譯文】

孔子在家閒居，很整齊的，很和樂而舒展的。

【注釋】

① 申申——整敕之貌。

② 夭夭——和舒之貌。

7.5 子曰：「甚矣吾衰也！久矣吾不復夢見周公[①]！」

【譯文】

孔子說：「我衰老得多麼厲害呀！我好長時間沒再夢見周公了！」

【注釋】

① 周公——姓姬，名旦，周文王的兒子，武王的弟弟，成王的叔父，魯國的始祖，又是孔子心目中最敬服的古代聖人之一。

7.6 子曰：「志於道，據於德，依於仁，遊於藝①。」

【譯文】

孔子說：「目標在『道』，根據在『德』，依靠在『仁』，而遊憩於禮、樂、射、御、書、數六藝之中。」

【注釋】

① 遊於藝——《禮記．學記》曾說：「不興其藝，不能樂學。故君子之於學也，藏焉，修焉，息焉，遊焉。夫然，故安其學而親其師，樂其友而信其道，是以雖離

師輔而不反也。」可以闡明這裏的「遊於藝」。

子曰：「自行束脩[①]以上，吾未嘗無誨焉。」

【譯文】

孔子說：「只要是主動地給我一點見面薄禮，我從沒有不教誨的。」

【注釋】

① 束脩——脩是乾肉，又叫脯。每條脯叫一脡（挺），十脡為一束。束脩就是十條乾肉，古代用來作初次拜見的禮物。但這一禮物是菲薄的。

子曰：「不憤[①]不啟，不悱[②]不發[③]。舉一隅不以三隅反，則不復也。」

【譯文】

孔子說：「教導學生，不到他想求明白而不得的時候，不去開導他；不到他想說出來卻說不出的時候，不去啟發他。教給他東方，他卻不能由此推知西、南、北三方，我便不再教他了。」

【注釋】

① 憤——心求通而未得之意。

② 悱音斐，fěi，口欲言而未能之貌。

③ 不啟，不發——這是孔子自述其教學方法，必須受教者先發生困難，有求知的動機，然後去啟發他。這樣，教學效果自然會好些。

7.9 子食於有喪者之側，未嘗飽也。

【譯文】

孔子在死了親屬的人旁邊吃飯，不曾吃飽過。

7.10 子於是日哭，則不歌。

【譯文】

孔子在這一天哭泣過，就不再唱歌。

7.11

子謂顏淵曰：「用之則行，舍之則藏，惟我與爾有是夫！」

子路曰：「子行三軍，則誰與[1]？」

子曰：「暴虎馮河[2]，死而無悔者，吾不與也。必也臨事而懼，好謀而成者也。」

【譯文】

孔子對顏淵道：「用我呢，就幹起來；不用呢，就藏起來。只有我和你才能這樣吧！」

子路道：「您若率領軍隊，找誰共事？」

孔子道：「赤手空拳和老虎搏鬥，不用船隻去渡河，這樣死了都不後悔的人，我是不和他共事的。〔我想找他共事的，〕一定是面臨任務便恐懼謹慎，善於謀略而能成功的人呢！」

【注釋】

①子行三軍，則誰與——「行」字古人用得很活，行軍猶言行師。《易經·謙卦·上六》云：「利用行師征邑國」，又《復卦·上六》：「用行師終有大敗」，行師似有出兵之意。這種活用，一直到中古都如此。如「子夜歌」的「歡行白日心，朝東暮還西。」「與」，動詞，偕同的意思。子路好勇，看見孔子誇獎顏淵，便發此問。

②暴虎馮河——馮音憑，píng。徒手搏虎曰暴虎，徒足涉河曰馮河。「馮河」兩字最初見於《易·泰卦·爻辭》，又見於《詩·小雅·小旻》。「暴虎」也見於《詩經·鄭風·大叔于田》和《小雅·小旻》，可見都是很早就有的俗語。「河」不一定是專指黃河，古代也有用作通名，泛指江河的。

7.12

子曰：「富而①可求也，雖執鞭之士②，吾亦為之。如不可求，從吾所好。」

【譯文】

孔子說：「財富如果可以求得的話，就是做市場的守門卒我也幹。如果求它不到，還是我幹我的罷。」

【注釋】

①而——用法同「如」，假設連詞。但是用在句中的多，即有用在句首的，那句也多半和上一句有密切的關連，獨立地用在句首的極少見。

②執鞭之士——根據《周禮》，有兩種人拿着皮鞭，一種是古代天子以及諸侯出入之時，有二至八人拿着皮鞭使行路之人讓道。一種是市場的守門人，手執皮鞭來維持秩序。這裏講的是求財，市場是財富所聚集之處，因此譯為「市場守門卒」。

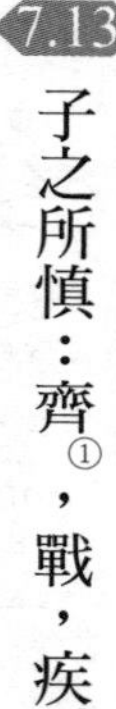

子之所慎：齊①，戰，疾②。

【譯文】

孔子所小心慎重的事有三樣：齋戒，戰爭，疾病。

【注釋】

①齊——同「齋」。古代於祭祀之前，一定先要做一番身心的整潔工作，這一工作便叫做『齋』或者「齋戒」。《鄉黨篇第十》說孔子「齋必變食，居必遷坐」。

②戰，疾——上文說到孔子作戰必求「臨事而懼好謀而成」的人，因為它關係到國

家的存亡安危；《鄉黨篇》又描寫孔子病了，不敢隨便吃藥，因為它關係到個人的生死。這都是孔子不能不謹慎的地方。

7.14

子在齊聞韶，三月不知肉味，曰：「不圖為樂之至於斯也。」

【譯文】

孔子在齊國聽到韶的樂章，很長時間嚐不出肉味，於是道：「想不到欣賞音樂竟到了這種境界。」

7.15

冉有曰：「夫子為[1]衞君[2]乎？」子貢曰：「諾；吾將問之。」入，曰：「伯夷、叔齊何人也？」曰：「古之賢人也。」曰：「怨乎？」曰：「求仁而得仁，又何怨？」出，曰：「夫子不為也。」

【譯文】

冉有道：「老師贊成衛君嗎？」子貢道：「好吧；我去問問他。」

子貢進到孔子屋裏，道：「伯夷、叔齊是什麼樣的人？」孔子道：「是古代的賢人。」子貢道：「〔他們兩人互相推讓，都不肯做孤竹國的國君，結果都跑到國外，〕是不是後來又怨悔呢？」孔子道：「他們求仁德，便得到了仁德，又怨悔什麼呢？」

子貢走出，答覆冉有道：「老師不贊成衛君。」

【注釋】

①為——動詞，去聲，本意是幫助，這裏譯為「贊成」，似乎更合原意。

②衛君——指衛出公輒。輒是衛靈公之孫，太子蒯聵之子。太子蒯聵得罪了衛靈公的夫人南子，逃在晉國。靈公死，立輒為君。晉國的趙簡子又把蒯聵送回，藉以侵略衛國。衛國抵禦晉兵，自然也拒絕了蒯聵的回國。從蒯聵和輒是父子關係的一點看來，似乎是兩父子爭奪衛君的位置，和伯夷、叔齊兩兄弟的互相推讓，終於都拋棄了君位相比，恰恰成一對照。因之下文子貢引以發問，藉以試探孔子對出公輒的態度。孔子讚美伯夷、叔齊，自然就是不贊成出公輒了。

子曰：「飯疏食①飲水②，曲肱③而枕④之，樂亦在其中矣。不義而富且貴，於我如浮雲。」

【譯文】

孔子說：「吃粗糧，喝冷水，彎着胳膊做枕頭，也有着樂趣。幹不正當的事而得來的富貴，我看來好像浮雲。」

【注釋】

①疏食——有兩個解釋：（甲）粗糧。古代以稻粱為細糧，以稷為粗糧。見程瑤田《通藝錄．九穀考》。（乙）糙米。

②水——古代常以「湯」和「水」對言，「湯」的意思是熱水，「水」就是冷水。

③肱——音宮，gōng，胳膊。

④枕——這裏用作動詞，舊讀去聲。

7.17

子曰：「加我數年，五十以學《易》①，可以無大過矣。」

【譯文】

孔子說：「讓我多活幾年，到五十歲時去學習《易經》，便可以沒有大過錯了。」

【注釋】

①《易》——古代一部用以占筮的書，其中的《卦辭》和《爻辭》是孔子以前的作品。

7.18 **子所雅言①，《詩》、《書》、執禮，皆雅言也。**

【譯文】

孔子有用普通話的時候，讀《詩》，讀《書》，行禮，都用普通話。

【注釋】

① 雅言——當時中國所通行的語言。春秋時代各國語言不能統一，不但可以想像得到，卽從古書中也可以找到證明。當時較為通行的語言便是「雅言」。

7.19 葉公①問孔子於子路，子路不對。子曰：「女奚不曰，其為人也，發憤忘食，樂以忘憂，不知老之將至云爾②。」

【譯文】

葉公向子路問孔子為人怎麼樣，子路不回答。孔子對子路道：「你為什麼不這樣說：他的為人，用功便忘記吃飯，快樂便忘記憂愁，不知道衰老會要到來，如此罷了。」

【注釋】

① 葉——舊音攝，shè，地名，當時屬楚，今河南葉縣南三十里有古葉城。葉公是葉地方的縣長，楚君稱王，那縣長便稱公。此人叫沈諸梁，字子高，《左傳》定公、哀公之間有一些關於他的記載，在楚國當時還算是一位賢者。

② 云爾——云，如此；爾同「耳」，而已，罷了。

7.20 子曰：「我非生而知之者，好古，敏以求之者也。」

【譯文】

孔子說：「我不是生來就有知識的人，而是愛好古代文化，勤奮敏捷去求學來文化的人。」

7.21

子不語怪，力，亂，神。

【譯文】

孔子不談怪異、勇力、叛亂和鬼神。

7.22

子曰：「三人行，必有我師焉：擇其善者而從之，其不善者而改之①。」

【譯文】

孔子說：「幾個人一塊走路，其中便一定有可以為我所取法的人：我選取那些優點而學習，看出那些缺點而改正。」

【注釋】

①子曰……改之——子貢說孔子沒有特定的老師（見19.22），意思就是隨處都有老師，和本章可以互相證明，《老子》說：「善人，不善人之師；不善人，善人之資。」未嘗不是這個道理。

子曰：「天生德於予，桓魋①其如予何②？」

【譯文】

孔子說：「天在我身上生了這樣的品德，那桓魋將把我怎樣？」

【注釋】

①桓魋——「魋」音頹，tuí。桓魋，宋國的司馬向魋，因為是宋桓公的後代，所以又叫桓魋。

②桓魋其如予何——《史記．孔子世家》有一段這樣的記載：「孔子去曹，適宋，與弟子習禮大樹下。宋司馬桓魋欲殺孔子，拔其樹。孔子去，弟子曰：『可以速矣！』孔子曰：『天生德於予，桓魋其如予何？』」

子曰：「二三子以我為隱乎？吾無隱乎爾。吾無行而不與二三子者，是丘也。」

【譯文】

孔子說：「你們這些學生以為我有所隱瞞嗎？我對你們是沒有隱瞞的。我沒有一點不向你們公開，這就是我孔丘的為人。」

7.25

子以四教：文，行[①]，忠，信。

【譯文】

孔子用四種內容教育學生：歷代文獻，社會生活的實踐，對待別人的忠心，與人交際的信實。

【注釋】

① 行——作名詞用，舊讀去聲。

7.26

子曰：「聖人，吾不得而見之矣；得見君子者，斯可矣。」子曰：「善人，吾不得而見之矣；得見有恆[①]者，斯可矣。亡而為有，虛而為盈，約而為泰[②]，難乎有恆矣。」

【譯文】孔子說：「聖人，我不能看見了；能看見君子，就可以了。」又說：「善人，我不能看見了，能看見有一定操守的人，就可以了。本來沒有，卻裝做有；本來空虛，卻裝做充足；本來窮困，卻要豪華，這樣的人便難於保持一定操守了。」

【注釋】

① 有恒——這個「恒」字和《孟子．梁惠王上》的「無恒產而有恒心」的「恒」是一個意義。

② 泰——這「泰」字和《國語．晉語》的「恃其富寵，以泰於國」，《荀子．議兵篇》的「用財欲泰」的「泰」同義，用度豪華而不吝惜的意思。

7.27

子釣而不綱[①]，弋[②]不射宿[③]。

【譯文】孔子釣魚，不用大繩橫斷流水來取魚；用帶生絲的箭射鳥，不射歸巢的鳥。

【注釋】

①綱——綱上的大繩叫綱，用它來橫斷水流，再用生絲繫釣，着於綱上來取魚，這也叫綱。「不綱」的「綱」是動詞。

②弋——音亦，yì，用帶生絲的矢來射。

③宿——歇宿了的鳥。

7.28

子曰：「蓋有不知而作之者，我無是也。多聞，擇其善者而從之；多見而識之；知之次也①。」

【譯文】孔子說：「大概有一種自己不懂卻憑空造作的人，我沒有這種毛病。多多地聽，選擇其中好的加以接受；多多地看，全記在心裏。這樣的知，是僅次於『生而知之』的。」

【注釋】

①次——《論語》的「次」一共用了八次，都是當「差一等」、「次一等」講。《季氏篇》云：「孔子曰：『生而知之者，上也；學而知之者，次也。』」這裏的「知之次也」正是「學而知之者，次也」的意思。孔子自己也説他是學而知之（好古敏以求之）的人，所以譯文加了幾個字。

7.29

互鄉①難與言，童子見，門人惑。子曰：「與其進也，不與其退也，唯何甚？人潔己以進，與其潔也，不保②其往也。」

【譯文】

互鄉這地方的人難於交談，一個童子得到孔子的接見，弟子們疑惑。孔子道：「我們贊成他的進步，不贊成他的退步，何必做得太過？別人把自己弄得乾乾淨淨而來，便應當贊成他的乾淨，不要死記住他那過去。」

【注釋】

①互鄉——地名，現在已不詳其所在。

② 保——守也，所以譯為「死記住」。

7.30 子曰：「仁遠乎哉？我欲仁，斯仁至矣。」

【譯文】

孔子道：「仁德難道離我們很遠嗎？我要它，它就來了。」

7.31 陳司敗[①]問昭公[②]知禮乎，孔子曰：「知禮。」孔子退，揖巫馬期[③]而進之，曰：「吾聞君子不黨，君子亦黨乎？君取於吳[④]，為同姓[⑤]，謂之吳孟子[⑥]。君而知禮，孰不知禮？」巫馬期以告。子曰：「丘也幸，苟有過[⑦]，人必知之。」

【譯文】

陳司敗問孔子魯昭公懂不懂禮，孔子道：「懂禮。」

孔子走了出來，陳司敗便向巫馬期作了個揖，請他走近自己，然後說道：「我聽說君子無所偏袒，難道孔子竟偏袒嗎？魯君從吳國娶了位夫人，吳和魯是同姓國家，〔不便叫她做吳姬，〕於是叫她做吳孟子。魯君若是懂得禮，誰不懂得禮呢？」

巫馬期把這話轉告給孔子。孔子道：「我真幸運，假若有錯誤，人家一定會給指出來。」

【注釋】

①陳司敗——人名。有人說「司敗」是官名，也有人說是人名，究竟是什麼樣的人，今天已經無法知道。

②昭公——魯昭公，名裯，襄公庶子，繼襄公而為君。「昭」是諡號，陳司敗之問若在昭公死後，則「昭公知禮乎」可能是原來語言。如果他這次發問尚在昭公生時，那「昭公」字眼當是後人的記述。我們已無從判斷，所以這句不加引號。

③巫馬期——孔子學生，姓巫馬，名施，字子期，小於孔子三十歲。

④君取於吳——「取」這裏用作「娶」字。吳，當時的國名，擁有今天淮水、泗水以南以及浙江的嘉興、湖州等地。哀公時，為越王句踐所滅。

⑤為同姓——魯為周公之後，姬姓；吳為太伯之後，也是姬姓。

⑥ 吳孟子——春秋時代，國君夫人的稱號一般是所生長之國名加她的本姓。魯娶於吳，這位夫人便應該稱為吳姬。但「同姓不婚」是周朝的禮法，魯君夫人的稱號把「姬」字標明出來，便是很顯明地表示出魯君違背了「同姓不婚」的禮制，因之改稱為「吳孟子」。「孟子」可能是這位夫人的字。《左傳》哀公十二年亦書曰：「昭夫人孟子卒」。

⑦ 茍有過——根據《荀子．子道篇》關於孔子的另一段故事，和《史記．仲尼弟子列傳》對這一事「臣不可言君親之惡，為諱者禮也」的解釋，則孔子對魯昭公所謂不合禮的行為不是不知，而是不說，最後只得歸過於自己。

7.32 子與人歌而善，必使反之，而後和之。

【譯文】孔子同別人一道唱歌，如果唱得好，一定請他再唱一遍，然後自己又和他。

7.33 子曰：「文，莫①吾猶人也。躬行君子，則吾未之有得。」

【譯文】

孔子說：「書本上的學問，大約我同別人學得差不多。在生活實踐中做一個君子，那我還沒有成功。」

【注釋】

①文莫——以前人都把「文莫」兩字連讀，看成一個雙音詞，但又沒有恰當的解釋。吳檢齋（承仕）先生在《亡莫無慮同詞說》（載於前北京中國大學《國學叢編》第一期第一冊）中以為「文」是一詞，指孔子所謂的「文章」，「莫」是一詞，「大約」的意思。關於「莫」字的說法在先秦古籍中雖然缺乏堅強的論證，但解釋本文卻比所有各家來得較為滿意，因之為譯者所採用。朱熹《集注》亦云，「莫，疑辭」，或為吳說所本。

7.34 子曰：「若聖[①]與仁，則吾豈敢？抑為之不厭，誨人不倦，則可謂云爾已矣。」公西華曰：「正唯弟子不能學也。」

【譯文】

孔子說道：「講到聖和仁，我怎麼敢當？不過是學習和工作總不厭倦，教導別人總不疲勞，就是如此罷了。」公西華道：「這正是我們學不到的。」

【注釋】

①聖——《孟子．公孫丑上》載子貢對這事的看法說：「學不厭，智也；教不倦，仁也。仁且智，夫子既聖矣。」可見當時的學生就已把孔子看成聖人。

7.35

子疾病①，子路請禱。子曰：「有諸？」子路對曰：「有之；《誄》②曰：『禱爾於上下神祇③。』」子曰：「丘之禱久矣。」

【譯文】

孔子病重，子路請求祈禱。孔子道：「有這回事嗎？」子路答道：「有的；《誄文》說過：『替你向天神地祇祈禱。』」孔子道：「我早就祈禱過了。」

【注釋】

①疾病——「疾病」連言，是重病的意思。

②誄——音耒，lěi，本應作讄，祈禱文。和哀悼死者的「誄」不同。

③祇——音祁，qí，地神。

子曰：「奢則不孫①，儉則固②。與其不孫也，寧固。」

【譯文】

孔子說：「奢侈豪華就顯得驕傲，省儉樸素就顯得寒傖。與其驕傲，寧可寒傖。」

【注釋】

①孫——同「遜」。

②固——固陋，寒傖。

子曰：「君子坦蕩蕩，小人長戚戚。」

【譯文】

孔子說：「君子心地平坦寬廣，小人卻經常局促憂愁。」

7.38

子溫而厲，威而不猛，恭而安。

【譯文】

孔子溫和而嚴厲，有威儀而不兇猛，莊嚴而安詳。

泰伯篇第八

共二十一章

8.1 子曰：「泰伯[①]，其可謂至德也已矣。三以天下[②]讓，民無得而稱焉。」

【譯文】

孔子說：「泰伯，那可以說是品德極崇高了。屢次地把天下讓給季歷，老百姓簡直找不出恰當的詞語來稱讚他。」

【注釋】

① 泰伯——亦作「太伯」，周朝祖先古公亶父的長子。古公有三子，太伯、仲雍、季歷。季歷的兒子就是姬昌（周文王）。據傳說，古公預見到昌的聖德，因此想打破慣例，把君位不傳長子太伯，而傳給幼子季歷，從而傳給昌。太伯為着實現他父親的意願，便偕同仲雍出走至句吳（為吳國的始祖），終於把君位傳給季歷和昌。昌後來擴張國勢，竟有天下的三分之二，到他兒子姬發（周武王），便滅了殷商，統一天下。

② 天下——當古公、泰伯之時，周室僅是一個小的部落，談不上「天下」。這「天下」兩字可能卽指其當時的部落而言。也有人說，是預指以後的周部落統一了中原的天下而言。

8.2

子曰：「恭而無禮則勞①，慎而無禮則葸②，勇而無禮則亂，直而無禮則絞③。君子篤於親，則民興於仁；故舊不遺，則民不偷④。」

【譯文】

孔子說：「注重容貌態度的端莊，卻不知禮，就未免勞倦；只知謹慎，卻不知禮，就流於畏葸懦弱；專憑敢作敢為的膽量，卻不知禮，就會盲動闖禍；心直口快，卻不知禮，就會尖刻刺人。在上位的人能用深厚感情對待親族，老百姓就會走向仁德；在上位的人不遺棄他的老同事、老朋友，那老百姓就不致對人冷淡無情。

【注釋】

① 禮——這裏指的是禮的本質。

② 葸——xǐ，膽怯，害怕。

③ 絞——尖刻刺人。

④ 偷——淡薄，這裏指人與人的感情而言。

8.3 **曾子有疾，召門弟子曰：「啟[①]予足！啟予手！《詩》云[②]，『戰戰兢兢，如臨深淵，如履[③]薄冰。』而今而後，吾知免夫！小子！」**

【譯文】

曾參病了，把他的學生召集攏來，說道：「看看我的腳！看看我的手！《詩經》上說：『小心呀！謹慎呀！好像面臨深深水坑之旁，好像行走薄薄冰層之上。』從今以後，我才知道自己是可以免於禍害刑戮的了！學生們！」

【注釋】

① 啟——說文有「𥄎」字，云：「視也。」王念孫《廣雅疏證》（《釋詁》）說，《論語》的這「啟」字就是說文的「𥄎」字。

② 《詩》云——三句詩見《詩經．小雅．小旻篇》。

③ 履——《易．履卦．爻辭》：「眇能視，跛能履。」履，步行也。

8.4 曾子有疾，孟敬子[①]問之。曾子言曰：「鳥之將死，其鳴也哀；人之將死，其言也善。君子所貴乎道者三：動容貌，斯遠暴慢[②]矣；正顏色，斯近信矣；出辭氣，斯遠鄙倍[③]矣。籩豆之事[④]，則有司[⑤]存。」

【譯文】

曾參病了，孟敬子探望他。曾子說：「鳥要死了，鳴聲是悲哀的；人要死了，說出的話是善意的。在上位的人待人接物有三方面應該注重：嚴肅自己的容貌，就可以避免別人的粗暴和懈怠；端正自己的臉色，就容易使人相信；說話的時候，多考慮言辭和聲調，就可以避免鄙陋粗野和錯誤。至於禮儀的細節，自有主管人員。」

【注釋】

① 孟敬子——魯國大夫仲孫捷。

②暴慢——暴是粗暴無禮，慢是懈怠不敬。

③鄙倍——鄙是粗野鄙陋；倍同「背」，不合理，錯誤。

④籩豆之事——籩音邊，古代的一種竹器，高腳，上面圓口，有些像碗，祭祀時用以盛果實等食品。豆也是古代一種像籩一般的器皿，木料做的，有蓋，用以盛有汁的食物，祭祀時也用它。這裏「籩豆之事」係代表禮儀中的一切具體細節。

⑤有司——主管其事的小吏。

8.5 **曾子曰：「以能問於不能，以多問於寡；有若無，實若虛，犯而不校——昔者吾友[1]嘗從事於斯矣。」**

【譯文】

曾子說：「有能力卻向無能力的人請教，知識豐富卻向知識缺少的人請教；有學問像沒學問一樣，滿腹知識像空無所有一樣；縱被欺侮，也不計較——從前我的一位朋友便曾這樣做了。」

【注釋】

① 吾友——歷來的注釋家都以為是指顏回。

8.6 曾子曰：「可以託六尺[①]之孤，可以寄百里之命，臨大節而不可奪也——君子人與？君子人也。」

【譯文】

曾子說：「可以把幼小的孤兒和國家的命脈都交付給他，面臨安危存亡的緊要關頭，卻不動搖屈服——這種人，是君子嗎？是君子呢。」

【注釋】

① 六尺——古代尺短，六尺約合今日一百三十八釐米，市尺四尺一寸四分。身長六尺的人還是小孩，一般指十五歲以下的人。

8.7 曾子曰：「士不可以不弘毅[①]，任重而道遠。仁以為己任，不亦重乎？死而後已，

不亦遠乎？」

【譯文】

曾子說：「讀書人不可以不剛強而有毅力，因為他負擔沉重，路程遙遠。以實現仁德於天下為己任，不也沉重嗎？到死方休，不也遙遠嗎？」

【注釋】

①弘毅——就是「強毅」。章太炎（炳麟）先生《廣論語駢枝》說：「《說文》：『弘，弓聲也。』後人借『強』為之，用為『彊』義。此『弘』字即今之『強』字也。《說文》：『毅，有決也。』任重須彊，不彊則力絀；致遠須決，不決則志渝。」

8.8 子曰：「興於《詩》，立於禮，成於樂①。」

【譯文】

孔子說：「詩篇使我振奮，禮使我能在社會上站得住，音樂使我的所學得以完成。」

【注釋】

① 成於樂——孔子所謂「樂」的內容和本質都離不開「禮」，因此常常「禮樂」連言。他本人也很懂音樂，因此把音樂作為他教學工作的最後一個階段。

子曰：「民可使由之，不可使知之①。」

【譯文】

孔子說：「老百姓，可以使他們照着我們的道路走去，不可以使他們知道那是為什麼。」

【注釋】

① 子曰……知之——這兩句與「民可以樂成，不可與慮始」（《史記．滑稽列傳》所載西門豹之言，《商君列傳》作「民不可與慮始，而可與樂成」）意思大致相同，不必深求。後來有些人覺得這種説法不很妥當，於是別生解釋，意在為孔子這位「聖人」迴護，雖煞費苦心，反失孔子本意。如劉寶楠《正義》以為「上章是夫子教弟子之法，此『民』字亦指弟子」。不知上章「興於《詩》」三句與此章旨意各

別，自古以來亦未曾有以「民」代「弟子」者。宦懋庸《論語稽》則云：「對於民，其可者使其自由之，而所不可者亦使知之。或曰，輿論所可者則使共由之，其不可者亦使共知之。」則原文當讀為「民可，使由之；不可，使知之」。恐怕古人無此語法。若是古人果是此意，必用「則」字，甚至「使」下再用「之」字以重指「民」，作「民可，則使（之）由之，不可，則使（之）知之」，方不致晦澀而誤解。

8.10 子曰：「好勇疾貧，亂也。人而不仁，疾之已甚，亂也。」

【譯文】孔子說：「以勇敢自喜卻厭惡貧困，是一種禍害。對於不仁的人，痛恨太甚，也是一種禍害。」

8.11 子曰：「如有周公之才之美，使驕且吝，其餘不足觀也已。」

【譯文】

孔子說：「假如才能的美妙真比得上周公，只要驕傲而吝嗇，別的方面也就不值得一看了。」

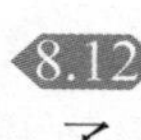

子曰：「三年學，不至[1]於穀[2]，不易得也。」

【譯文】

孔子說：「讀書三年並不存做官的念頭，這是難得的。」

【注釋】

①至——這「至」字和《雍也篇第六》「回也其心三月不違仁，其餘則日月至焉而已矣」的「至」用法相同，指意念之所至。

②穀——古代以穀米為俸祿（作用相當於今日的工資），所以「穀」有「祿」的意義。《憲問篇第十四》的「邦有道，穀；邦無道，穀」的「穀」正與此同。

8.13

子曰：「篤信①好學，守死善道。危邦不入，亂邦不居②。天下有道則見③，無道則隱。邦有道，貧且賤焉，恥也；邦無道，富且貴焉，恥也。」

【譯文】

孔子說：「堅定地相信我們的道，努力學習它，誓死保全它。不進入危險的國家，不居住禍亂的國家。天下太平，就出來工作；不太平，就隱居。政治清明，自己貧賤，是恥辱；政治黑暗，自己富貴，也是恥辱。」

【注釋】

①篤信——《子張篇》：「執德不弘，信道不篤，焉能為有？焉能為亡？」這一「篤信」應該和「信道不篤」的意思一樣。

②危邦亂邦——包咸云「臣弒君，子弒父，亂也；危者，將亂之兆也。」

③見——同「現」。

子曰：「不在其位，不謀其政。」

【譯文】

孔子說：「不居於那個職位，便不考慮它的政務。」

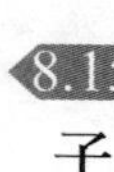

子曰：「師摯之始①，《關雎》之亂②，洋洋乎盈耳哉！」

【譯文】

孔子說：「當太師摯開始演奏的時候，當結尾演奏《關雎》之曲的時候，滿耳朵都是音樂呀！」

【注釋】

① 師摯之始——「始」是樂曲的開端，古代奏樂，開始叫做「升歌」，一般由太師演奏。師摯是魯國的太師，名摯，由他演奏，所以說「師摯之始」。

② 《關雎》之亂——「始」是樂的開端，「亂」是樂的結束。由「始」到「亂」，叫做「一成」。「亂」是「合樂」，猶如今日的合唱。當合奏之時，奏《關雎》的樂章，所以說「《關雎》之亂」。

子曰：「狂而不直，侗而不願，悾悾而不信，吾不知之矣。」

【譯文】

孔子說：「狂妄而不直率，幼稚而不老實，無能而不講信用，這種人我是不知道其所以然的。」

8.17

子曰：「學如不及，猶恐失之。」

【譯文】

孔子說：「做學問好像〔追逐什麼似的，〕生怕趕不上；〔趕上了，〕還生怕丟掉了。」

8.18

子曰：「巍巍乎，舜禹[1]之有天下也而不與[2]焉！」

【譯文】

孔子說：「舜和禹真是崇高得很呀！貴為天子，富有四海，〔卻整年地為百姓勤勞付出，〕一點也不為自己。」

【注釋】

①禹——夏朝開國之君。據傳説，他受虞舜的禪讓而卽帝位。又是中國主持水利工程最早的有功勳的人物。

②與——音預 yù，參與，關連。這裏含有「私有」、「享受」的意思。

8.19

子曰：「大哉堯之為君也！巍巍乎！唯天為大，唯堯則之。蕩蕩乎，民無能名焉。巍巍乎其有成功也，煥乎其有文章！」

【譯文】

孔子說：「堯真是了不得呀！真高大得很呀！只有天最高最大，只有堯能夠學習天。他的恩惠真是廣博呀！老百姓簡直不知道怎樣稱讚他。他的功績實在太崇高了，他的禮儀制度也真夠美好啊！」

8.20 舜有臣五人而天下治。武王曰：「予有亂臣①十人。」孔子曰：「才難，不其然乎！唐虞之際，於斯為盛。有婦人焉，九人而已。三分天下有其二②，以服事殷。周之德，其可謂至德也已矣。」

【譯文】

舜有五位賢臣，天下便太平。武王也說過，「我有十位能治理天下的臣子。」孔子因此說道：「〔常言道：〕『人才不易得。』不是這樣嗎？唐堯和虞舜之間以及周武王說那話的時候，人才最興盛。然而武王十位人才之中還有一位婦女，實際上只是九位罷了。周文王得了天下的三分之二，仍然向商紂稱臣，周朝的道德，可以說是最高的了。」

【注釋】

①亂臣——說文：「亂，治也。」《爾雅．釋詁》同。《左傳》昭公二十四年引《大誓》說：「余有亂臣十人，同心同德。」則「亂臣」就是「治國之臣」。近人周谷城（《古史零證》）認為「亂」有「親近」的意義，則「亂臣」相當於《孟子．梁惠王下》「王無親臣矣」的「親臣」，雖然言之亦能成理，但和下文「才難」之意不吻合，

恐非孔子原意。

② 三分天下有其二——《逸周書・程典篇》說：「文王合九州之侯，奉勤於商」。相傳當時分九州，文王得六州，是有三分之二。

8.21

子曰：「禹，吾無間然矣。菲飲食而致孝乎鬼神，惡衣服而致美乎黻冕①，卑宮室而盡力乎溝洫②。禹，吾無間然矣。」

【譯文】

孔子說：「禹，我對他沒有批評了。他自己吃得很壞，卻把祭品辦得極豐盛；穿得很壞，卻把祭服做得極華美；住得很壞，卻把力量完全用於溝渠水利。禹，我對他沒有批評了。」

【注釋】

① 黻冕——黻音弗，fú，祭祀時穿的禮服；冕音免，miǎn，古代大夫以上的人的帽子都叫冕，後來只有帝王的帽子才叫冕。這裏指祭祀時的禮帽。

② 溝洫——就是溝渠，這裏指農田水利而言。

子罕篇第九

共三十一章（朱熹《集注》把第六、第七兩章合併為一章，所以作三十章。）

子罕[①]言利與命與仁。

【譯文】

孔子很少（主動）談到功利、命運和仁德。

【注釋】

① 罕——副詞，少也，只表示動作頻率。而《論語》一書，講「利」的六次，講「命」的八、九次，若與孔子全部語言比較起來，可能還算少的。因之子貢也說過，「夫子之言性與天道，不可得而聞也。」（《公冶長篇第五》）至於「仁」，在《論語》中講得最多，為什麼還説「孔子罕言」呢？於是對這一句話便生出別的解釋了。金人王若虛（《誤謬雜辨》）、清人史繩祖（《學齋佔畢》）都以為造句應如此讀：「子罕言利，與命，與仁。」「與」，許也。意思是「孔子很少談到利，卻贊成命，贊成仁」。黃式三（《論語後案》）則認為「罕」讀為「軒」，顯也。意思是「孔

子很明顯地談到利、命和仁」。遇夫先生（《論語疏證》）又以為「所謂罕言仁者，乃不輕許人以仁之意，與罕言利命之義似不同。試以聖人評論仲弓、子路、冉有、公西華、令尹子文、陳文子之為人及克伐怨欲不行之德，皆云不知其仁，更參之以儒行之說，可以證明矣」。我則以為《論語》中講「仁」雖多，但是一方面多半是和別人問答之詞，另一方面，「仁」又是孔門的最高道德標準，正因為少談，孔子偶一談到，便有記載。不能以記載的多便推論孔子談得也多。孔子平生所言，自然千萬倍於《論語》所記載的，《論語》出現孔子論「仁」之處若用來和所有孔子平生之言相比，可能還是少的。諸家之說未免對於《論語》一書過於拘泥，恐怕不與當時事實相符，所以不取。于省吾讀「仁」為「𡰥」，即「夷狄」之「夷」，未必確。

9.2

達巷黨[1]人曰：「大哉孔子！博學而無所成名。」子聞之，謂門弟子曰：「吾何執？執御乎？執射乎？吾執御矣。」

【譯文】

達街的一個人說：「孔子真偉大！學問廣博，可惜沒有足以樹立名聲的專長。」

孔子聽了這話，就對學生們說：「我幹什麼呢？趕馬車呢？做射擊手呢？我趕馬車好了。」

【注釋】

①達巷黨——《禮記·雜記》有「余從老聃助葬於巷黨」的話，可見「巷黨」兩字為一詞，「里巷」的意思。

9.3

子曰：「麻冕[1]，禮也；今也純[2]，儉[3]，吾從眾。拜下[4]，禮也；今拜乎上，泰也。雖違眾，吾從下。」

【譯文】

孔子說：「禮帽用麻料來織，這是合於傳統的禮的；今天大家都用絲料，這樣省儉些，我同意大家的做法。臣見君，先在堂下磕頭，然後升堂又磕頭，這是合於傳統的禮的。今天大家都免除了堂下的磕頭，只升堂後磕頭，這是倨傲的表現。雖然違反大家，我仍然主張要先在堂下磕頭。」

【注釋】

①麻冕——一種禮帽，有人說就是緇布冠（古人一到二十歲，便舉行加帽子的儀式，叫「冠禮」。第一次加的便是緇布冠），未必可信。

②純——黑色的絲。

③儉——績麻做禮帽，依照規定，要用二千四百縷經線。麻質較粗，必須織得非常細密，這很費工。若用絲，絲質細，容易織成，因而省儉些。

④拜下——指臣子對君主的行禮，先在堂下磕頭，然後升堂再磕頭。《左傳》僖公九年和《國語·齊語》都記述齊桓公不聽從周襄王的辭讓，終於下拜的事。到孔子時，下拜的禮似乎廢棄了。

9.4 子絕四——毋意，毋必，毋固，毋我。

【譯文】

孔子一點也沒有四種毛病——不懸空揣測，不絕對肯定，不拘泥固執，不唯我獨是。

子畏於匡①，曰：「文王既沒，文不在茲乎？天之將喪斯文也，後死者②不得與③於斯文也；天之未喪斯文也，匡人其如予何？」

【譯文】

孔子被匡地的羣眾所拘禁，便道：「周文王死了以後，一切文化遺產不都在我這裏嗎？天若是要消滅這種文化，那我也不會掌握這些文化了；天若是不要消滅這一文化，那匡人將把我怎麼樣呢？」

【注釋】

① 子畏於匡——《史記·孔子世家》說，孔子離開衞國，準備到陳國去，經過匡。匡人曾經遭受過魯國陽貨的掠奪和殘殺，而孔子的相貌很像陽貨，便以為孔子就是過去曾經殘害過匡地的人，於是囚禁了孔子。「畏」是拘囚的意思，《荀子·賦篇》云：「比干見刳，孔子拘匡。」《史記·孔子世家》作「拘焉五日」，可見這一「畏」字和《禮記·檀弓》「死而不弔者三，畏、厭、溺」的「畏」相同，說見俞樾《羣經平議》。今河南省長垣西南十五里有匡城，可能就是當日孔子被囚之地。

② 後死者——孔子自謂。

③ 與——音預。

9.6 太宰[1]問於子貢曰：「夫子聖者與？何其多能也？」子貢曰：「固天縱之將聖，又多能也。」

子聞之，曰：「太宰知我乎！吾少也賤，故多能鄙事。君子多乎哉？不多也。」

【譯文】

太宰向子貢問道：「孔老先生是位聖人嗎？為什麼這樣多才多藝呢？」子貢道：「這本是上天讓他成為聖人，又使他多才多藝。」

孔子聽到了，便道：「太宰知道我呀！我小時候窮苦，所以學會了不少鄙賤的技藝。真正的君子會有這樣多的技巧嗎？是不會的。」

【注釋】

① 太宰——官名。這位太宰已經不知是哪一國人以及姓甚名誰了。

9.7 牢[1]曰：「子云，『吾不試[2]，故藝。』」

【譯文】

牢說：「孔子說過，我不曾被國家所用，所以學得一些技藝。」

【注釋】

①牢——鄭玄說是孔子學生，但《史記．仲尼弟子列傳》無此人。王肅偽撰之《孔子家語》說「琴張，一名牢，字子開，亦字子張，衞人也」，尤其不可信。說本王引之，詳王念孫《讀書雜志》卷四之三。

②試——《論衡．正說篇》云：「堯曰：『我其試哉！』說《尚書》曰：『試者用也。』」這「試」字也應當「用」字解。

9.8 子曰：「吾有知乎哉？無知也。有鄙夫問於我，空空如也。我叩其兩端而竭焉。」

【譯文】

孔子說：「我有知識嗎？沒有呢。有一個莊稼漢問我，我本是一點也不知道的；我從他那個問題的首尾兩頭去盤問，〔才得到很多意思，〕然後儘量地告訴他。」

9.9

子曰：「鳳鳥不至，河不出圖[①]，吾已矣夫！」

【譯文】

孔子說：「鳳凰不飛來了，黃河也沒有圖畫出來了，我這一生恐怕是完了吧！」

【注釋】

① 鳳鳥河圖——古代傳說，鳳凰是一種神鳥，祥瑞的象徵，它出現就是表示天下太平。又說，聖人受命，黃河就出現圖畫。孔子說這幾句話，不過藉此比喻當時天下無清明之望罷了。

9.10

子見齊衰[①]者、冕衣裳者[②]與瞽者，見之，雖少，必作[③]；過之，必趨[③]。

【譯文】

孔子看見穿喪服的人、穿戴着禮帽禮服的人以及瞎了眼睛的人，相見的時候，即使他們年輕，孔子也一定站起來；走過的時候，一定快走幾步。

【注釋】

①齊衰——齊音咨，zī；衰音崔，cuī。齊衰，古代喪服，用熟麻布做的，其下邊縫齊（斬衰則用粗而生的麻布，左右及下邊也都不縫）。齊衰又有齊衰三年、齊衰期（一年）、齊衰五月、齊衰三月幾等；看死了什麼人，便服多長日子的孝。這裏講齊衰，自然也包括斬衰而言。斬衰是最重的孝服，兒子對父親，臣下對君上才斬衰三年。

②冕衣裳者——卽衣冠整齊的貴族。冕是高等貴族所戴的禮帽，後來只有皇帝所戴才稱冕。衣是上衣，裳是下衣，相當現代的裙。古代男子上穿衣，下着裙。

③作，趨——作，起；趨，疾行。這都是一種敬意的表示。

9.11 顏淵喟然歎曰：「仰之彌高，鑽之彌堅。瞻之在前，忽焉在後。夫子循循然善誘人，博我以文，約我以禮，欲罷不能。既竭吾才，如有所立卓爾。雖欲從之，末由也已。」

【譯文】

顏淵感歎着說：「老師之道，越抬頭看，越覺得高；越用力鑽研，越覺得深。看看，似乎在前面，忽然又到後面去了。〔雖然這樣高深和不容易捉摸，可是，〕老師善於有步驟地誘導我們，用各種文獻來豐富我的知識，又用一定的禮節來約束我的行為，使我想停止學習都不可能。我已經用盡我的才力，才勉強能夠獨立地工作。但要想再向前邁進一步，又不知怎樣着手了。」

9.12

子疾病，子路使門人為臣①。病間，曰：「久矣哉，由之行詐也！無臣而為有臣。吾誰欺？欺天乎！且予與其死於臣之手也，無寧②死於二三子之手乎！且予縱不得大葬，予死於道路乎？」

【譯文】

孔子病得厲害，子路便命孔子的學生組織治喪處。很久以後，孔子的病漸漸好了，就道：「仲由幹這種欺假的勾當竟太長久了呀！我本不該有治喪的組織，卻一定要使人組織治喪處。我欺哄誰呢？欺哄上天嗎？我與其死在治喪的人的手裏，寧肯死在你們學生們的手裏，不還好些嗎？卽使不能熱熱鬧鬧地辦理喪葬，我會死在路上嗎？」

【注釋】

①為臣——和今天的組織治喪處有相似之處，所以譯文用來比傳。但也有不同之處。相似之處是死者有一定的社會地位才給他組織治喪處。古代，諸侯之死才能有「臣」；孔子當時，可能有許多卿大夫也「僭」行此禮。不同之處是治喪處是在人死以後才組織，才開始工作。「臣」卻不然，死前便工作，死者的衣衾手足的安排以及剪鬚諸事都由「臣」去處理。所以孔子這裏也說「死於臣之手」的話。

②無寧——「無」為發語詞，無義。《左傳》隱公十一年云：「無寧茲許公復奉其社稷。」杜預的注說：「無寧，寧也。」

9.13 子貢曰：「有美玉於斯，韞櫝而藏諸？求善賈①而沽諸？」子曰：「沽之哉！沽之哉！我待賈者也。」

【譯文】

子貢道：「這裏有一塊美玉，把它放在櫃子裏藏起來呢？還是找一個識貨的商人賣掉呢？」孔子道：「賣掉，賣掉，我是在等待識貨者呢。」

【注釋】

① 賈——音古，gǔ，商人。又同「價」，價錢。如果取後一義，「善賈」便是「好價錢」，「待賈」便是「等好價錢」。不過與其說孔子是等價錢的人，不如說他是等識貨者的人。

9.14 子欲居九夷①。或曰：「陋，如之何？」子曰：「君子居之，何陋之有②？」

【譯文】

孔子想搬到九夷去住。有人說：「那地方非常簡陋，怎麼好住？」孔子道：「有君子去住，就不簡陋了。」

【注釋】

①九夷——九夷就是淮夷。《韓非子·說林上篇》云：「周公旦攻九夷而商蓋伏。」商蓋就是商奄，則九夷本居魯國之地，周公曾用武力降服他們。春秋以後，蓋臣屬楚、吳、越三國，戰國時又專屬楚。以《說苑·君道篇》、《淮南子·齊俗訓》、《戰國策·秦策》與《魏策》、李斯《上秦始皇書》諸說九夷者考之，九夷實散居於淮、泗之間，北與齊、魯接壤（說本孫詒讓《墨子閒詁·非攻篇》）。

②何陋之有——直譯是「有什麼簡陋呢」，此用意譯。

9.15 子曰：「吾自衞反魯①，然後樂正，《雅》、《頌》各得其所②。」

【譯文】

孔子說：「我從衞國回到魯國，才把音樂〔的篇章〕整理出來，使《雅》歸《雅》，《頌》歸《頌》，各有適當的安置。」

【注釋】

①自衞反魯——根據《左傳》，事在魯哀公十一年冬。

②《雅》《頌》各得其所——「雅」和「頌」一方面是《詩經》內容分類的類名，一方面也是樂曲分類的類名。篇章內容的分類，可以由今日的《詩經》考見；樂曲的分類，因為古樂早已失傳，便無可考證了。孔子的正《雅》《頌》，究竟是正其篇章呢？還是正其樂曲呢？或者兩者都正呢？《史記．孔子世家》和《漢書．禮樂志》則以為主要的是正其篇章，因為我們已經得不到別的材料，只得依從此說。孔子只「正樂」，調整《詩經》篇章的次序，太史公在《孔子世家》中因而說孔子曾把三千餘篇的古詩刪為三百餘篇，是不可信的。

9.16

子曰：「出則事公卿，入則事父兄①，喪事不敢不勉，不為酒困，何有於我哉②？」

【譯文】

孔子說：「出外便服事公卿，入門便服事父兄，有喪事不敢不盡禮，不被酒所困擾，這些事我做到了哪些呢？」

【注釋】

①父兄——孔子父親早死，說這話的時候，或者他哥孟皮還在，「父兄」二字，只

「兄」字有義，古人常有這用法。「父兄」或者在此引伸為長者之義。

② 何有於我哉——如果把「何有」看為「不難之詞」，那這一句便當譯為「這些事對我有什麼困難呢」。全文由自謙之詞變為自述之詞了。

9.17 **子在川上，曰：「逝者如斯夫！不舍①晝夜。」**

【譯文】

孔子在河邊，歎道：「消逝的時光像河水一樣呀！日夜不停地流去。」

【注釋】

① 舍——上、去兩聲都可以讀。上聲，同捨；去聲，也作動詞，居住，停留。孔子這話不過感歎光陰之奔駛而不復返罷了，未必有其它深刻的意義。《孟子·離婁下》、《荀子·宥坐篇》、《春秋繁露·山川頌》對此都各有闡發，很難說是孔子本意。

子曰：「吾未見好德如好色者也。」

【譯文】

孔子說：「我沒有看見過這樣的人，喜愛道德勝過喜愛美貌。」

9.19

子曰：「譬如為山，未成一簣，止，吾止也。譬如平地，雖覆一簣，進，吾往也[①]。」

【譯文】

孔子說：「好比堆土成山，只要再加一筐土便成山了，如果懶得做下去，這是我自己停止的。又好比在平地上堆土成山，縱是剛剛倒下一筐土，如果決心努力前進，還是要自己堅持啊！」

【注釋】

①子曰……往也——這一章也可以這樣講解：「好比堆土成山，只差一筐土了，如果〔應該〕停止，我便停止。好比平地堆土成山，縱是剛剛倒下一筐土，如果〔應該〕前進，我便前進。」依照前一講解，便是「為仁由己」的意思；依照後一講解，便是「唯義與比」的意思。

9.20

子曰：「語之而不惰者，其回也與！」

【譯文】

孔子說：「聽我說話始終不懈怠的，大概只有顏回一個人吧！」

9.21

子謂顏淵，曰：「惜乎！吾見其進也，未見其止也。」

【譯文】

孔子談到顏淵，說道：「可惜呀，〔他死了〕！我只看見他不斷地進步，從沒看見他停留。」

9.22

子曰：「苗而不秀①者有矣夫！秀而不實者有矣夫！」

【譯文】

孔子說：「莊稼生長了，卻不吐穗開花的，有過的吧！吐穗開花了，卻不凝漿結實的，有過的吧！」

【注釋】

①秀——「秀」字從禾，是指禾黍的吐花。《詩經．大雅．生民》云：「實發實秀，實堅實好。」「發」和「秀」是指莊稼的生長和吐穗開花；「堅」和「好」是指穀粒的堅實和壯大。這都是「秀」的本義。現在還把莊稼的吐穗開花叫做「秀穗」。因此譯文點明是指莊稼而言。漢人唐人多以為孔子這話是為顏回短命而發。但顏回只是「秀而不實」（禰衡《顏子碑》如此說），則「苗而不秀」又指誰呢？孔子此言必有為而發，但究竟何所指，則不必妄測。

9.23

子曰：「後生可畏，焉知來者之不如今也？四十、五十而無聞焉，斯亦不足畏也已。」

【譯文】

孔子說：「年少的人是可怕的，怎能斷定他的將來趕不上現在的人呢？一個人到了四、五十歲還沒有什麼名望，也就值不得懼怕了。」

9.24 子曰：「法語之言，能無從乎？改之為貴。巽與之言，能無說乎？繹之為貴。說而不繹，從而不改，吾末如之何也已矣。」

【譯文】

孔子說：「嚴肅而合乎原則的話，能夠不接受嗎？改正錯誤才可貴。順從己意的話，能夠不高興嗎？分析一下才可貴。盲目高興，不加分析；表面接受，實際不改，這種人我是沒有辦法對付他的了。」

9.25 子曰：「主忠信，毋友不如己者，過則勿憚改[1]。」

【注釋】

① 見卷一《學而篇》（1.8）。

9.26 子曰：「三軍[1]可奪帥也，匹夫不可奪志也。」

【譯文】

孔子說：「一國軍隊，可以使它喪失主帥；一個男子漢，卻不能強迫他放棄主張。」

【注釋】

① 三軍——周朝的制度，諸侯中的大國可以擁有軍隊三軍。因此便用「三軍」作軍隊的通稱。

9.27

子曰：「衣[1]敝縕[2]袍，與衣[1]狐貉者立，而不恥者，其由也與？『不忮不求，何用不臧[3]？』」子路終身誦之。子曰：「是道也，何足以臧？」

【譯文】

孔子說道：「穿着破爛的舊絲綿袍子和穿着狐貉裘的人一道站着，不覺得慚愧的，恐怕只有仲由吧！《詩經》上說：『不嫉妒，不貪求，為什麼不會好？』」子路聽了，便老唸着這兩句詩。孔子又道：「僅僅這個樣子，怎樣能夠好得起來？」

【注釋】

①衣——去聲，動詞，當「穿」字解。

②縕——音運，yùn，舊絮。古代沒有草棉，所有「絮」字都是指絲綿。一曰，亂麻也。

③不忮不求，何用不臧——兩句見於《詩經·邶風·雄雉篇》。

9.28 子曰：「歲寒，然後知松柏之後彫[①]也。」

【譯文】

孔子說：「天冷了，才曉得松柏樹是最後落葉的。」

【注釋】

①彫——同凋、凋零，零落。

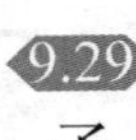

9.29 子曰：「知者不惑，仁者不憂，勇者不懼。」

【譯文】

孔子說：「聰明人不致疑惑，仁德的人經常樂觀，勇敢的人無所畏懼。」

9.30 子曰：「可與共學，未可與適道；可與適道，未可與立[1]；可與立，未可與權。」

【譯文】

孔子說：「可以同他一道學習的人，未必可以同他一道取得某種成就；可以同他一道取得某種成就的人，未必可以同他一道事事依體而行；可以同他一道事事依體而行的人，未必可以同他一道通權達變。」

【注釋】

① 立——《論語》的「立」經常包含着「立於禮」的意思，所以這裏譯為「事事依禮而行」。

9.31 「唐棣[1]之華，偏其反而。豈不爾思？室是遠而。」子曰：「未之思也，夫何遠之有？」

【譯文】

古代有幾句這樣的詩：「唐棣樹的花，翩翩地搖擺。難道我不想念你？因為家住得太遙遠。」孔子道：「他是不去想念吧，真的想念，有什麼遙遠呢？」

【注釋】

①唐棣……何遠之有——唐棣，一種植物，陸璣《毛詩草木鳥獸蟲魚疏》以為就是郁李（薔薇科，落葉喬木），李時珍《本草綱目》卻以為是扶栘（薔薇科，落葉喬木）。「唐棣之華，偏其反而」似是捉摸不定的意思，或者和顏回講孔子之道「瞻之在前，忽焉在後」（9.11）意思差不多。「夫何遠之有」可能是「仁遠乎哉？我欲仁，斯仁至矣」（7.30）的意思。或者當時有人引此詩（這是「逸詩」，不在今《詩經》中），意在證明道之遠而不可捉摸，孔子則說，你不曾努力罷了，其實是一呼卽至的。

鄉黨篇第十

本是一章，今分為二十七節。

10.1 孔子於鄉黨，恂恂[①]如也，似不能言者。其在宗廟朝廷，便便[②]言，唯謹爾。

【譯文】

孔子在本鄉的地方上非常恭順，好像不能說話的樣子。他在宗廟裏、朝廷上，有話便明白而流暢地說出，只是說得很少。

【注釋】

① 恂恂——恂音旬，xún，恭順貌。
② 便便——便舊讀駢，pián。

10.2 朝，與下大夫言，侃侃如也；與上大夫言，誾誾[①]如也。君在，踧踖如也，與與如也。

【譯文】

上朝的時候，〔君主還沒有到來，〕同下大夫說話，溫和而快樂的樣子；同上大夫說話，正直而恭敬的樣子。君主已經來了，恭敬而心中不安的樣子，行步安祥的樣子。

【注釋】

①誾——音銀，yín。

10.3 君召使擯，色勃如也，足躩[1]如也。揖所與立，左右手，衣前後[2]，襜[3]如也。趨進[4]，翼如也。賓退，必復命曰：「賓不顧矣。」

【譯文】

魯君召他去接待外國的貴賓，面色矜持莊重，腳步也快起來。向兩旁的人作揖，或者向左拱手，或者向右拱手，衣裳一俯一仰，卻很整齊。快步向前，好像鳥兒舒展了翅膀。貴賓辭別後一定向君主回報說：「客人已經不回頭了。」

【注釋】

① 躩——音矍，jué，皇侃《義疏》引江熙云：「不暇閒步，躩，速貌也。」

② 前後——俯仰的意思。

③ 襜——音蟾，chān，整齊之貌。

④ 趨進——在行步時一種表示敬意的行動。

10.4 入公門，鞠躬如①也，如不容。

立不中門，行不履閾。

過位②，色勃如也，足躩如也，其言似不足者。

攝齊③升堂，鞠躬如也，屏氣④似不息者。

出，降一等，逞顏色，怡怡如也。

沒階，趨進⑤，翼如也。

復其位，踧踖如也。

【譯文】

孔子走進朝廷的門，害怕而謹慎的樣子，好像沒有容身之地。站，不站在門的中間；走，不踩門坎。經過國君的坐位，面色便矜莊，腳步也快，言語也好像中氣不足。提起下襬向堂上走，恭敬謹慎的樣子，憋住氣好像不呼吸一般。走出來，降下臺階一級，面色便放鬆，怡然自得。走完了臺階，快快地向前走幾步，好像鳥兒舒展翅膀。回到自己的位置，恭敬而內心不安的樣子。

【注釋】

①鞠躬如——這「鞠躬」兩字不能當「曲身」講。這是雙聲字，用以形容謹慎恭敬的樣子。《論語》所有「□□如」的區別詞（區別詞是形容詞、副詞的合稱），都不用動詞結構。清人盧文弨《龍城札記》說：「……且曲身乃實事，而云曲身如，更無此文法。」

②過位——過舊音戈，平聲。位是人君的坐位，經過之時，人君並不在，坐位是空的。

③攝齊——齊音咨，zī，衣裳縫了邊的下襬；攝，提起。

④屏——音丙，又音並，bing，屏氣即屏息，壓抑呼吸。

⑤趨進——有些本子無「進」字，不對。自漢以來所有引《論語》此文的都有「進」字，《唐石經》也有「進」字，《太平御覽．居處部》、《人事部》引文，張子《正蒙》引文也都有「進」字。

10.5 **執圭①，鞠躬如也，如不勝②。上如揖，下如授。勃如戰色，足蹜蹜如有循③。享禮④，有容色⑤。私覿⑥，愉愉如也。**

【譯文】

〔孔子出使到外國，舉行典禮，〕拿着圭，恭敬謹慎地，好像舉不起來。向上舉好像在作揖，向下拿好像在交給別人。面色矜莊好像在作戰，腳步也緊湊狹窄，好像在沿着〔一條線〕走過。

獻禮物的時候，滿臉和氣。

用私人身份和外國君臣會見，顯得輕鬆愉快。

【注釋】

①圭——一種玉器，上圓，或者作劍頭形，下方，舉行典禮的時候，君臣都拿着。

②勝——音升，shēng，能擔負得了。

③足蹜蹜如有循——蹜音縮，「蹜蹜」，舉腳密而狹的樣子。「如有循」，所沿循的應當是很窄狹的東西，所以譯文加了「一條線」諸字以示意。

④享禮——古代出使外國，初到所聘問的國家，便行聘問禮。「執圭」一段所寫的正是行聘問禮時孔子的情貌。聘問之後，便行享獻之禮。「享禮」就是享獻禮，使臣把所帶來的各種禮物羅列滿庭。

⑤有容色——《儀禮．聘禮》：「及享，發氣焉盈容。」「有容色」就是「發氣焉盈容」。

⑥覿——音狄，dí，相見。

10.6 君子不以紺緅飾①，紅紫不以為褻服②。

當暑，袗絺綌③，必表而出之。

緇衣，羔裘；素衣，麑裘；黃衣，狐裘④。

褻裘長⑤，短右袂⑥。

必有寢衣⑦，長一身有半。

狐貉之厚以居。

去喪，無所不佩。

非帷裳⑧，必殺之⑨。

羔裘玄冠不以弔⑩。

吉月⑪，必朝服而朝。

【譯文】

君子不用〔近乎黑色的〕天青色和鐵灰色作鑲邊，〔近乎赤色的〕淺紅色和紫色不用來作平常居家的衣服。

夏天，穿着粗的或者細的葛布單衣，但一定裏着襯衫，使它露在外面。

黑色的衣配紫羔，白色的衣配麑裘，黃色的衣配狐裘。

居家的皮襖身材較長，可是右邊的袖子要做得短些。

睡覺一定有小被，長度合本人身長的一又二分之一。

用狐貉皮的厚毛作坐墊子。

喪服滿了以後，什麼東西都可以佩帶。

不是〔上朝和祭祀穿的〕用整幅布做的裙子，一定裁去一些布。

紫羔和黑色禮帽都不穿戴着去弔喪。

大年初一，一定穿着上朝的禮服去朝賀。

【注釋】

①紺緅飾——紺音贛，gàn；緅音鄒，zōu；都是表示顏色的名稱。「紺」是深青中透紅的顏色，相當今天的「天青」；「緅」是青多紅少，比紺更暗的顏色，這裏用「鐵灰色」來表明它。「飾」是滾邊，鑲邊，緣邊。古代，黑色是正式禮服的顏色，而這兩種顏色都近於黑色，所以不用來鑲邊，為別的顏色作裝飾。

②紅紫不以為褻服——古代大紅色叫「朱」，是很貴重的顏色。「紅」和「紫」都屬此類，也連帶地被重視，不用為平常家居衣服的顏色。

③袗絺綌——袗音軫，zhěn，單也。此處用為動詞。絺音癡，chī，細葛布；綌音隙，xì，粗葛布。

④緇衣羔裘等三句——這三句表示衣服裏外的顏色應該相稱。古代穿皮衣，毛向外，因之外面一定要用罩衣，這罩衣就叫做裼（音錫）衣。這裏「緇衣」、「素衣」、「黃衣」的「衣」指的正是裼衣。緇，黑色。古代所謂「羔裘」都是黑色的

羊毛，就是今天的紫羔。麑音倪，ní，小鹿，它的毛是白色的。

⑤ 褻裘長——褻裘長是為着保暖。古代男子上面穿衣，下面穿裳（裙），衣裳不相連。因之孔子在家的皮襖就做得比較長。

⑥ 短右袂——袂，mèi，袖子。右袖較短，為着做事方便。有人認為衣袖一長一短，不大好看，孔子不會如此，於是對這一句別生解釋，我認為那些解釋都不可信。

⑦ 寢衣——即被。古代大被叫「衾」，小被叫「被」。

⑧ 帷裳——禮服，上朝和祭祀時穿，用整幅布做，不加剪裁，多餘的布作褶疊（褶疊古代叫做襞積），猶如今天的百褶裙。古代男子上衣下裙。

⑨ 殺——去聲，shài，減少，裁去。「殺之」就是縫製之先裁去多餘的布，不用褶疊，省工省料。

⑩ 羔裘玄冠不以弔——玄冠，一種禮帽。「羔裘玄冠」都是黑色的，古代都用作吉服。喪事是凶事，因之不能穿戴着去弔喪。

⑪ 吉月——這兩個字有各種解釋：（甲）每月初一（舊注都如此）；（乙）「吉」字誤，應該作「告」。「告月」就是每月月底，司曆者以下月初一告之於君（王引之《經義述聞》、俞樾《羣經平議》）；兩說都不可信。今從程樹德《論語集釋》之說。

10.7

齊，必有明衣，布[1]。

齊必變食[2]，居必遷坐[3]。

【譯文】

齋戒沐浴的時候，一定有浴衣，用布做的。

齋戒的時候，一定改變平常的飲食；居住也一定搬移地方（不和妻妾同房）。

【注釋】

①布——現在的布一般是用草棉（棉花）紡織的，但古代沒有草棉，布的質料，王夫之《四書稗疏》說：「古之言布者，兼絲麻枲葛而言之。練絲為帛，未練為布，蓋今之生絲絹也。《清商曲》有云：『絲布澀難縫』，則晉宋間猶有絲布之名。唯《孔叢子》謂麻苧葛曰布，當亦一隅之論。」趙翼《陔餘叢考》說：「古時未有棉布，凡布皆麻為之。記曰：『治其絲麻，以為布帛』是也。」

②變食——變食的內容，古人有三種說法：(甲)《莊子・人間世篇》說：「顏回曰：『回之家貧，惟不飲酒不茹葷者數月矣。如此，則可以為齊乎？』曰：『是祭祀之齊，非心齊也。』」有人據此，便把「不飲酒，不茹葷（葷是有濃厚氣味的蔬菜，如蒜、韭、蔥之屬）」來解釋「變食」。(乙)《周禮・天官・膳夫》：「王日

一舉……王齊，日三舉。」這意思是王每天雖然吃飯三頓，卻只在第一頓飯時殺牲，其餘兩頓，只把第一頓的剩菜回鍋罷了。天子如此，其它的人更不會頓頓吃新鮮的。但若在齋戒之時就頓頓吃新鮮的，不吃回鍋的剩菜，取其潔淨，這便是「變食」。(丙)金鶚《求古錄．禮説補遺》説，變食不但不飲酒、不食葱蒜等，也不食魚肉。

③遷坐——等於説改變臥室。古代的上層人物平常和妻室居於「燕寢」；齋戒之時則居於「外寢」(也叫「正寢」)，和妻室不同房。唐朝的法律還規定着舉行大祭，在齋戒之時官吏不宿於正寢的，每一晚打五十竹板。這或者猶是古代風俗的殘餘。

10.8

食不厭精，膾不厭細。

食饐而餲①，魚餒而肉敗②，不食。色惡，不食。臭惡，不食。失飪，不食。不時③，不食。割不正④，不食。不得其醬，不食。

肉雖多，不使勝食氣⑤。

唯酒無量，不及亂⑥。

沽酒市脯不食。

不撤薑食，不多食。

【譯文】

糧食不嫌舂得精，魚和肉不嫌切得細。糧食霉爛發臭，魚和肉腐爛，都不吃。食物顏色難看，不吃。氣味難聞，不吃。烹調不當，不吃。不到該當吃食時候，不吃。不是按一定方法砍割的肉，不吃。沒有一定調味的醬醋，不吃。席上肉雖然多，吃它不超過主食。只有酒不限量，卻不至醉。買來的酒和肉乾不吃。吃完了，薑不撤除，但吃得不多。

【注釋】

① 饐而餲——饐音懿，yì；餲，ài；飲食經久而腐臭。

② 餒，敗——餒音「內」的上聲，něi，魚腐爛叫「餒」，肉腐爛叫「敗」。

③ 不時——有兩説：（甲）過早的食物，冬天在溫室種菜蔬，在《漢書·循吏·召信臣傳》和桓寬《鹽鐵論·散不足篇》裏便稱為「不時之物」。但在漢朝，也只有「太官園」和其它少數園圃才能供奉，也只有皇上和極為富貴之家才能享受，

而在孔子時，不但沒有溫室種菜的技術，即使有，孔子也未必能夠享受。（乙）不是該當吃食的時候。《呂氏春秋．盡數篇》：「食能以時，身必無災。」即此意。

④ 割不正——「割」和「切」不同。「割」指宰殺豬牛羊時肢體的分解。古人有一定的分解方法，不按那方法分解的，便叫「割不正」。說本王夫之《四書稗疏》。

⑤ 食氣——食音嗣，「氣」，《說文》引作「既」。「既」、「氣」、「餼」三字古書通用。「食氣」，飯料。

⑥ 亂——高亨《周易古經今注》云：「亂者神志昏亂也。《左傳》宣公十五年傳：『疾病則亂』。《論語．鄉黨篇》：『唯酒無量不及亂』。《易象傳》曰：『乃亂乃萃，其志亂也。』得其恉矣。」

10.9

祭於公，不宿肉①。祭肉②不出三日。出三日，不食之矣。

【譯文】參與國家祭祀典禮，不把祭肉留到第二天。別的祭肉留存不超過三天。若是存放過了三天，便不吃了。

【注釋】

①不宿肉——古代的大夫、士都有助君祭祀之禮。天子諸侯的祭禮，當天清早宰殺牲畜，然後舉行祭典。第二天又祭，叫做「繹祭」。繹祭之後才令各人拿自己帶來助祭的肉回去，或者又依貴賤等級分別頒賜祭肉。這樣，祭於公的肉，在未頒下來以前，至少是放了一兩宿了，因之不能再存放一夜。

②祭肉——這一祭肉或者指自己家中的，或者指朋友送來的，都可以。

10.10

食不語，寢不言。

【譯文】

吃飯的時候不交談，睡覺的時候不說話。

10.11

雖疏食菜羹，瓜祭①，必齊如也。

【譯文】

雖然是糙米飯小菜湯，也一定得先祭一祭，而且祭的時候還一定恭恭敬敬，好像齋戒了的一樣。

【注釋】

①瓜祭——有些本子作「必祭」，「瓜」恐怕是錯字。這是食前將席上各種食品拿出少許，放在食器之間，祭最初發明飲食的人，《左傳》叫泛祭。

10.12 席[①]不正，不坐。

【譯文】

坐席擺的方向不合禮制，不坐。

【注釋】

①席——古代沒有椅和櫈，都是在地面上鋪席子，坐在席子上。席子一般是用蒲葦、蒯草、竹篾以至禾穰為質料。現在日本人還保留着席地而坐的習慣。《墨子·

非儒篇》說：「哀公迎孔子，席不端，不坐。」以「端」解「正」，則「席不正」，是坐席不端正之意。然而《漢書．王尊傳》說，「（匡）衡與中二千石大鴻臚賞等會坐殿門下，衡南鄉，賞等西鄉。衡更為賞布東鄉席，起立延賞坐……而設不正之席，使下坐上」云云，那麼，「席不正」是布席不合禮制之意。

10.13

鄉人飲酒①，杖者出，斯出矣。

【譯文】

行鄉飲酒禮後，要等老年人都出去了，自己這才出去。

【注釋】

①鄉人飲酒——即行鄉飲酒禮，據《禮記．鄉飲酒義》「少長以齒」。《王制》也說：「習鄉尚齒」。既論年齡大小，所以孔子必須讓杖者先出。

10.14

鄉人儺①，朝服而立於阼階②。

【譯文】

本地方人迎神驅鬼，穿着朝服站在東邊的臺階上。

【注釋】

①儺——音挪，nuó，古代的一種風俗，迎神以驅逐疫鬼。解放前的湖南，如果家中有病人，還有僱請巫師以驅逐疫鬼的迷信，叫做「沖儺」，可能是這種風俗的殘餘。

②阼階——阼音祚，zuò，東面的臺階，主人所立之地。

10.15

問[①]人於他邦，再拜[②]而送之。

【譯文】

託人給在外國的朋友問好送禮，便向受託者拜兩次送行。

【注釋】

①問——問訊，問好。不過古代問好，也致送禮物以表示情意，如《詩經·鄭風·

女曰雞鳴》「雜佩以問之」，《左傳》成公十六年「楚子使工尹襄問之以弓」，哀公十一年「使問弦多以琴」，因此譯文加了「送禮」兩字。

② 拜——拱手並彎腰。

10.16 康子饋藥，拜而受之。曰：「丘未達，不敢嘗。」

【譯文】

季康子給孔子送藥，孔子拜而接受，卻說道：「我對它的藥性不很了解，不敢試服。」

10.17 廄焚。子退朝，曰：「傷人乎？」不問馬。

【譯文】

孔子的馬棚失了火。孔子從朝廷回來，道：「傷了人嗎？」，不問到馬。

10.18

君賜食，必正席先嘗之。君賜腥，必熟而薦[①]之。君賜生，必畜之。侍食於君，君祭，先飯。

【譯文】

國君賜以熟食，孔子一定擺正坐位先嚐一嚐。國君賜以生肉，一定煮熟了，先〔給祖宗〕進供。國君賜以活物，一定養着牠。同國君一道吃飯，當他舉行飯前祭禮的時候，自己先吃飯，〔不吃菜。〕

【注釋】

① 薦——進奉。這裏進奉的對象是自己的祖先，但不能看為祭祀。

10.19

疾，君視之，東首[①]，加朝服，拖紳[②]。

【譯文】

孔子病了，國君來探問，他便腦袋朝東，把上朝的禮服披在身上，拖着大帶。

【注釋】

①東首——指孔子病中仍舊臥床而言。古人臥榻一般設在南窗的西面。國君來，從東邊臺階走上來（東階就是阼階，原是主人的位向，但國君自以為是全國的主人，就是到其臣下家中，仍從阼階上下），所以孔子面朝東來迎接他。

②加朝服，拖紳——孔子臥病在床，自不能穿朝服，只能蓋在身上。紳是束在腰間的大帶。束了以後，仍有一節垂下來。

10.20 君命召，不俟駕行矣。

【譯文】

國君召喚，孔子不等待車輛駕好馬，立即先步行。

10.21 入太廟，每事問①。

【注釋】

①見《八佾篇第三》（3.15）。

10.22

朋友死，無所歸，曰：「於我殯①。」

【譯文】

朋友死亡，沒有負責收斂的人，孔子便道：「喪葬由我來料理。」

【注釋】

①殯——停放靈柩叫殯，埋葬也可以叫殯，這裏當指一切喪葬事務而言。

10.23

朋友之饋，雖車馬，非祭肉，不拜。

【譯文】

朋友的贈品，卽使是車馬，只要不是祭肉，孔子在接受的時候，不行禮。

10.24 寢不尸，居不客①。

【譯文】孔子睡覺不像死屍一樣〔直躺着〕，平日坐着，也不像接見客人或者自己做客人一樣，〔跪着兩膝在席上。〕

【注釋】①居不客——「客」本作「容」，今從《釋文》和《唐石經》校訂作「客」。居，坐；客，賓客。古人的坐法有幾種，恭敬的是屈着兩膝，膝蓋着地，而足跟承着臀部。作客和見客時必須如此。不過這樣難以持久，居家不必如此。省力的坐法是腳板着地，兩膝聳起，臀部向下而不貼地，和蹲一樣。所以《說文》說：「居，蹲也。」（這幾個字是依從段玉裁的校本。）最不恭敬的坐法是臀部貼地，兩腿張開，平放而直伸，像箕一樣，叫做「箕踞」。孔子平日的坐式可能像蹲。說見段玉裁《說文解字注》。

10.25 見齊衰者，雖狎，必變。見冕者與瞽者，雖褻，必以貌。

凶服者式[①]之。式負版[②]者。

有盛饌，必變色而作。

迅雷風烈[③]必變。

【譯文】

孔子看見穿齊衰孝服的人，就是極親密的，也一定改變態度，〔表示同情。〕看見戴着禮帽和瞎了眼睛的人，即使常相見，也一定有禮貌。在車中遇着拿了送死人衣物的人，便把身體微微地向前一俯，手伏着車前的橫木，〔表示同情。〕遇見背負國家圖籍的人，也手伏車前橫木。一有豐富的菜餚，他一定神色變動，站立起來。遇見疾雷、大風，他一定改變態度。

【注釋】

① 式——同「軾」，古代車輛前的橫木叫「軾」，這裏作動詞用，用手伏軾的意思。

② 版——國家圖籍。

③ 迅雷風烈——就是「迅雷烈風」的意思。

10.26 升車，必正立，執綏。車中，不內顧，不疾言，不親指。

【譯文】

孔子上車，一定先端正地站好，拉着扶手帶〔登車〕。在車中，不向內回顧，不很快地說話，不用手指指畫畫。

10.27 色斯舉矣，翔而後集。曰：「山梁雌雉，時哉時哉！」子路共①之，三嗅②而作③。

【譯文】

〔孔子在山谷中行走，看見幾隻野雞。〕孔子的臉色一動，野雞便飛向天空，盤旋一陣，又都停在一處。孔子道：「這些山梁上雌雉，得其時呀，得其時呀。」子路向牠們拱拱手，牠們又振一振翅膀飛去了。

【注釋】

①共——同「拱」。

② 嗅——當作狊，jù，張兩翅之貌。

③ 這段文字很費解，自古以來就沒有滿意的解釋，很多人疑它有脱誤，我只能取前人的解釋之較為平易者翻譯出來。

先進篇第十一

共二十六章（朱熹《集注》把第二、第三兩章合併為一章。劉寶楠《正義》則把第十八、第十九和第二十、第二十一各併為一章。）

11.1

子曰：「先進①於禮樂，野人也；後進①於禮樂，君子也。如用之，則吾從先進。」

【譯文】

孔子說：「先學習禮樂而後做官的是未曾有過爵祿的一般人，先有了官位而後學習禮樂的是卿大夫的子弟。如果要我選用人才，我主張選用先學習禮樂的人。」

【注釋】

① 先進，後進——這兩個術語的解釋很多，都不恰當。譯文本劉寶楠《論語正義》之說而略有取捨。孔子是主張「學而優則仕」的人，對於當時卿大夫子弟承襲父兄的庇蔭，在做官中去學習的情況，他可能不滿意。《孟子·告子下》引葵丘之會盟約說，「士無世官」，又說，「取士必得」，那麼，孔子所謂「先進」一般指「士」。

11.2

子曰：「從我於陳、蔡①者，皆不及門②也。」

【譯文】孔子說：「跟着我在陳國、蔡國之間忍飢受餓的人，都不在我這裏了。」

【注釋】

①從我於陳、蔡——「從」讀去聲，zòng。《史記．孔子世家》云：「吳伐陳，楚救陳，軍於城父。聞孔子在陳、蔡之間，楚使人聘孔子，孔子將往拜禮。陳、蔡大夫謀曰：『孔子賢者，所刺譏皆中諸侯之疾，今者久留陳、蔡之間，諸大夫所設行皆非仲尼之意。今楚，大國也，來聘孔子。孔子用於楚，則陳、蔡用事大夫危矣。』乃相與發徒役圍孔子於野。不得已，絕糧。從者病，莫能興。……於是使子貢至楚。楚昭王興師迎孔子，然後得免。」

②不及門——漢唐舊解「不及門」為「不及仕進之門」或「不仕於卿大夫之門」，劉寶楠因而附會孟子的「無上下之交」，解為「孔子弟子無仕陳蔡者」，我則終嫌與文意不甚密合，故不取，而用朱熹之說。鄭珍《巢經巢文集》卷二《駁朱竹垞孔子門人考》有云：「古之教者家有塾，塾在門堂之左右，施教受業者居焉。所謂『皆不及門』，及此門也。『奚為於丘（原作某，由於避諱故，今改）之門』，於此門也。滕更之『在門』，在此門也，故曰『願留而受業於門』（按上兩句俱見《孟子》）。」亦見朱熹此說之有據。

11.3 德行：顏淵，閔子騫，冉伯牛，仲弓。言語：宰我，子貢。政事：冉有，季路。文學①：子游，子夏。

【譯文】

〔孔子的學生各有所長。〕德行好的：顏淵，閔子騫，冉伯牛，仲弓。會說話的：宰我，子貢。能辦理政事的：冉有，季路。熟悉古代文獻的：子游，子夏。

【注釋】

①文學——指古代文獻，即孔子所傳的《詩》、《書》、《易》等。皇侃《義疏》引范寧說如此。《後漢書．徐防傳》說：「防上疏云：『經書禮樂，定自孔子；發明章句，始於子夏』」。似亦可為證。又這一章和上一章「從我於陳蔡者」不相連。朱熹《四書集注》說這十人即當在陳、蔡之時隨行的人，是錯誤的。根據《左傳》，冉有其時在魯國為季氏之臣，未必隨行。根據《史記．仲尼弟子列傳》，當時隨行的還有子張，何以這裏不說及？根據各種史料，確知孔子在陳絕糧之時為魯哀公四年，時孔子六十一歲。又據《史記．仲尼弟子列傳》，子游小於孔子四十五歲，子夏小於孔子四十四歲，那麼，孔子在陳、蔡受困時，子游不過十六歲，子夏不過十七歲，都不算成人。這麼年幼的人即使已經在孔子門下授業，也未必都

跟去了。可見這幾句話不過是孔子對這十個學生的一時的敘述，由弟子轉述下來的記載而已。

11.4

子曰：「回也非助我者也，於吾言無所不說。」

【譯文】

孔子說：「顏回不是對我有所幫助的人，他對我的話沒有不喜歡的。」

11.5

子曰：「孝哉閔子騫！人不間於其父母昆弟之言。」

【譯文】

孔子說：「閔子騫真是孝順呀，別人對於他爹娘兄弟稱讚他的言語並無異議。」

11.6

南容三復白圭①，孔子以其兄之子妻之。

【譯文】

南容把「白圭之玷，尚可磨也；斯言之玷，不可為也」幾句詩讀了又讀，孔子便把自己的侄女嫁給了他。

【注釋】

① 白圭——白圭的詩四句見於《詩經．大雅．抑篇》，意思是白圭的污點還可以磨掉；我們言語中的污點便沒有辦法去掉。大概南容是一個謹小慎微的人，所以能做到「邦有道，不廢；邦無道，免於刑戮」。(5.2)

11.7

季康子問①：「弟子孰為好學？」孔子對曰：「有顏回者好學，不幸短命死矣，今也則亡。」

【譯文】

季康子問道：「你學生中誰用功？」孔子答道：「有一個叫顏回的用功，不幸短命死了，現在就再沒有這樣的人了。」

【注釋】

① 季康子問——魯哀公曾經也有此問（6.3），孔子的回答較為詳細。有人說，從此可見孔子與魯君的問答和與季氏的問答有繁簡之不同。

11.8

顏淵死，顏路[1]請子之車以為之[2]椁[3]。子曰：「才不才，亦各言其子也。鯉[4]也死，有棺而無椁。吾不徒行以為之椁。以吾從大夫之後[5]，不可徒行也。」

【譯文】

顏淵死了，他父親顏路請求孔子賣掉車子來替顏淵辦外椁。孔子道：「不管有才能或者沒有才能，但總是自己的兒子。我的兒子鯉死了，也只有內棺，沒有外椁。我不能〔賣掉車子〕步行來替他買椁。因為我也曾做過大夫，是不可以步行的。」

【注釋】

① 顏路——顏回的父親，據《史記·仲尼弟子列傳》，名無繇，字路，也是孔子學生。

② 之——用法同「其」。

③ 槨——也作「椁」，音果，guǒ。古代大官棺木至少用兩重，裏面的一重叫棺，外面又一重大的叫槨，平常我們說「內棺外槨」就是這個意思。

④ 鯉也死——鯉，字伯魚，年五十死，那時孔子年七十。

⑤ 從大夫之後——孔子在魯國曾經做過司寇的官，是大夫之位。不過此時孔子已經去位多年。他不說「我曾為大夫」，而說「吾從大夫之後」（在大夫行列之後隨行的意思）只是一種謙遜的口氣罷了。

11.9

顏淵死。子曰：「噫！天喪予！天喪予①！」

【譯文】

顏淵死了，孔子道：「咬！老天爺要我的命呀！老天爺要我的命呀！」

【注釋】

① 天喪予——譯文只就字面譯出。

11.10

顏淵死，子哭之慟①。從者曰：「子慟矣！」曰：「有慟乎？非夫人之為慟②而誰為？」

【譯文】

顏淵死了，孔子哭得很傷心。跟着孔子的人道：「您太傷心了！」孔子道：「真的太傷心了嗎？我不為這樣的人傷心，還為什麼人傷心呢？」

【注釋】

① 慟——鄭注：「慟，變動容貌」。馬融注：「慟，哀過也」。譯文從馬。

② 非夫人之為慟而誰為——「非夫人之為慟」是「非為夫人慟」的倒裝形式。「夫人」的「夫」讀陽平，音扶，指示形容詞，「那」的意思。「之為」的「之」是專作幫助倒裝用的，無實際意義。這一整句下文的「誰為」，依現代漢語的格式說也是倒裝，不過在古代，如果介詞或者動詞的賓語是疑問代詞，一般都放在介詞或者動詞之上。

11.11

顏淵死，門人欲厚葬①之。子曰：「不可。」

門人厚葬之。子曰：「回也視予猶父也，予不得視猶子也。非我也，夫二三子也。」

【譯文】

顏淵死了，孔子的學生們想要很豐厚地埋葬他。孔子道：「不可以。」學生們仍然很豐厚地埋葬了他。孔子道：「顏回呀，你看待我好像看待父親，我卻不能夠像對待兒子一般地看待你。這不是我的主意呀，是你那班同學幹的呀。」

【注釋】

①厚葬——根據《檀弓》所記載孔子的話，喪葬應該「稱家之有亡，有，毋過禮。苟亡矣，斂首足形，還葬，縣棺而封。」顏子家中本窮，而用厚葬，以孔子看來，是不應該的。孔子此處，實是責備那些主持厚葬的學生。

11.12

季路問事鬼神。子曰：「未能事人，焉能事鬼？」曰：「敢①問死。」曰：「未知生，焉知死？」

【譯文】

子路問服事鬼神的方法。孔子道：「活人還不能服事，怎麼能去服事死人？」子路又道：「我大膽地請問死是怎麼回事。」孔子道：「生的道理還沒有弄明白，怎麼能夠懂得死？」

【注釋】

①敢——表敬副詞，無實際意義。《儀禮・士虞禮》鄭玄注云：「敢，冒昧之詞。」賈公彥疏云：「凡言『敢』者，皆是以卑觸尊不自明之意。」

11.13 閔子侍側，誾誾如也；子路，行行[1]如也；冉有、子貢，侃侃如也。子樂。「若由也，不得其死然[2]。」

【譯文】

閔子騫站在孔子身旁，恭敬而正直的樣子；子路很剛強的樣子；冉有、子貢溫和而快樂的樣子。孔子高興起來了。〔不過，又道：〕「像仲由吧，怕得不到好死。」

【注釋】

① 行行——舊讀去聲，hàng。

② 不得其死然——得死，當時俗語，謂得善終。《左傳》僖公十九年「得死為幸」；哀公十六年「得死，乃非我」。然，語氣詞，用法同「焉」。

11.14 **魯人①為長府。閔子騫曰：「仍舊貫，如之何？何必改作？」子曰：「夫人不言，言必有中。」**

【譯文】

魯國翻修叫長府的金庫。閔子騫道：「照着老樣子下去怎麼樣？為什麼一定要翻造呢？」孔子道：「這個人平日不大開口，一開口一定中肯。」

【注釋】

① 魯人——「魯人」的「人」指其國的執政大臣而言。此「人」和「民」的區別。

11.15

子曰：「由之瑟①奚為於丘之門？」門人不敬子路。子曰：「由也升堂矣，未入於室②也。」

【譯文】

孔子道：「仲由彈瑟，為什麼在我這裏來彈呢？」因此孔子的學生們瞧不起子路。孔子道：「由麼，學問已經不錯了，只是還不夠精深罷了。」

【注釋】

① 瑟——音澀，sè，古代的樂器，和琴同類。這裏孔子不是不高興子路彈瑟，而是不高興他所彈的音調。《說苑．修文篇》對這段文字曾有所發揮。

② 升堂入室——這是比喻。「堂」是正廳，「室」是內室。先入門，次升堂，最後入室，表示做學問的幾個階段。「入室」猶如今天的俗語「到家」。我們說，「這個人的學問做到家了」，正是表示他的學問極好。

11.16

子貢問：「師與商也孰賢？」子曰：「師也過，商也不及。」

曰：「然則師愈與？」子曰：「過猶不及。」

【譯文】

子貢問孔子：「顓孫師（子張）和卜商（子夏）兩個人，誰強一些？」孔子道：「師呢，有些過分；商呢，有些趕不上。」

子貢道：「那麼，師強一些嗎？」孔子道：「過分和趕不上同樣不好。」

11.17

季氏富於周公①，而求也為之聚斂而附益之②。子曰：「非吾徒也。小子鳴鼓而攻之，可也。」

【譯文】

季氏比周公還有錢，冉求卻又替他搜括，聚斂更多的財富。孔子道：「冉求不是我們的人，你們學生可以大張旗鼓地攻擊他。」

【注釋】

①周公——有兩說：（甲）周公旦；（乙）泛指在周天子左右作卿士的人，如周公黑肩、周公閱之類。

②聚斂而附益之——事實可參閱《左傳》哀公十一年和十二年文。季氏要用田賦制

度，增加賦稅，使冉求徵求孔子的意見，孔子則主張「施取其厚，事舉其中，斂從其薄」。結果冉求仍舊聽從季氏，實行田賦制度。聚斂，《禮記．大學》說：「百乘之家，不畜聚斂之臣。與其有聚斂之臣，寧有盜臣。」可見儒家為了維護統治，反對對人民的過分剝削。其思想淵源或者本於此章。

11.18

柴[1]也愚，參也魯，師也辟[2]，由也喭。

【譯文】

高柴愚笨，曾參遲鈍，顓孫師偏激，仲由鹵莽。

【注釋】

① 柴——高柴，字子羔，孔子學生，比孔子小三十歲（公元前五二一—？）。

② 辟——音闢，pì。黃式三《論語後案》云：「辟讀若《左傳》『闢西辟』之辟，偏也。以其志過高而流於一偏也。」

11.19 子曰：「回也其庶①乎，屢空②。賜不受命③，而貨殖焉，億則屢中。」

【譯文】

孔子說：「顏回的學問道德差不多了吧，可是常常窮得沒有辦法。端木賜不安本分，去囤積投機，猜測行情，竟每每猜對了。」

【注釋】

①庶——庶幾，差不多。一般用在稱讚的場合。

②空——世俗把「空」字讀去聲，不但無根據，也無此必要。「貧」和「窮」兩字在古代有時有些區別，財貨的缺少叫貧，生活無着落，前途無出路叫窮。「空」字卻兼有這兩方面的意思，所以用「窮得沒有辦法」來譯它。

③賜不受命——此語古今頗有不同解釋，關鍵在於「命」字的涵義。有把「命」解為「教命」的，則「不受命」為「不率教」，其為錯誤甚明顯。王弼、江熙把「命」解為「爵命」「祿命」，則「不受命」為「不做官」，自然講得通，可是子貢並不是不曾做官。《史記．仲尼弟子列傳》說他「常相魯衞」，《貨殖列傳》又說他「既學於仲尼，退而仕於衞，廢著鬻財於曹魯之間」，則子貢的經商和做官是不相先後的。那麼，這一說既不合事實，也就不合孔子原意了。又有人把「命」講為「天

命」（《皇疏》引或說，朱熹《集注》），俞樾《羣經平議》則以為古之經商皆受命於官，「若夫不受命於官而自以其財市賤鬻貴，逐什一之利，是謂不受命而貨殖。」兩說皆言之成理，而未知孰是，故譯文僅以「不安本分」言之。

11.20

子張問善人之道。子曰：「不踐跡，亦不入於室[①]。」

【譯文】

子張問怎樣才是善人。孔子道：「善人不踩着別人的腳印走，學問道德也難以到家。」

【注釋】

① 善人——孔子曾三次論到「善人」，這章可和 7.26、13.11 兩章合看。

11.21

子曰：「論篤是與[①]，君子者乎？色莊者乎？」

【譯文】

孔子說：「總是推許言論篤實的人，這種篤實的人是真正的君子呢？還是神情上偽裝莊重的人呢？」

【注釋】

① 論篤是與——這是「與論篤」的倒裝形式，「是」是幫助倒裝之用的詞，和「唯你是問」的「是」用法相同。「與」，許也。「論篤」就是「論篤者」的意思。

11.22

子路問：「聞斯行諸？」子曰：「有父兄在，如之何其聞斯行之？」冉有問：「聞斯行諸？」子曰：「聞斯行之。」公西華曰：「由也問聞斯行諸，子曰，『有父兄在』；求也問聞斯行諸，子曰，『聞斯行之』。赤也惑，敢問。」子曰：「求也退，故進之；由也兼人①，故退之。」

【譯文】

子路問：「聽到就幹起來嗎？」孔子道：「有父親兄長活着，怎麼能聽到就幹起來？」

冉有問：「聽到就幹起來嗎？」孔子道：「聽到就幹起來。」

公西華道：「仲由問聽到就幹起來嗎，您說『有父親兄長活着，（不能這樣做；）』冉求問聽到就幹起來嗎，您說『聽到就幹起來。』（兩個人問題相同，而您的答覆相反，）我有些糊塗，大膽地來問問您為什麼這樣回答。」

孔子道：「冉求平日做事退縮，所以我給他壯膽；仲由的膽量有兩個人的大，勇於作為，所以我要壓壓他。」

【注釋】

①兼人——孔安國和朱熹都把「兼人」解為「勝人」，但子路雖勇，未必「務在勝尚人」；反不如張敬夫把「兼人」解為「勇為」為適當。

11.23

子畏於匡，顏淵後。子曰：「吾以女為死矣。」曰：「子在，回何敢死？」

【譯文】

孔子在匡被囚禁了之後，顏淵最後才來。孔子道：「我以為你是死了。」顏淵道：「您還活着，我怎麼敢死呢？」

11.24

季子然[①]問：「仲由、冉求可謂大臣與？」子曰：「吾以子為異之問，曾由與求之問。所謂大臣者，以道事君，不可則止。今由與求也，可謂具臣矣[②]。」曰：「然則從之者與？」子曰：「弒父與君，亦不從也。」

【譯文】

季子然問：「仲由和冉求可以說是大臣嗎？」孔子道：「我以為你是問別的人，竟問由和求呀。我們所說的大臣，他用最合於仁義的內容和方式來對待君主，如果這樣行不通，寧肯辭職不幹。如今由和求這兩個人，可以說是具有相當才能的臣屬了。」

季子然又道：「那麼，他們會一切順從上級嗎？」孔子道：「殺父親、殺君主的事情，他們是不會順從的。」

【注釋】

①季子然——當為季氏的同族之人，《史記．仲尼弟子列傳》作「季孫問曰：子路可謂大臣與」，與《論語》稍異。

②這一章可以和孔子不以仁來許他們的一章（5.8）以及季氏旅泰山冉有不救章（3.6）、季氏伐顓臾冉有子路為他辯解章（16.1）合看。

11.25

子路使子羔為費宰。子曰：「賊夫人之子。」

子路曰：「有民人焉，有社稷焉，何必讀書，然後為學？」

子曰：「是故惡夫佞者。」

【譯文】

子路叫子羔去做費縣縣長。孔子道：「這是害了別人的兒子！」

子路道：「那地方有老百姓，有土地和五穀，為什麼定要讀書才叫做學問呢？」

孔子道：「所以我討厭強嘴利舌的人。」

11.26

子路、曾皙①、冉有、公西華侍坐。

子曰：「以吾一日長乎爾，毋吾以也。居②則曰：『不吾知也！』如或知爾，則何以哉？」

子路率爾而對曰：「千乘之國，攝乎大國之間，加之以師旅，因之以饑饉；由也為之，比③及三年，可使有勇，且知方也。」

夫子哂之。

「求！爾何如？」

對曰：「方六七十④，如⑤五六十，求也為之，比③及三年，可使足民。如其禮樂，以俟君子。」

「赤！爾何如？」

對曰：「非曰能之，願學焉。宗廟之事，如會同，端章甫⑥，願為小相⑦焉。」

「點！爾何如？」

鼓瑟希，鏗爾，舍瑟而作⑧，對曰：「異乎三子者之撰。」

子曰：「何傷乎？亦各言其志也。」

曰：「莫[9]春者，春服既成[10]，冠者五六人，童子六七人，浴乎沂[11]，風乎舞雩[12]，詠而歸。」

夫子喟然歎曰：「吾與點也！」

三子者出，曾皙後。曾皙曰：「夫三子者之言何如？」

子曰：「亦各言其志也已矣。」

曰：「夫子何哂由也？」

曰：「為國以禮，其言不讓，是故哂之。」

「唯[13]求則非邦也與？」

「安見方六七十如五六十而非邦也者？」

「唯赤則非邦也與？」

「宗廟會同，非諸侯而何？赤也為之[14]小，孰能為之[14]大？」

【譯文】

子路、曾皙、冉有、公西華四個人陪着孔子坐着。

孔子說道：「因為我比你們年紀都大，〔老了，〕沒有人用我了。你們平日說：『人家不了解我呀！』假若有人了解你們，〔打算請你們出去，〕那你們怎麼辦呢？」

子路不加思索地答道：「一千輛兵車的國家，局促地處於幾個大國的中間，外面有軍隊侵犯它，國內又有災荒。假如我去治理，等到三年光景，可以使人人有勇氣，而且懂得大道理。」

孔子微微一笑。

又問：「冉求，你怎麼樣？」

答道：「國土縱橫各六七十里或者五六十里的小國家，我去治理，等到三年光景，可以使人人富足。至於修明禮樂，那只有等待賢人君子了。」

又問：「公西赤，你怎麼樣？」

答道：「不是說我已經很有本領了，我願意這樣學習：祭祀的工作或者同外國盟會，我願意穿着禮服，戴着禮帽，做一個小司儀者。」

又問：「曾點，你怎麼樣？」

他彈瑟正近尾聲，鏗的一聲把瑟放下，站了起來答道：「我的志向和他們三位所講的不同。」

孔子道：「那有什麼妨礙呢？正是要各人說出自己的志向哦！」

曾晳便道：「暮春三月，春天衣服都穿定了，我陪同五六位成年人，六七個小孩，在沂水旁邊洗洗澡，在舞雩臺上吹吹風，一路唱歌，一路走回來。」

孔子長歎一聲道：「我同意曾點的主張呀！」

子路、冉有、公西華三人都出來了，曾皙後走。曾皙問道：「那三位同學的話怎樣？」

孔子道：「也不過各人說說自己的志向罷了。」

曾皙又道：「您為什麼對仲由微笑呢？」

孔子道：「治理國家應該講究禮讓，可是他的話卻一點不謙虛，所以笑笑他。」

「難道冉求所講的就不是國家嗎？」

孔子道：「怎樣見得縱橫各六七十里或者五六十里的土地就不夠是一個國家呢？」

「公西赤所講的不是國家嗎？」

孔子道：「有宗廟，有國際間的盟會，不是國家是什麼？〔我笑仲由的不是說他不能治理國家，關鍵不在是不是國家，而是笑他說話的內容和態度不夠謙虛。譬如公西赤，他是個十分懂得禮儀的人，但他只說願意學着做一個小司儀者。〕如果他只能做一小司儀者，又有誰來做大司儀者呢？」

【注釋】

①曾皙——名點，曾參的父親，也是孔子的學生。

②居——義與唐、宋人口語「平居」同，平日、平常的意思。

③比——去聲，bì，等到的意思。

④方六七十——這是古代的土地面積計算方式，「方六七十」不等於「六七十方里」，而是每邊長六七十里的意思。

⑤如——或者的意思。

⑥端章甫——端，古代禮服之名；章甫，古代禮帽之名。「端章甫」為修飾句，在古代可以不用動詞。

⑦相——去聲，名詞，贊禮之人。

⑧舍瑟而作——作，站起來的意思。曾點答孔子之問站了起來，可以推知其它學生也同樣站了起來，不過上文未曾明說罷了。

⑨莫——同「暮」。

⑩成——定也。《國語·吳語》：「吳晉爭長未成」，就是爭為盟主而未定的意思。

⑪沂——水名，但和大沂河以及流入大沂河的小沂河都不同。這沂水源出山東鄒縣東北，西流經曲阜與洙水合，入於泗水。也就是《左傳》昭公二十五年「季平子請待於沂上」的「沂」。

⑫ 舞雩——《水經注》：「沂水北對稷門，一名高門，一名雩門。南隔水有雩壇，壇高三丈。卽曾點所欲風處也。」當在今曲阜南。

⑬ 唯——語首詞，無義。

⑭ 之——用法同「其」。

顏淵篇第十二

共十六章

12.1

顏淵問仁。子曰：「克己復禮為仁[1]。一日克己復禮，天下歸仁[2]焉。為仁由己，而由人乎哉？」

顏淵曰：「請問其目。」子曰：「非禮勿視，非禮勿聽，非禮勿言，非禮勿動。」

顏淵曰：「回雖不敏，請事斯語矣。」

【譯文】

顏淵問仁德。孔子道：「抑制自己，使言語行動都合於禮，就是仁。一旦這樣做到了，天下的人都會稱許你是仁人。實踐仁德，全憑自己，還憑別人嗎？」

顏淵道：「請問行動的綱領是什麼。」孔子道：「不合禮的事不看，不合禮的話不聽，不合禮的話不說，不合禮的事不做。」

顏淵道：「我雖然遲鈍，也要實行您這話。」

【注釋】

①克己復禮——《左傳》昭公十二年說：「仲尼曰：『古也有志：克己復禮，仁也。』」那麼，「克己復禮為仁」是孔子用前人的話賦予新的含義。

②歸仁——「稱仁」的意思，說見毛奇齡《論語稽求篇》。朱熹《集注》謂「歸，猶與也」，也是此意。

12.2

仲弓問仁。子曰：「出門如見大賓，使民如承大祭。己所不欲，勿施於人。在邦無怨，在家①無怨。」

仲弓曰：「雍雖不敏，請事斯語矣。」

【譯文】

仲弓問仁德。孔子道：「出門〔工作〕好像去接待貴賓，役使百姓好像去承當大祀典，〔都得嚴肅認真，小心謹慎。〕自己所不喜歡的事物，就不強加於別人。在工作崗位上不對工作有怨恨，就是不在工作崗位上也沒有怨恨。」

仲弓道：「我雖然遲鈍，也要實行您這話。」

【注釋】

①在家——劉寶楠《論語正義》說：「在邦謂仕於諸侯之邦，在家謂仕於卿大夫之家也。」把「家」字拘泥於「大夫曰家」的一個意義，不妥當。

12.3

司馬牛[①]問仁。子曰：「仁者，其言也訒。」

曰：「其言也訒，斯謂之仁已乎？」子曰：「為之難，言之得無訒乎？」

【譯文】

司馬牛問仁德。孔子道：「仁人，他的言語遲鈍。」

司馬牛道：「言語遲鈍，這就叫做仁了嗎？」孔子道：「做起來不容易，說話能夠不遲鈍嗎？」

【注釋】

①司馬牛——《史記・仲尼弟子列傳》云：「司馬耕，字子牛。牛多言而躁，問仁於孔子。孔子曰：『仁者其言也訒。』」根據司馬遷的這一說法，孔子的答語是針對問者「多言而躁」的缺點而說的。

12.4

司馬牛問君子。子曰：「君子不憂不懼。」

曰：「不憂不懼，斯謂之君子已乎？」子曰：「內省不疚，夫何憂何懼？」

【譯文】

司馬牛問怎樣去做一個君子。孔子道：「君子不憂愁，不恐懼。」

司馬牛道：「不憂愁，不恐懼，這樣就可以叫做君子了嗎？」孔子道：「自己問心無愧，那有什麼可以憂愁和恐懼的呢？」

12.5

司馬牛憂曰：「人皆有兄弟，我獨亡①。」子夏曰：「商聞之矣：死生有命，富貴在天。君子敬而無失，與人恭而有禮。四海之內，皆兄弟也——君子何患乎無兄弟也？」

【譯文】

司馬牛憂愁地說道：「別人都有好兄弟，單單我沒有。」子夏道：「我聽說過：死生聽之命運，富貴由天安排。君子只要對待工作嚴肅認真，不出差錯，對待別人辭色恭謹，合乎禮節，天下之大，到處都是好兄弟——君子又何必着急沒有好兄弟呢？」

【注釋】

①人皆有兄弟，我獨亡——自古的注釋家都説這個司馬牛就是宋國桓魋的兄弟。桓魋為人很壞，謀反失敗，他的幾個兄弟也都跟着失敗了。其中只有司馬牛不贊同他這些兄弟的行為，但結果也是逃亡在外，死於道路（事見《左傳》哀公十四年）。譯文姑且根據這種説法。但我卻認為，孔子的學生司馬牛和宋國桓魋的弟弟司馬牛可能是兩個不同的人，難於混為一談。第一，《史記．仲尼弟子列傳》既不説這一個司馬牛是宋人，更沒有把《左傳》上司馬牛的事情記載上去，太史公如果看到了這類史料而不採取，可見他是把兩個司馬牛作不同的人看待的。第二，説《論語》的司馬牛就是《左傳》的司馬牛者始於孔安國。孔安國又説司馬牛名犂，又和《史記．仲尼弟子列傳》説司馬牛名耕的不同。如果孔安國之言有所本，那麼，原本就有兩個司馬牛，一個名耕，孔子弟子；一個名犂，桓魋之弟。但自孔安國以後的若干人卻誤把名犂的也當作孔子學生了。姑識於此，以供參考。

12.6

子張問明。子曰：「浸潤之譖，膚受之愬，不行焉，可謂明也已矣。浸潤之譖，膚受之愬，不行焉，可謂遠也已矣。」

【譯文】

子張問怎樣才叫做見事明白。孔子道：「點滴而來，日積月累的讒言和肌膚所受、急迫切身的誣告都在你這裏行不通，那你可以說是看得明白的了。點滴而來，日積月累的讒言和肌膚所受、急迫切身的誣告也都在你這裏行不通，那你可以說是看得遠的了。」

12.7

子貢問政。子曰：「足食，足兵①，民信之矣。」

子貢曰：「必不得已而去，於斯三者何先？」曰：「去兵。」

子貢曰：「必不得已而去，於斯二者何先？」曰：「去食。自古皆有死，民無信不立。」

【譯文】

子貢問怎樣去治理政事。孔子道：「充足糧食，充足軍備，百姓對政府就有信心了。」

子貢道：「如果迫於不得已，在糧食、軍備和人民的信心三者之中一定要去掉一項，先去掉哪一項？」孔子道：「去掉軍備。」

子貢道：「如果迫於不得已，在糧食和人民的信心兩者之中一定要去掉一項，先去掉哪一項？」孔子道：「去掉糧食。〔沒有糧食，不過死亡，但〕自古以來誰都免不了死亡。可如果人民對政府缺乏信心，國家是站不起來的。」

【注釋】

①兵——在《五經》和《論語》、《孟子》中，「兵」字多指兵器而言，但也偶有解作兵士的。如《左傳》隱公四年「諸侯之師敗鄭徒兵」，襄公元年「敗其徒兵於洧上」。顧炎武、閻若璩都以為《五經》中的「兵」字無作士兵解者，恐未諦（劉寶楠説）。但此「兵」字仍以解為軍器為宜，故以軍備譯之。

12.8 棘子成[①]曰：「君子質而已矣，何以文為？」子貢曰：「惜乎，夫子之說君子也[②]！

駟不及舌。文猶質也，質猶文也。虎豹之鞟猶犬羊之鞟。」

【譯文】

棘子成道：「君子只要有好的本質便夠了，要那些文彩〔那些儀節、那些形式〕幹什麼？」子貢道：「先生這樣地談論君子，可惜說錯了。一言既出，駟馬難追。本質和文彩，是同等重要的。假若把虎豹和犬羊兩類獸皮有文彩的毛拔去，那這兩類皮革就很少區別了。」

【注釋】

① 棘子成——衞國大夫。古代大夫都可以被尊稱為「夫子」，所以子貢這樣稱呼他。

② 惜乎夫子之說君子也——朱熹《集注》把它作兩句讀：「惜乎！夫子之說，君子也。」便應該這樣翻譯：「先生的話，是出自君子之口，可惜說錯了。」我則以為「夫子之說君子也」為主語，「惜乎」為謂語，此為倒裝句。

12.9 哀公問於有若曰：「年饑，用不足，如之何？」

有若對曰：「盍徹乎？」

曰：「二，吾猶不足，如之何其徹也？」

對曰：「百姓足，君孰與不足？百姓不足，君孰與足？」

【譯文】

魯哀公向有若問道：「年成不好，國家用度不夠，應該怎麼辦？」

有若答道：「為什麼不實行十分抽一的稅率呢？」

哀公道：「十分抽二，我還不夠，怎麼能十分抽一呢？」

答道：「如果百姓的用度夠，您怎麼會不夠？如果百姓的用度不夠，您又怎麼會夠？」

12.10

子張問崇德辨惑。子曰：「主忠信，徙義，崇德也。愛之欲其生，惡之欲其死。既欲其生，又欲其死，是惑也。『誠不以富，亦祇以異[①]。』」

【譯文】

子張問如何去提高品德，辨別迷惑。孔子道：「以忠誠信實為主，唯義是從，這就可以提高品德。愛一個人，希望他長壽；厭惡起來，恨不得他馬上死去。既要他長壽，又要他短命，這便是迷惑。這樣，的確對自己毫無好處，只是使人奇怪罷了。」

【注釋】

① 誠不以富，亦衹以異——《詩經·小雅·我行其野篇》詩句，引在這裏，很難解釋。程頤説是「錯簡」（别章的文句，因為書頁次序錯了，誤在此處），但無證據。我這裏姑且依朱熹《集注》的解釋而意譯之。

12.11 **齊景公問政於孔子。孔子對曰：「君君，臣臣，父父，子子。」公曰：「善哉！信如君不君，臣不臣，父不父，子不子，雖有粟，吾得而食諸？」**

【譯文】

齊景公向孔子問政治。孔子答道：「君要像個君，臣要像個臣，父親要像父親，兒子要像兒子。」景公道：「對呀！若是君不像君，臣不像臣，父不像父，子不像子，卽使糧食很多，但我能吃得着嗎？」

12.12

子曰：「片言可以折獄①者，其由也與？」

子路無宿諾②。

【譯文】

孔子說：「根據一方面的語言就可以判決案件的，大概只有仲由吧！」

子路從不拖延諾言。

【注釋】

① 片言折獄——「片言」古人也叫做「單辭」。打官司一定有原告和被告兩方面的人，叫做兩造。自古迄今從沒有只根據一造的言辭來判決案件的（除掉被告缺席裁判）。孔子說子路「片言可以折獄」，不過表示他的為人誠實直率，別人不願欺他罷了。

② 子路無宿諾——這句話與上文有什麼邏輯關係，從來沒有人說得明白（焦循《論語補疏》的解釋也不可信）。唐陸德明《經典釋文》云：「或分此為別章。」

12.13

子曰：「聽訟①，吾猶人也。必也使無訟乎！」

【譯文】

孔子說：「審理訴訟，我同別人差不多。一定要使訴訟的事件完全消滅才好。」

【注釋】

① 聽訟——據《史記．孔子世家》，孔子在魯定公時，曾為大司寇，司寇為治理刑事的官，孔子這話或許是剛作司寇時所説。

12.14

子張問政。子曰：「居之無倦，行之以忠。」

【譯文】

子張問政治。孔子道：「在位不要疲倦懈怠，執行政令要忠心。」

12.15

子曰：「博學於文，約之以禮，亦可以弗畔矣夫！」

【注釋】

①見《雍也篇第六》（6.27）。

12.16 子曰：「君子成人之美，不成人之惡。小人反是。」

【譯文】

孔子說：「君子成全別人的好事，不促成別人的壞事。小人卻和這相反。」

12.17 季康子問政於孔子。孔子對曰：「政者，正也。子帥以正，孰敢不正？」

【譯文】

季康子向孔子問政治。孔子答道：「政字的意思就是端正。您自己帶頭端正，誰敢不端正呢？」

12.18

季康子患盜，問於孔子。孔子對曰：「苟子之不欲，雖賞之不竊。」

【譯文】

季康子苦於盜賊太多，向孔子求教。孔子答道：「假若您不貪求太多的財貨，就是獎勵偷搶，他們也不會幹。」

12.19

季康子①問政於孔子曰：「如殺無道，以就有道，何如？」孔子對曰：「子為政，焉用殺？子欲善而民善矣。君子之德風，小人之德草。草上之風，必偃。」

【譯文】

季康子向孔子請教政治，說道：「假若殺掉壞人來親近好人，怎麼樣？」孔子答道：「您治理政治，為什麼要殺戮？您想把國家搞好，百姓就會好起來。領導人的作風好比風，老百姓的作風好比草，風向哪邊吹，草向哪邊倒。」

【注釋】

① 季康子——根據《春秋》以及《左傳》，季孫斯（桓子）死於哀公三年秋七月，

季孫肥（康子）隨卽襲位。則以上三章季康子之問，當在魯哀公三年七月以後。

12.20

子張問：「士何如斯可謂之達矣？」子曰：「何哉，爾所謂達者？」子張對曰：「在邦必聞，在家必聞。」子曰：「是聞也，非達也。夫達也者，質直而好義，察言而觀色，慮以下人。在邦必達，在家必達。夫聞也者，色取仁而行違，居之不疑。在邦必聞，在家必聞。」

【譯文】

子張問：「讀書人要怎樣做才可以叫達？」孔子道：「你所說的達是什麼意思？」子張答道：「做國家的官時一定有名望，在大夫家工作時一定有名望。」孔子道：「這個叫聞，不叫達。怎樣才是達呢？品質正直，遇事講理，善於分析別人的言語，觀察別人的容色，從思想上願意對別人退讓。這種人，做國家的官時事事行得通，在大夫家也事事行得通。至於聞，表面上似乎愛好仁德，實際行為卻不如此，可是自己竟以仁人自居而不加疑惑。這種人，做官的時候一定會騙取名望，居家的時候也一定會騙取名望。」

12.21

樊遲從遊於舞雩之下，曰：「敢問崇德，修慝，辨惑。」子曰：「善哉問！先事後得，非崇德與？攻其惡，無攻人之惡，非修慝與？一朝之忿，忘其身，以及其親，非惑與？」

【譯文】

樊遲陪侍孔子在舞雩臺下遊逛，說道：「請問怎樣提高自己的品德，怎樣消除別人對自己無形的怨恨，怎樣辨別出哪種是糊塗事。」孔子道：「問得好！首先付出勞動，然後收穫，不是提高品德了嗎？批判自己的壞處，而不去批判別人的壞處，不就消除無形的怨恨了嗎？因為偶然的忿怒，便忘記自己，甚至也忘記了爹娘，不是糊塗嗎？」

12.22

樊遲問仁。子曰：「愛人。」問知。子曰：「知人。」

樊遲未達。子曰：「舉直錯諸枉，能使枉者直。」

樊遲退，見子夏曰：「鄉[1]也吾見於夫子而問知，子曰，『舉直錯諸枉，能使枉者直』，何謂也？」

子夏曰：「富哉言乎！舜有天下，選於眾，舉皋陶②，不仁者遠③矣。湯④有天下，選於眾，舉伊尹⑤，不仁者遠矣⑥。」

【譯文】

樊遲問仁。孔子道：「愛人。」又問智。孔子道：「善於鑒別人物。」樊遲還不透徹理解。孔子道：「把正直人提拔出來，位置在邪惡人之上，能夠使邪惡人正直。」

樊遲退了出來，找着子夏，說道：「剛才我去見老師向他問智，他說，『把正直人提拔出來，位置在邪惡人之上』，這是什麼意思？」

子夏道：「多麼意義豐富的話呀！舜有了天下，在眾人之中挑選，把皋陶提拔出來，壞人就難以存在了。湯有了天下，在眾人之中挑選，把伊尹提拔出來，壞人也就難以存在了。」

【注釋】

①鄉——去聲，同「嚮」。

②皋陶——音高搖，gāoyáo，舜的臣子。

③ 遠——本是「離開」「逋逃」之意，但人是可以轉變的，何必非逃離不可。譯文用「難以存在」來表達，比之拘泥字面可能還符合子夏的本意些。

④ 湯——卜辭作「唐」，羅振玉云：「唐殆太乙之謚。」（《增訂殷虛書契考釋》）商朝開國之君，名履（卜辭作「大乙」，而無「履」字），伐夏桀而得天下。

⑤ 伊尹——湯的輔相。

⑥ 「舉直」而「使枉者直」，屬於「仁」；知道誰是直人而舉他，屬於「智」，所以「舉直錯諸枉」是仁智之事，孔子屢言之（參 2.19）。

12.23

子貢問友。子曰：「忠告①而善道之，不可則止，毋自辱焉。」

【譯文】

子貢問對待朋友的方法。孔子道：「忠心地勸告他，好好地引導他，他不聽從，也就罷了，不要自找侮辱。」

【注釋】

① 告——舊讀梏，gù。

12.24 曾子曰：「君子以文會友，以友輔仁。」

【譯文】

曾子說：「君子用文章學問來聚會朋友，用朋友來幫助培養仁德。」

子路篇第十三

共三十章

13.1

子路問政。子曰：「先之①勞之。」請益。曰：「無倦②。」

【譯文】

子路問政治。孔子道：「自己給百姓帶頭，然後讓他們勤勞地工作。」子路請求多講一點。孔子又道：「永遠不要懈怠。」

【注釋】

① 先之——就是下一章「先有司」之意。

② 無倦——也就是「居之無倦」（12.14）之意。

13.2

仲弓為季氏宰，問政。子曰：「先有司，赦小過，舉賢才。」

曰：「焉知賢才而舉之？」子曰：「舉爾所知；爾所不知，人其舍諸？」

【譯文】

仲弓做了季氏的總管，向孔子問政治。孔子道：「給工作人員帶頭，不計較人家的小錯誤，提拔優秀人才。」

仲弓道：「怎樣去識別優秀人才並把他們提拔出來呢？」孔子道：「提拔你所知道的；那些你所不知道的，別人難道會埋沒他嗎？」

13.3

子路曰：「衞君[①]待子而為政，子將奚先？」

子曰：「必也正名[②]乎！」

子路曰：「有是哉，子之迂也！奚其正？」

子曰：「野哉，由也！君子於其所不知，蓋闕如也。名不正，則言不順；言不順，則事不成；事不成，則禮樂不興；禮樂不興，則刑罰不中；刑罰不中，則民無所錯[③]手足。故君子名之必可言也，言之必可行也。君子於其言，無所苟而已矣。」

【譯文】

子路對孔子說：「衞君等着您去治理國政，您準備首先幹什麼？」

孔子道：「那一定是糾正名分上的用詞不當吧！」

子路道：「您的迂腐竟到如此地步嗎？這又何必糾正？」

孔子道：「你怎麼這樣鹵莽？君子對於他所不懂的，大概採取保留態度，〔你怎麼能亂說呢？〕用詞不當，言語就不能順理成章；言語不順理成章，工作就不可能搞好；工作搞不好，國家的禮樂制度也就實行不起來；禮樂制度實行不起來，刑罰也就不會得當；刑罰不得當，百姓就會〔惶惶不安，〕連手腳都不知道擺在哪裏才好。所以君子用一個詞，一定〔有它一定的理由，〕可以說得出來；而順理成章的話也一定行得通。君子對於措詞說話要沒有一點馬虎的地方才好。」

【注釋】

①衞君——歷來的注釋家都說是衞出公輒。

②正名——關於這兩個字的解釋，從漢以來便眾說紛紜。皇侃《義疏》引鄭玄的注云：「正名謂正書字也，古者曰名，今世曰字。」此說恐不合孔子原意。《左傳》成公二年曾經載有孔子的話，說：「唯器（禮器）與名（名義、名分）不可以假人。」《論語》這一「名」字應該和《左傳》的這一「名」字相同。《論語》中有孔子「觚不觚」之歎。「觚」而不像「觚」，有其名，無其實，就是名不正。

孔子對齊景公之問，說，「君君，臣臣，父父，子子」，也就是正名。《韓詩外傳》卷五記載着孔子的一段故事，說，「孔子侍坐於季孫，季孫之宰通曰：『君使人假馬，其與之乎？』孔子曰：『吾聞：君取於臣曰取，不曰假。』季孫悟，告宰通曰：『今以往，君有取謂之取，無曰假。』孔子曰：『正假馬之言而君臣之義定矣。』」更可以說明孔子正名的實際意義。我這裏用「名分上的用詞不當」來解釋「名不正」，似乎較為接近孔子原意。但孔子所要糾正的，只是有關古代禮制、名分上用詞不當的現象，而不是一般的用詞不當的現象。一般的用詞不當的現象，是語法修辭範疇中的問題；禮制上、名分上用詞不當的現象，依孔子的意見，是有關倫理和政治的問題，這兩點必須區別開來。

③錯——同「措」，安置也。

13.4 樊遲請學稼。子曰：「吾不如老農。」請學為圃。曰：「吾不如老圃。」

樊遲出。子曰：「小人哉，樊須也！上好禮，則民莫敢不敬；上好義，則民莫敢不服；上好信，則民莫敢不用情。夫如是，則四方之民襁負其子而至矣，焉用稼？」

【譯文】

樊遲請求學種莊稼。孔子道：「我不如老農民。」又請求學種菜蔬。孔子道：「我不如老菜農。」

樊遲退了出來。孔子道：「樊遲真是小人。統治者講究禮節，百姓就沒有人敢不尊敬；統治者行為正當，百姓就沒有人敢不服從；統治者誠懇信實，百姓就沒有人敢不說真話。做到這樣，四方的百姓都會背負着小兒女來投奔，為什麼要自己種莊稼呢？」

13.5

子曰：「誦《詩》三百，授之以政，不達；使於四方，不能專對[1]；雖多，亦奚以為[2]？」

【譯文】

孔子說：「熟讀《詩經》三百篇，交給他以政治任務，卻辦不通；叫他出使外國，又不能獨立地去談判酬酢；縱是讀得多，有什麼用處呢？」

【注釋】

①不能專對——古代的使節，只接受使命，至於如何去交涉應對，只能隨機應變，獨立行事，更不能事事請示或者早就在國內一切安排好，這便叫做「受命不受辭」，也就是這裏的「專對」。同時春秋時代的外交酬酢和談判，多半背誦詩篇來代替語言（《左傳》裏充滿了這種記載），所以《詩》是外交人才的必讀書。

②亦奚以為——「以」，動詞，用也。「為」，表疑問的語氣詞，但只跟「奚」、「何」諸字連用，如「何以文為」、「何以伐為」。

13.6

子曰：「其身正，不令而行；其身不正，雖令不從。」

【譯文】

孔子說：「統治者本身行為正當，不發命令，事情也行得通。他本身行為不正當，縱三令五申，百姓也不會信從。」

13.7

子曰：「魯衛之政，兄弟也。」

【譯文】

孔子說：「魯國的政治和衛國的政治，像兄弟一般，〔相差不遠〕。」

13.8

子謂衛公子荊①，「善居室②，始有，曰：『苟合③矣。』少有，曰：『苟完矣。』富有，曰：『苟美矣。』」

【譯文】

孔子談到衛國的公子荊，說：「他善於居家過日子，剛有一點，便說道：『差不多夠了。』增加了一點，又說道：『差不多完備了。』多有一點，便說道：『差不多富麗堂皇了。』」

【注釋】

①衛公子荊——衛國的公子，吳季札曾把他列為衛國的君子，見《左傳》襄公二十

九年。有人說：「此取荊之善居室以風有位者也。」因為當時的卿大夫，不但貪污，而且奢侈成風，所以孔子「以廉風貪，以儉風侈。」似可備一說。

② 居室——這一詞組意義甚多：（甲）居住房舍，《禮記．曲禮》「君子將營宮室，宗廟為先，廐庫為次，居室為後。」（乙）夫婦同居，《孟子．萬章》：「男女居室，人之大倫也。」（丙）漢代又以為獄名，《史記．衞青傳》：「青嘗從入甘泉居室。」（丁）此則為積蓄家業居家度日之義。「居」讀為「奇貨可居」之「居」。

③ 合——給也，足也。此依俞樾《羣經平議》說。

13.9

子適衞，冉有僕①。子曰：「庶矣哉！」冉有曰：「既庶矣，又何加焉？」曰：「富之。」曰：「既富矣，又何加焉？」曰：「教之②。」

【譯文】孔子到衞國，冉有替他駕車子。孔子道：「好稠密的人口！」冉有道：「人口已經眾多了，又該怎麼辦呢？」孔子道：「使他們富裕起來。」

冉有道：「已經富裕了，又該怎麼辦呢？」孔子道：「教育他們。」

【注釋】

①僕——動詞，駕御車馬。其人則謂之僕夫，《詩．小雅．出車》「僕夫況瘁」可證。僕亦作名詞，駕車者，《詩．小雅．正月》「屢顧爾僕」是也。

②既富……教之——孔子主張「先富後教」，孟子、荀子也都繼續發揮了這一主張。所以孟子說「樂歲終身苦，凶年不免於死亡。此惟救死而恐不贍，奚暇治禮義哉？」（《梁惠王上》）也和《管子．治國篇》的「凡治國之道，必先富民」主張相同。

13.10

子曰：「苟有用我者，期月[①]而已可也，三年有成。」

【譯文】

孔子說：「假若有用我主持國家政事的，一年便差不多了，三年便會很有成績。」

【注釋】

①期月——期同「朞」，有些本子卽作「朞」，音姬，jī。期月，一年。

13.11

子曰：「『善人為邦百年，亦可以勝①殘去②殺矣③。』誠哉是言也！」

【譯文】

孔子說：「『善人治理國政連續到一百年，也可以克服殘暴免除虐殺了。』這句話說得真對呀！」

【注釋】

①勝——舊讀平聲。

②去——舊讀上聲。

③善人……去殺矣——依文意是孔子引別人的話。

13.12

子曰：「如有王者，必世而後仁。」

【譯文】

孔子說：「假若有王者興起，一定需要三十年才能使仁政大行。」

13.13

子曰：「茍正其身矣，於從政乎何有？不能正其身，如正人何？」

【譯文】

孔子說：「假若端正了自己，治理國政有什麼困難呢？連本身都不能端正，怎麼端正別人呢？」

13.14

冉子退朝。子曰：「何晏也？」對曰：「有政。」子曰：「其事也。如有政，雖不吾以，吾其與聞之①。」

【譯文】

冉有從辦公的地方回來。孔子道：「為什麼今天回得這樣晚呢？」答道：「有政務。」孔子道：「那只是事務罷了。若是有政務，雖然不用我了，我也會知道的。」

【注釋】

①與聞之——與，去聲，參預之意。《左傳》哀公十一年曾有記載，季氏以用田賦的事徵求孔子意見，並且說，「子為國老，待子而行。」可見孔子「如有政，吾其與聞之」這話是有根據的。只是冉有不明白「政」和「事」的分別，一時用詞不當罷了。依我看，這章並無其它意義，前人有故求深解的，未必對。

13.15

定公問：「一言而可以興邦，有諸？」

孔子對曰：「言不可以若是其幾也。人之言曰：『為君難，為臣不易。』如知為君之難也，不幾乎一言而興邦乎？」

曰：「一言而喪邦，有諸？」

孔子對曰：「言不可以若是其幾也。人之言曰：『予無樂乎為君，唯其言而莫予違也。』如其善而莫之違也，不亦善乎？如不善而莫之違也，不幾乎一言而喪邦乎？」

【譯文】

魯定公問：「一句話興盛國家，有這事麼？」孔子答道：「說話不可以像這樣地簡單機械。不過，大家都說：『做君上很難，做臣子不容易。』假若知道做君上的艱難，〔自然會謹慎認真地幹去，〕不近於一句話便興盛國家麼？」

定公又道：「一句話喪失國家，有這事麼？」

孔子答道：「說話不可以像這樣地簡單機械。不過，大家都說：『我做國君沒有別的快樂，只是我說什麼話都沒有人違抗我。』假若說的話正確而沒有人違抗，不也好麼？假若說的話不正確而也沒有人違抗，不近於一句話便喪失國家麼？」

13.16

葉公問政。子曰：「近者悅，遠者來。」

【譯文】

葉公問政治。孔子道：「境內的人使他高興，境外的人使他來投奔。」

13.17

子夏為莒父[1]宰，問政。子曰：「無欲速，無見小利。欲速，則不達；見小利，則大事不成。」

【譯文】

子夏做了莒父的縣長，問政治。孔子道：「不要圖快，不要顧小利。圖快，反而不能達到目的；顧小利，就辦不成大事。」

【注釋】

① 莒父——魯國之一邑，現在已經不能確知其所在。《山東通志》認為在今山東高密東南。

13.18

葉公語孔子曰：「吾黨有直躬者，其父攘羊，而子證[1]之。」孔子曰：「吾黨之直者異於是：父為子隱，子為父隱。——直在其中[2]矣。」

【譯文】

葉公告訴孔子道：「我那裏有個坦白直率的人，他父親偷了羊，他便告發。」

孔子道：「我們那裏坦白直率的人和你們不同：父親替兒子隱瞞，兒子替父親隱瞞——直率就在這裏面。」

【注釋】

① 證——《說文》云：「證，告也。」正是此義。相當今日的「檢舉」「揭發」，《韓非子．五蠹篇》述此事作「謁之吏」，《呂氏春秋．當務篇》述此事作「謁之上」，都可以說明正是其子去告發父親。「證明」的「證」，古書一般用「徵」字為之。

② 直在其中——孔子倫理哲學的基礎就在於「孝」和「慈」，因之說父子相隱，直在其中。

13.19 樊遲問仁。子曰：「居處恭，執事敬，與人忠。雖之[①]夷狄，不可棄也。」

【譯文】

樊遲問仁。孔子道：「平日容貌態度端正莊嚴，工作嚴肅認真，為別人忠心誠意。這幾種品德，縱到外國去，也是不能廢棄的。」

【注釋】

① 之——動詞，到也。

13.20

子貢問曰：「何如斯可謂之士矣？」子曰：「行己有恥，使於四方，不辱君命，可謂士矣。」

曰：「敢問其次。」曰：「宗族稱孝焉，鄉黨稱弟焉。」

曰：「敢問其次。」曰：「言必信，行必果，硜硜然小人哉！——抑亦可以為次矣。」

曰：「今之從政者何如？」子曰：「噫！斗筲之人①，何足算也？」

【譯文】

子貢問道：「怎樣才可以叫做『士』？」孔子道：「自己行為保持羞恥之心，出使外國，能很好地完成君主的使命，就可以叫做『士』了。」

子貢道：「請問次一等的。」孔子道：「宗族稱讚他孝順父母，鄉里稱讚他恭敬尊長。」

子貢又道：「請問再次一等的。」孔子道：「言語一定信實，行為一定堅決，這是不問是非黑白而只管自己貫徹言行的小人呀，但也可以說是再次一等的『士』了。」

子貢道：「現在的執政諸公怎麼樣？」孔子道：「哎！這班見識狹小的人算得什麼？」

【注釋】

① 斗筲之人——斗是古代的量名，筲音梢，shāo，古代的飯筐（《說文》作箱），能容五升。斗筲譬如度量和見識的狹小。有人說，「斗筲之人」也可以譯為「車載斗量之人」，言其不足為奇。

13.21

子曰：「不得中行而與之，必也狂狷[①]乎！狂者進取，狷者有所不為也。」

【譯文】

孔子說：「得不到言行合乎中庸的人和他相交，那一定要交到激進的人和狷介的人吧！激進者一意向前，狷介者也不肯做壞事。」

【注釋】

①狂狷——《孟子·盡心篇下》有一段話可以為本文的解釋，錄之於下：「孟子曰：『孔子不得中道而與之，必也狂獧（同「狷」）乎！狂者進取，獧者有所不為也。孔子豈不欲中道哉？不可必得，故思其次也。』『敢問何如斯可謂狂矣？』（此萬章問詞，下同。）曰：『如琴張、曾皙、牧皮者，孔子之所謂狂矣。』『何以謂之狂也？』曰：『其志嘐嘐然，曰：古之人！古之人！夷考其行而不掩焉者也。狂者又不可得，欲得不屑不潔之士而與之，是獧也，是又其次也。』」孟軻這話未必盡合孔子本意，但可備參考。

13.22

子曰：「南人有言曰：『人而無恆，不可以作巫醫①。』善夫！」

「不恆其德②，或承之羞。」子曰：「不占而已矣。」

【譯文】

孔子說：「南方人有句話說，『人假若沒有恆心，連巫醫都做不了。』這句話很好呀！」

《易經·恆卦》的爻辭說：「三心二意，翻雲覆雨，總有人招致羞恥。」孔子又說：「這話的意思是叫無恆心的人不必去占卦罷了。」

【注釋】

①巫醫——巫醫是一詞，不應分為卜筮的巫和治病的醫兩種。古代常以禳禱之術替人治療，這種人便叫巫醫。

②不恆其德——這有兩種意義：（甲）不能持久，時作時輟；（乙）沒有一定的操守。譯文用「三心二意」表示「不能持久」，用「翻雲覆雨」表示「沒有操守」。

13.23

子曰：「君子和而不同，小人同而不和①。」

【譯文】

孔子說：「君子用自己的正確意見來糾正別人的錯誤意見，使一切都做到恰到好處，卻不肯盲從附和。小人只是盲從附和，卻不肯表示自己的不同意見。」

【注釋】

①和，同——「和」與「同」是春秋時代的兩個常用術語，《左傳》昭公二十年所載

晏子對齊景公批評梁丘據的話，和《國語・鄭語》所載史伯的話都解説得非常詳細。「和」如五味的調和，八音的和諧，一定要有水、火、醬、醋各種不同的材料才能調和滋味，一定要有高下、長短、疾徐各種不同的聲調才能使樂曲和諧。晏子説：「君臣亦然。君所謂可，而有否焉，臣獻其否以成其可；君所謂否，而有可焉，臣獻其可以去其否。」因此史伯也説，「以他平他謂之和」。「同」就不如此，用晏子的話説：「君所謂可，據亦曰可；君所謂否，據亦曰否；若以水濟水，誰能食之？若琴瑟之專一，誰能聽之？『同』之不可也如是。」我又認為這個「和」字與「禮之用和為貴」的「和」有相通之處。因此譯文也出現了「恰到好處」的字眼。

13.24

子貢問曰：「鄉人皆好之，何如？」子曰：「未可也①。」「鄉人皆惡之，何如？」子曰：「未可也；不如鄉人之善者好之，其不善者惡之。」

【譯文】

子貢問道：「滿鄉村的人都喜歡他，這個人怎麼樣？」孔子道：「還不行。」子貢便又道：「滿鄉村的人都厭惡他，這個人怎麼樣？」孔子道：「還不行。最好是滿鄉村的好人都喜歡他，滿鄉村的壞人都厭惡他。」

【注釋】

① 未可也——如果一鄉之人皆好之，便近乎所謂好好先生，孔、孟叫他為「鄉愿。」因之孔子便說：「眾好之，必察焉；眾惡之，必察焉。」（15.28）又說，「唯仁者能好人，能惡人。」（4.3）這可以為「善者好之，不善者惡之」的解釋。

13.25

子曰：「君子易事①而難說也。說之不以道，不說也；及其使人也，器之。小人難事而易說也。說之雖不以道，說也；及其使人也，求備焉。」

【譯文】

孔子說：「在君子底下工作很容易，討他的歡喜卻難。不用正當的方式去討他的歡喜，他不會歡喜的；等到他使用人的時候，卻衡量各人的才德去分配任務。在小人底下工作很難，討他的歡喜卻容易。用不正當的方式去討他的歡喜，他會歡喜的；等到他使用人的時候，便會百般挑剔，求全責備。」

【注釋】

① 易事——《說苑．雅言篇》說：「曾子曰，『夫子見人之一善而忘其百非，是夫子

之易事也』。」這話可以作「君子易事」的一個說明。

13.26 子曰：「君子泰而不驕①，小人驕而不泰。」

【譯文】

孔子說：「君子安詳舒泰，卻不驕傲凌人；小人驕傲凌人，卻不安詳舒泰。」

【注釋】

① 泰，驕——皇侃《義疏》云：「君子坦蕩蕩，心貌怡平，是泰而不為驕慢也；小人性好輕凌，而心恒戚戚，是驕而不泰也。」李塨《論語傳注》云：「君子無眾寡，無小大，無敢慢（按：見20.2），何其舒泰！小人矜己傲物，惟恐失尊，何其驕侈，而安得泰？」譯文正取此義。

13.27 子曰：「剛、毅、木、訥近仁。」

【譯文】

孔子說：「剛強、果決、樸質，而言語不輕易說出口，有這四種品德的人近於仁德。」

13.28

子路問曰：「何如斯可謂之士矣？」子曰：「切切偲偲①，怡怡②如也，可謂士矣。朋友切切偲偲，兄弟怡怡。」

【譯文】

子路問道：「怎麼樣才可以叫做『士』了呢？」孔子道：「互相批評，和睦共處，可以叫做『士』了。朋友之間，互相批評；兄弟之間，和睦共處。」

【注釋】

① 切切偲偲——偲音思，sī。切切偲偲，互相批評的樣子。

② 怡怡——和順的樣子。

13.29

子曰：「善人教民七年，亦可以卽戎[1]矣。」

【譯文】

孔子說：「善人教導人民達七年之久，也能夠叫他們作戰了。」

【注釋】

① 卽戎——「卽」是「卽位」的「卽」，就也，往那裏去的意思。「戎」是「兵戎」的意思。

13.30

子曰：「以不教民[1]戰，是謂棄之。」

【譯文】

孔子道：「用未經受過訓練的人民去作戰，這等於糟踏生命。」

【注釋】

① 不教民——「不教民」三字構成一個名詞，意思就是「不教之民」，正如《詩經·

邶風・柏舟》「心之憂矣，如匪澣衣」的「匪澣衣」一樣，意思就是「匪澣之衣」（不曾洗滌過的衣服）。

憲問篇第十四

共四十四章

（朱熹《集注》把第一章自「克、伐、怨、欲」以下別為一章，把第二十章自「曾子曰」以下別為一章，又把第三十七章自「子曰作者」以下別為一章，所以題為四十七章。）

14.1

憲問恥。子曰：「邦有道，穀；邦無道，穀，恥也。」「克、伐、怨、欲不行焉，可以為仁矣？[1]」子曰：「可以為難矣，仁則吾不知也。」

【譯文】

原憲問如何叫恥辱。孔子道：「國家政治清明，做官領薪俸；國家政治黑暗，做官領薪俸，這就是恥辱。」

原憲又道：「好勝、自誇、怨恨和貪心四種毛病都不曾表現過，這可以說是仁人了嗎？」孔子道：「可以說是難能可貴的了，但若說是仁人，那我不能同意。」

【注釋】

① 可以為仁矣——這句話從形式上看應是肯定句，但從上下文看，實際應是疑問句，不過疑問只從說話者的語勢來表示，不借助於別的表達形式而已。這一段可以和「邦有道，貧且賤焉，恥也；邦無道，富且貴焉，恥也。」（8.13）互相發明。

14.2

子曰：「士而懷居[①]，不足以為士矣。」

【譯文】

孔子說：「讀書人而留戀安逸，便不配做讀書人了。」

【注釋】

①懷居——懷，懷思，留戀；居，安居。《左傳》僖公二十三年記載着晉文公的流亡故事，說他在齊國安居下來，有妻妾，有家財，便不肯再移動了。他老婆姜氏便對他說：「行也！懷與安，實敗名。」便和此意相近。

14.3

子曰：「邦有道，危[①]言危行；邦無道，危行言孫[②]。」

【譯文】

孔子說：「政治清明，言語正直，行為端正；政治黑暗，行為正直，言語謙順。」

【注釋】

①危——《禮記·緇衣》注：「危，高峻也。」意謂高於俗，朱熹《集注》用之，固然可通。但《廣雅》云：「危，正也。」王念孫《疏證》即引《論語》此文來作證，更為恰當，譯文即用此解。

②孫——同遜。

14.4 子曰：「有德者必有言，有言者不必有德。仁者必有勇，勇者不必有仁。」

【譯文】

孔子說：「有道德的人一定有名言，但有名言的人不一定有道德。仁人一定勇敢，但勇敢的人不一定仁。」

14.5 南宮適①問於孔子曰：「羿②善射，奡③盪舟④，俱不得其死然。禹稷躬稼而有天下。」夫子不答。

南宮適出，子曰：「君子哉若人！尚德哉若人⑤！」

【譯文】

南宮适向孔子問道：「羿擅長射箭，奡擅長水戰，都沒有得到好死。禹和稷自己下地種田，卻得到了天下。〔怎樣解釋這些歷史呢？〕」孔子沒有答覆。南宮适退了出來。孔子道：「這個人，好一個君子！這個人，多麼尊尚道德！」

【注釋】

① 南宮适——孔子學生南容。

② 羿——音詣，yì。在古代傳說中有三個羿，都是射箭能手。一為帝嚳的射師，見於《說文》；二為唐堯時人，傳說當時十個太陽同時出現，羿射落了九個，見《淮南子．本經訓》；三為夏代有窮國的君主，見《左傳》襄公四年。這裏所指的和《孟子．離婁篇》所載的「逢蒙學射於羿」的羿，據說都是夏代的羿。

③ 奡——音傲，aò。也是古代傳說中的人物，夏代寒浞的兒子。字又作「澆」。

④ 盪舟——顧炎武《日知錄》云：「古人以左右衝殺為盪。陳其銳卒，謂之跳盪；別帥謂之盪主。盪舟蓋兼此義。」譯成現代漢語，就是用舟師衝鋒陷陣。

⑤ 君子……尚德哉若人——南宮适託古代的事來問孔子，中心思想是當今尚力不尚德，但按之歷史，尚力者不得善終，尚德者終有天下。因之孔子稱讚他。

子曰：「君子①而不仁者有矣夫，未有小人②而仁者也。」

【譯文】

孔子說：「君子之中不仁的人有的吧，小人之中卻不會有仁人。」

【注釋】

①君子，小人——這個「君子」「小人」的含義不大清楚。「君子」「小人」若指有德者無德者而言，則第二句可以不說；看來，這裏似乎是指在位者和老百姓而言。

14.7 子曰：「愛之，能勿勞乎①？忠焉，能勿誨乎？」

【譯文】

孔子說：「愛他，能不叫他勞苦嗎？忠於他，能不教誨他嗎？」

【注釋】

①能勿勞乎——《國語·魯語下》說：「夫民勞則思，思則善心生；逸則淫，淫則忘

善，忘善則惡心生。」可以為「能勿勞乎」的注腳。

14.8

子曰：「為命①，裨諶②草創之，世叔③討論④之，行人子羽⑤修飾之，東里子產⑥潤色之。」

【譯文】

孔子說：「鄭國外交辭令的創制，裨諶擬稿，世叔提意見，外交官子羽修改，子產作文詞上的加工。」

【注釋】

① 為命——《左傳》襄公三十一年云：「鄭國將有諸侯之事，子產乃問四國之為於子羽，且使多為辭令，與裨諶乘以適野，使謀可否，而告馮簡子使斷之。事成，乃授子太叔使行之，以應對賓客，是以鮮有敗事。」可與《論語》此文相參校。《左傳》所講的過程和《論語》此文雖然有些出入，但主題是相同的，因此我把「命」譯為「外交辭令」，不作一般的政令講。

② 裨諶——音庇臣，bìchén，鄭國大夫，見《左傳》。

③世叔——即《左傳》的子太叔（古代，「太」和「世」兩字通用），名游吉。

④討論——意義和今天的「討論」不同，這是一個人去研究而後提意見的意思。

⑤行人子羽——行人，官名，即古代的外交官。子羽，公孫揮的字。

⑥東里子產——東里，地名，今在鄭州市，子產所居。

14.9 或問子產。子曰：「惠人也。」

問子西[①]。曰：「彼哉！彼哉[②]！」

問管仲。曰：「人也。奪伯氏[③]駢邑[④]三百，飯疏食，沒齒無怨言。」

【譯文】

有人向孔子問子產是怎樣的人物。孔子道：「是寬厚慈惠的人。」

又問到子西。孔子道：「他呀，他呀！」

又問到管仲。孔子道：「他是人才。剝奪了伯氏駢邑三百戶的采地，使伯氏只能吃粗糧，到死沒有怨恨的話。」

【注釋】

①子西——春秋時有三個子西，一是鄭國的公孫夏，生當魯襄公之世，為子產的同宗兄弟，子產便是繼他而主持鄭國政治的。二是楚國的鬭宜申，生當魯僖公、文公之世。三是楚國的公子申，和孔子同時。鬭宜申去孔子太遠，公子申又太近，這人所問的當是公孫夏。

②彼哉彼哉——《公羊傳》定公八年記載陽虎謀殺季孫的事，説陽虎謀殺未成，在郊外休息，忽然望見公斂處父領着追兵而來，便道：「彼哉彼哉！」毛奇齡《論語稽求篇》因云：「此必古成語，而夫子引以作答者。」案：這是當時表示輕視的習慣語。

③伯氏——齊國的大夫，皇侃《義疏》云：「伯氏名偃。」不知何據。

④駢邑——地名。阮元曾得伯爵彝，説是乾隆五十六年出土於山東臨朐縣柳山寨。他在《積古齋鐘鼎彝器款識》裏説，柳山寨有古城的城基，卽春秋的駢邑。用《水經·巨洋水注》證之，阮氏之言很可信。

14.10 子曰：「貧而無怨難，富而無驕易。」

【譯文】

孔子說：「貧窮卻沒有怨恨，很難；富貴卻不驕傲，倒容易做到。」

14.11

子曰：「孟公綽①為趙魏老②則優③，不可以為滕、薛④大夫。」

【譯文】

孔子說：「孟公綽，若是叫他做晉國諸卿趙氏、魏氏的家臣，那是力有餘裕的；但他卻沒有才能來做滕、薛這樣小國的大夫。」

【注釋】

① 孟公綽——魯國大夫，《左傳》襄公二十五年記載着他的一段事。《史記・仲尼弟子列傳》說他是孔子所尊敬的人。

② 老——古代，大夫的家臣稱老，也稱室老。

③ 優——本意是「優裕」，所以用「力有餘裕」來譯它。

④ 滕、薛——當時的小國，都在魯國附近。滕的故城在今山東滕縣西南十五里，薛的故城在今滕縣南四十四里官橋處。

14.12

子路問成人。子曰：「若臧武仲①之知，公綽之不欲，卞莊子②之勇，冉求之藝，文之以禮樂，亦可以為成人矣。」曰：「今之成人者何必然？見利思義，見危授命，久要③不忘平生之言，亦可以為成人矣。」

【譯文】

子路問怎樣才是全人。孔子道：「智慧像臧武仲，清心寡慾像孟公綽，勇敢像卞莊子，多才多藝像冉求，再用禮樂來成就他的文采，也可以說是全人了。」等了一會，又道：「現在的全人哪裏一定要這樣？看見利益便能想起該得不該得，遇到危險便肯付出生命，經過長久的窮困日子都不忘記平日的諾言，也可以說是全人了。」

【注釋】

① 臧武仲——魯大夫臧孫紇。他很聰明，逃到齊國之後，能預見齊莊公的被殺而設法辭去莊公給他的田。事見《左傳》襄公二十三年。

② 卞莊子——魯國的勇士。《荀子．大略篇》和《韓詩外傳》卷十都載有他的勇敢故事。

③ 久要——「要」為「約」的借字，「約」，窮困之意。說見楊遇夫先生的《積微居小學述林》。

14.13

子問公叔文子[①]於公明賈[②]曰：「信乎，夫子不言，不笑，不取乎？」

公明賈對曰：「以[③]告者過也。夫子時然後言，人不厭其言；樂然後笑，人不厭其笑；義然後取，人不厭其取。」

子曰：「其然？豈其然乎？」

【譯文】

孔子向公明賈問到公叔文子，說：「他老人家不言語，不笑，不取，是真的嗎？」

公明賈答道：「這是傳話的人說錯了。他老人家到應說話的時候才說話，別人不厭惡他的話；高興了才笑，別人不厭惡他的笑；應該取才取，別人不厭惡他的取。」

孔子道：「如此的嗎？難道真是如此的嗎？」

【注釋】

①公叔文子——衞國大夫，《檀弓》載有他的故事。

②公明賈——衞人，姓公明，名賈。賈音假，jiǎ。《左傳》哀公十四年楚有蔿賈，也音假。

③以——代詞，此也。例證可參考楊遇夫先生的《詞詮》。

14.14

子曰：「臧武仲以防求為後於魯[①]，雖曰不要[②]君，吾不信也。」

【譯文】

孔子說：「臧武仲〔逃到齊國之前，〕憑藉着他的采邑防城請求立其子弟嗣為魯國卿大夫，縱然有人說他不是要挾，我是不相信的。」

【注釋】

①臧武仲以防求為後於魯——事見《左傳》襄公二十三年。防，臧武仲的封邑，在今山東費縣東北六十里之華城，離齊國邊境很近。

②要——平聲，音腰，yāo。

14.15 子曰：「晉文公[①]譎[②]而不正，齊桓公[①]正而不譎。」

【譯文】

孔子說：「晉文公詭詐好耍手段，作風不正派；齊桓公作風正派，不用詭詐，不耍手段。」

【注釋】

① 晉文公、齊桓公——晉文公名重耳，齊桓公名小白。齊桓、晉文是春秋時五霸中最有名聲的兩個霸主。

② 譎——音決，jué，欺詐，玩弄權術陰謀。

14.16 子路曰：「桓公殺公子糾，召忽死之，管仲不死[①]。」曰：「未仁乎？」子曰：「桓公九合[②]諸侯，不以兵車，管仲之力也。如其仁，如其仁[③]。」

【譯文】

子路道：「齊桓公殺了他哥哥公子糾，〔公子糾的師傅〕召忽因此自殺，〔但是他的另一師傅」管仲卻活着。」接着又道：「管仲該不是有仁德的吧？」孔子道：「齊桓公多次主持諸侯間的盟會，停止了戰爭，都是管仲的力量。這就是管仲的仁德，這就是管仲的仁德。」

【注釋】

① 管仲不死——齊桓公和公子糾都是齊襄公的弟弟。齊襄公無道，兩人都怕牽累，桓公便由鮑叔牙侍奉逃往莒國，公子糾也由管仲和召忽侍奉逃往魯國。襄公被殺以後，桓公先入齊國，立為君，便興兵伐魯，逼迫魯國殺了公子糾，召忽自殺以殉，管仲卻做了桓公的宰相。這段歷史可看《左傳》莊公八年和九年。

② 九合——齊桓公糾合諸侯共計十一次。這一「九」字實是虛數，不過表示其多罷了。

③ 如其仁——王引之《經傳釋詞》云：「如猶乃也。」揚雄《法言》三次仿用這種句法，義同。

14.17 子貢曰：「管仲非仁者與？桓公殺公子糾，不能死，又相之。」子曰：「管仲相桓公，霸諸侯，一匡天下，民到於今受其賜。微[①]管仲，吾其被[②]髮左衽矣。豈若匹夫匹婦之為諒也，自經[③]於溝瀆[④]而莫之知也？」

【譯文】

子貢道：「管仲不是仁人吧？桓公殺掉了公子糾，他不但不以身殉難，還去輔相他。」孔子道：「管仲輔相桓公，稱霸諸侯，使天下一切得到匡正，人民到今天還受到他的好處。假若沒有管仲，我們都會披散着頭髮，衣襟向左邊開，〔淪為落後民族〕了。他難道要像普通老百姓一樣守着小節小信，在山溝中自殺，還沒有人知道的嗎？」

【注釋】

①微——假若沒有的意思，只用於和既成事實相反的假設句之首。

②被——同「披」。

③自經——自縊。

④溝瀆——猶《孟子．梁惠王》的「溝壑」。王夫之《四書稗疏》認為它是地名，就是《左傳》的「句瀆」，《史記》的「笙瀆」，那麼，孔子的匹夫匹婦就是指召忽而言，恐不可信。

14.18 公叔文子之臣大夫①僎與文子同升諸②公。子聞之，曰：「可以為『文』③矣。」

【譯文】

公叔文子的家臣大夫僎，（由於文子的推薦，）和文子一道做了國家的大臣。孔子知道這事，便道：「這便可以諡為『文』了。」

【注釋】

① 毛奇齡《四書剩言》云：「臣大夫卽家大夫也。」把「臣大夫」三字不分，今不取。《後漢書．吳良傳》李賢注說：「文子家臣名僎」云云，也可見唐初人不以「臣大夫」為一詞。

② 諸——用法同「於」。

③ 據《禮記．檀弓》，公叔文子實諡為貞惠文子。鄭玄《禮記》注說：「不言『貞惠』者，『文』足以兼之。」

14.19 子言衞靈公之無道也，康子曰：「夫如是，奚而①不喪？」孔子曰：「仲叔圉②治賓客，祝鮀治宗廟，王孫賈治軍旅。夫如是，奚其喪？」

【譯文】

孔子講到衛靈公的昏亂，康子道：「既然這樣，為什麼不敗亡？」孔子道：「他有仲叔圉接待賓客，祝鮀管理祭祀，王孫賈統率軍隊，像這樣，怎麼會敗亡？」

【注釋】

① 奚而——俞樾《羣經平議》云：「奚而猶奚為也。」

② 仲叔圉——就是孔文子。

14.20 子曰：「其言之不怍，則為之也難。」

【譯文】

孔子說：「那個人大言不慚，他實行就不容易。」

14.21 陳成子①弑簡公②。孔子沐浴而朝③，告於哀公曰：「陳恆弑其君，請討之④。」公曰：「告夫三子！」

孔子曰[5]：「以吾從大夫之後，不敢不告也。君曰『告夫三子』者！」

之三子告，不可。孔子曰：「以吾從大夫之後，不敢不告也。」

【譯文】

陳恆殺了齊簡公。孔子齋戒沐浴而後朝見魯哀公，報告道：「陳恆殺了他的君主，請您出兵討伐他。」哀公道：「你向季孫、孟孫、叔孫三人去報告吧！」孔子〔退了出來〕，道：「因為我曾忝為大夫，不敢不來報告，但是君上卻對我說，『給那三人報告吧』！」

孔子又去報告三位大臣，不肯出兵。孔子道：「因為我曾忝為大夫，不敢不報告。」

【注釋】

①陳成子——就是陳恆。

②簡公——齊簡公，名壬。

③孔子沐浴而朝——這時孔子已經告老還家，特為這事來朝見魯君。

④請討之——孔子請討陳恒，主要是由於陳恒以臣殺君，依孔子的學說，非討不可。同時孔子也估計了戰爭的勝負。《左傳》記載着孔子的話道：「陳恒弒其君，民之不與者半。以魯之眾加齊之半，可克也。」但這事仍可討論。

⑤孔子曰——這是孔子退朝後的話，參校《左傳》哀公十四年的記載便可以知道。

子路問事君。子曰：「勿欺也，而犯之。」

【譯文】

子路問怎樣服侍人君。孔子道：「不要（陽奉陰違地）欺騙他，但可以（當面）觸犯他。」

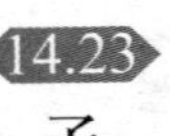

子曰：「君子上達①，小人下達①。」

【譯文】

孔子說：「君子通達於仁義，小人通達於財利。」

【注釋】

① 上達下達——古今學人各有解釋，譯文採取了皇侃《義疏》的說法。

14.24 子曰：「古之學者為己[1]，今之學者為人[1]。」

【譯文】

孔子說：「古代學者的目的在修養自己的學問道德，現代學者的目的卻在裝飾自己，給別人看。」

【注釋】

為己為人——如何叫做「為己」和「為人」，譯文採用了《荀子．勸學篇》、《北堂書鈔》所引《新序》和《後漢書．桓榮傳論》（俱見楊遇夫先生《論語疏證》）的解釋。

蘧伯玉[1]使人於孔子。孔子與之坐而問焉，曰：「夫子何為？」對曰：「夫子欲寡其

過②而未能也。」

使者出。子曰「使乎！使乎！」

【譯文】

蘧伯玉派一位使者訪問孔子。孔子給他坐位，而後問道：「他老人家幹些什麼？」使者答道：「他老人家想減少過錯卻還沒能做到。」使者辭了出來。孔子道：「好一位使者！好一位使者！」

【注釋】

①蘧伯玉——衛國的大夫，名瑗。孔子在衛國之時，曾經住過他家。

②寡其過——《莊子．則陽篇》說：「蘧伯玉行年六十而六十化，未嘗不始於是之，而卒詘之以非也；或未知今之所謂是之非五十九非也（六十之是或為五十九之非）。」《淮南子．原道篇》也說：「蘧伯玉年五十而知四十九年非。」大概這人是位求進甚急善於改過的人。使者之言既得其實，又不卑不亢，所以孔子連聲稱讚。

14.26 子曰：「不在其位，不謀其政①。」

曾子曰：「君子思不出其位。」

【譯文】

曾子說：「君子所思慮的不超出自己的工作崗位。」

【注釋】

①見《泰伯篇第八》。(8.14)

14.27

子曰：「君子恥其言而[1]過其行。」

【譯文】

孔子說：「說得多，做得少，君子以為恥。」

【注釋】

①而——用法同「之」，說詳《詞詮》。皇侃所據本，日本足利本，這一「而」字都作「之」。

14.28 子曰：「君子道者三，我無能焉：仁者不憂，知者不惑，勇者不懼。」子貢曰：「夫子自道也。」

【譯文】

孔子說：「君子所行的三件事，我一件也沒能做到：仁德的人不憂慮，智慧的人不迷惑，勇敢的人不懼怕。」子貢道：「這正是他老人家對自己的敘述呢。」

子貢方人①。子曰：「賜也賢乎哉？夫我則不暇。」

【譯文】

子貢譏評別人。孔子對他道：「你就夠好了嗎？我卻沒有這閒工夫。」

【注釋】

① 方人——《經典釋文》說，鄭玄注的《論語》作「謗人」，又引鄭注云「謂言人之過惡」。因此譯文譯為「譏評」。《世說新語．容止篇》：「或以方謝仁祖不乃重者。」這「方」字作品評解，其用法可能出於此。

14.30

子曰：「不患人之不己知，患其不能也。」

【譯文】

孔子說：「不着急別人不知道我，只着急自己沒有能力。」

14.31

子曰：「不逆詐，不億不信，抑亦先覺者，是賢乎！」

【譯文】

孔子說：「不預先懷疑別人的欺詐，也不無根據地猜測別人的不老實，卻能及早發覺，這樣的人是一位賢者吧！」

14.32

微生畝①謂孔子曰：「丘何為是②棲棲者與？無乃為佞乎？」孔子曰：「非敢為佞也，疾固也。」

【譯文】微生畝對孔子道：「你為什麼這樣忙忙碌碌的呢？不是要逞你的口才嗎？」孔子道：「我不是敢逞口才，而是討厭那種頑固不通的人。」

【注釋】

①微生畝——「微生」是姓，「畝」是名。

②是——這裏作副詞用，當「如此」解。

14.33 子曰：「驥不稱其力，稱其德也。」

【譯文】孔子說：「稱千里馬叫做驥，並不是讚美牠的氣力，而是讚美牠的品質。」

14.34 或曰：「以德報怨①，何如？」子曰：「何以報德？以直報怨，以德報德。」

【譯文】

有人對孔子道：「拿恩惠來回報怨恨，怎麼樣？」孔子道：「拿什麼來酬答恩惠呢？拿公平正直來回報怨恨，拿恩惠來酬答恩惠。」

【注釋】

① 以德報怨——《老子》也說：「大小多少，報怨以德。」可能當日流行此語。

14.35

子曰：「莫我知也夫！」子貢曰：「何為其莫知子也？」子曰：「不怨天，不尤人，下學而上達①。知我者其天乎！」

【譯文】

孔子歎道：「沒有人知道我呀！」子貢道：「為什麼沒有人知道您呢？」孔子道：「不怨恨天，不責備人，學習一些平常的知識，卻透徹了解很深的道理。知道我的，只是天罷了！」

【注釋】

①下學而上達——這句話具體的意義是什麼，古今頗有不同解釋，譯文所言只能參考。皇侃《義疏》云：「下學，學人事；上達，達天命。我既學人事，人事有否有泰，故不尤人。上達天命，天命有窮有通，故我不怨天也。」全部意思都貫通了，雖不敢說合於孔子本意，無妨錄供參考。

14.36

公伯寮①愬②子路於季孫。子服景伯③以告，曰：「夫子固有惑志於公伯寮，吾力猶能肆諸市朝④。」

子曰：「道之將行也與，命也；道之將廢也與，命也。公伯寮其如命何！」

【譯文】

公伯寮向季孫譭謗子路。子服景伯告訴孔子，並且說：「他老人家已經被公伯寮所迷惑了，可是我的力量還能把他的屍首在街頭示眾。」

孔子道：「我的主張將實現嗎，聽之於命運；我的主張將永不實現嗎，也聽之於命運。公伯寮能把我的命運怎樣呢？」

【注釋】

①公伯寮——《史記．仲尼弟子列傳》作「公伯僚」云「字子周」。

②愬——同「訴」。

③子服景伯——魯大夫，名何。

④市朝——古人把罪人之屍示眾，或者於朝廷，或者於市集。

14.37

子曰：「賢者辟[①]世，其次辟地，其次辟色，其次辟言。」

子曰：「作者七人矣。」

【譯文】

孔子說：「有些賢者逃避惡濁社會而隱居，次一等的擇地而處，再次一等的避免不好的臉色，再次一等的迴避惡言。」

孔子又說：「像這樣的人已經有七位了。」

【注釋】

①辟——同「避」。

14.38 子路宿於石門[1]。晨門曰：「奚自？」子路曰：「自孔氏。」曰：「是知其不可而為之者與？」

【譯文】 子路在石門住了一宿，〔第二天清早進城，〕司門者問：「從哪兒來？」子路道：「從孔家來。」司門者道：「就是那位知道做不到卻定要去做的人嗎？」

【注釋】 ①石門——《後漢書·張皓王龔傳論》注引鄭玄《論語注》云：「石門，魯城外門也。」

14.39 子擊磬於衞，有荷蕢而過孔氏之門者，曰：「有心哉，擊磬乎！」既而曰：「鄙哉，硜硜乎！莫己知也，斯己而已矣。深則厲，淺則揭[1]。」子曰：「果哉！末之難矣。」

【譯文】

孔子在衛國，一天正敲着磬，有一個挑着草筐子的漢子恰在門前走過，便說道：「這個敲磬是有深意的呀！」等一會又說道：「磬聲踁踁的，可鄙呀，〔它好像在說，沒有人知道我呀！〕沒有人知道自己，就罷休好了。水深，索性連衣裳走過去；水淺，無妨撩起衣裳走過去。」

孔子道：「好堅決！沒有辦法說服他了。」

【注釋】

① 深厲淺揭——兩句見於《詩經．邶風．匏有苦葉》。這是比喻。水深比喻社會非常黑暗，只得聽之任之；水淺比喻黑暗的程度不深，還可以使自己不受沾染，便無妨撩起衣裳，免得濡濕。

14.40

子張曰：「《書》云：『高宗諒陰①，三年不言。』何謂也？」子曰：「何必高宗，古之人皆然。君薨，百官總己以聽於冢宰三年。」

【譯文】

子張道：「《尚書》說：『殷高宗守孝，住在凶廬，三年不言語。』這是什麼意思？」孔子道：「不僅僅高宗，古人都是這樣：國君死了，繼承的君王三年不問政治，各部門的官員聽命於宰相。」

【注釋】

① 諒陰——居喪時所住的房子，又叫「凶廬」。兩語見《無逸篇》。

14.41

子曰：「上好禮，則民易使也。」

【譯文】

孔子說：「在上位的人若遇事依禮而行，就容易使百姓聽從指揮。」

14.42

子路問君子。子曰：「修己以敬。」曰：「如斯而已乎？」曰：「修己以安人①。」

曰：「如斯而已乎？」曰：「修己以安百姓[2]，堯舜其猶病諸？」

【譯文】

子路問怎樣才能算是一個君子。孔子道：「修養自己來嚴肅認真地對待工作。」子路道：「這樣就夠了嗎？」孔子道：「修養自己來使上層人物安樂。」子路道：「這樣就夠了嗎？」孔子道：「修養自己來使所有老百姓安樂。修養自己來使所有老百姓安樂，堯舜大概還沒有完全做到呢！」

【注釋】

①人——這個「人」字顯然是狹義的「人」（參見1.5注④），沒有把「百姓」包括在內。

②修己以安百姓——《雍也篇》說：「博施於民……堯舜其猶病諸。」（6.30）這裏說：「修己以安百姓，堯舜其猶病諸。」可見這裏的「修己以安百姓」就是「博施於民」。

14.43 原壤[1]夷俟[2]。子曰：「幼而不孫弟[3]，長而無述焉，老而不死，是為賊。」以杖叩其脛。

【譯文】原壤兩腿像八字一樣張開坐在地上，等着孔子。孔子罵道：「你幼小時候不懂禮節，長大了毫無貢獻，老了還白吃糧食，真是個害人精。」說完，用拐杖敲了敲他的小腿。

【注釋】

①原壤——孔子的老朋友，《禮記・檀弓》記載他一段故事，說他母親死了，孔子去幫助他治喪，他卻站在棺材上唱起歌來了，孔子也只好裝做沒聽見。大概這人是一位另有主張而立意反對孔子的人。

②夷俟——夷，箕踞；俟，等待。

③孫弟——同遜悌。

14.44 闕黨[①]童子將命。或問之曰：「益者與？」子曰：「吾見其居於位[②]也，見其與先生並行[③]也。非求益者也，欲速成者也。」

【譯文】

闕黨的一個童子來向孔子傳達信息。有人問孔子道：「這小孩是肯求上進的人嗎？」孔子道：「我看見他［大模大樣地］坐在位子上，又看見他同長輩並肩而行。這不是個肯求上進的人，只是一個急於求成的人。」

【注釋】

①闕黨——顧炎武的《日知錄》說：「《史記·魯世家》『煬公築茅闕門』，蓋闕門之下，其里卽名闕里，夫子之宅在焉。亦謂之闕黨。」案顧氏此說很對（閻若璩《四書釋地》的駁論不對），《荀子·儒效篇》也有孔子「居於闕黨」的記載，可見闕黨為孔子所居之地名。

②居於位——根據《禮記·玉藻》的記載，「童子無事則立主人之北，南面。」則「居於位」是不合當日禮節的。

③與先生並行——《禮記·曲禮》上篇說：「五年以長，則肩隨之」（「肩隨」就是與之並行而稍後），而童子的年齡相差甚遠，依當日禮節，不能和成人並行。

衛靈公篇第十五

共四十二章（朱熹《集注》把第一、第二兩章併為一章，所以說「凡四十一章」。）

15.1 衛靈公問陳[①]於孔子。孔子對曰：「俎豆[②]之事，則嘗聞之矣；軍旅之事，未之學也。」明日遂行。

【譯文】

衛靈公向孔子問軍隊陳列之法。孔子答道：「禮儀的事情，我曾經聽到過；軍隊的事情，從來沒學習過。」第二天他便離開了衛國。

【注釋】

① 陳——就是今天的「陣」字。

② 俎豆之事——俎和豆都是古代盛肉食的器皿，行禮時用它，因之藉以表示禮儀之事。這種用法和《泰伯篇第八》的「籩豆之事」相同。

15.2

在陳絕糧，從者病，莫能興。子路慍見曰：「君子亦有窮乎？」子曰：「君子固窮，小人窮斯濫矣。」

【譯文】

孔子在陳國斷絕了糧食，跟隨的人都餓病了，起不了牀。子路很不高興地來見孔子，說道：「君子也有窮得毫無辦法的時候嗎？」孔子道：「君子雖然窮，但還是堅持着；可小人一窮便無所不為了。」

15.3

子曰：「賜也，女以予為多學而識之者與？」對曰：「然，非與？」曰：「非也，予一以貫之①。」

【譯文】

孔子道：「賜！你以為我是多多地學習又能夠記得住的嗎？」子貢答道：「對呀，難道不是這樣嗎？」孔子道：「不是的，我有一個基本觀念來貫串它。」

【注釋】

①一以貫之——這和《里仁篇》的「夫子之道，忠恕而已矣」(4.15)的「一貫」相同。從這裏可以看出，子貢他們所重視的，是孔子的博學多才，因之認為他是「多學而識之」；而孔子自己所重視的，則在於他的以忠恕之道貫穿於其整個學行之中。

子曰：「由！知德者鮮矣。」

【譯文】

孔子對子路道：「由！懂得『德』的人可少啦。」

15.5

子曰：「無為而治①者其舜也與？夫何為哉？恭己正南面而已矣。」

【譯文】

孔子說：「在自己從容安靜而使天下太平的人大概只有舜吧？他幹了什麼呢？

莊嚴端正地坐在朝廷罷了。」

【注釋】

① 無為而治——舜何以能如此？一般儒者都以為他能「所任得其人，故優遊而自逸也。」（《三國志·吳志·樓玄傳》）如《大戴禮·主言篇》云：「昔者舜左禹而右皋陶，不下席而天下治。」《新序·雜事三》云：「故王者勞於求人，佚於得賢。舜舉眾賢在位，垂衣裳恭己無為而天下治。」趙岐《孟子注》也說：「言任官得其人，故無為而治」。

15.6

子張問行。子曰：「言忠信，行篤敬，雖蠻貊之邦，行矣。言不忠信，行不篤敬，雖州里，行乎哉？立則見其參於前也，在輿則見其倚於衡也，夫然後行。」子張書諸紳。

【譯文】

子張問如何才能使自己到處行得通。孔子道：「言語忠誠老實，行為忠厚嚴肅，縱到了別的部族國家，也行得通。言語欺詐無信，行為刻薄輕浮，就是在本鄉本土，能行得通嗎？站立的時候，就〔彷彿〕看見「忠誠老實忠厚嚴肅」幾個字在我們面前；在車箱裏，也〔彷彿〕看見它刻在前面的橫木上；〔時時刻刻記着它，〕這才能使自己到處行得通。」子張把這些話寫在了大帶上。

15.7 **子曰：「直哉史魚①！邦有道，如矢；邦無道，如矢。君子哉蘧伯玉②！邦有道，則仕；邦無道，則可卷而懷之。」**

【譯文】

孔子說：「好一個剛直不屈的史魚！政治清明也像箭一樣直，政治黑暗也像箭一樣直。好一個君子蘧伯玉！政治清明就出來做官，政治黑暗就可以把自己的本領收藏起來。」

【注釋】

①史魚——衞國的大夫史鰌，字子魚。他臨死時囑咐他的兒子，不要「治喪正室」，以此勸告衞靈公進用蘧伯玉，斥退彌子瑕，古人叫為「屍諫」，事見《韓詩外傳》卷七。

② 蘧伯玉——事可參見《左傳》襄公十四年和二十六年。

15.8

子曰：「可與言而不與之言，失人；不可與言而與之言，失言。知者不失人，亦不失言。」

【譯文】

孔子說：「可以同他談，卻不同他談，這是錯過人才；不可以同他談，卻同他談，這是浪費言語。聰明人既不錯過人才，也不浪費言語。」

15.9

子曰：「志士仁人，無求生以害仁，有殺身以成仁。」

【譯文】

孔子說：「志士仁人，不貪生怕死因而損害仁德，只勇於犧牲來成全仁德。」

15.10

子貢問為仁。子曰：「工欲善其事，必先利其器。居是邦也，事其大夫之賢者，友其士①之仁者。」

【譯文】

子貢問怎樣去培養仁德。孔子道：「工人要幹好他的工作，一定先要搞好他的工具。我們住在一個國家，就要敬奉那些大官中的賢人，結交那些士人中的仁人。」

【注釋】

① 士——《論語》中的「士」，有時指有一定修養的人，如「士志於道」（4.9）的「士」。有時指有一定社會地位的人。如「使於四方，不辱君命，可謂士矣」的「士」（13.20）。此處和「大夫」並言，可能是「士、大夫」之「士」，即已做官而位置下於大夫的人。

15.11

顏淵問為邦。子曰：「行夏之時①，乘殷之輅②，服周之冕③，樂則韶、舞④。放鄭聲⑤，遠佞人。鄭聲淫，佞人殆。」

【譯文】

顏淵問怎樣去治理國家。孔子道：「用夏朝的曆法，坐殷朝的車子，戴周朝的禮帽，音樂就用韶和武。捨棄鄭國的樂曲，斥退小人。鄭國的樂曲靡漫淫穢，小人危險。」

【注釋】

① 行夏之時——據古史記載，夏朝用的自然曆，以建寅之月（舊曆正月）為每年的第一月，春、夏、秋、冬合乎自然現象。周朝則以建子之月（舊曆十一月）為每年的第一月，而且以冬至日為元日。這個雖然在觀測天象方面比以前進步，但實用起來卻不及夏曆方便於農業生產。就是在周朝，也有很多國家仍舊用夏朝曆法。

② 乘殷之輅——輅音路，商代的車子，比周代的車子自然樸質些。所以《左傳》桓公二年也說：「大輅、越席，昭其儉也。」

③ 服周之冕——周代的禮帽自然又比以前的華美，孔子是不反對禮服華美的，讚美禹「致美乎黻冕」可見。

④ 韶、舞——韶是舜時的音樂，「舞」同「武」，周武王時的音樂。

⑤ 放鄭聲——「鄭聲」和「鄭詩」不同。鄭詩指其文辭，鄭聲指其樂曲。說本明人楊慎《丹鉛總錄》、清人陳啟源《毛詩稽古篇》。

15.12

子曰：「人無遠慮，必有近憂。」

【譯文】

孔子說：「一個人沒有長遠的考慮，一定會有眼前的憂患。」

15.13

子曰：「已矣乎！吾未見好德如好色[①]者也。」

【譯文】

孔子說：「完了吧！我從沒見過像喜歡美貌一般地喜歡美德的人呢。」

【注釋】

①好色——據《史記．孔子世家》，孔子「居衞月餘，靈公與夫人（南子）同車，宦者雍渠參乘出，使孔子為次乘，招搖市過之。」孔子因發這一感歎。

15.14

子曰：「藏文仲[①]其竊位者與！知柳下惠[②]之賢而不與立[③]也。」

【譯文】

孔子說：「臧文仲大概是個做官不管事的人，他明知柳下惠賢良，卻不給他官位。」

【注釋】

① 臧文仲——魯國的大夫臧孫辰，歷仕莊、閔、僖、文四朝。

② 柳下惠——魯國賢者，本名展獲，字禽，又叫展季。「柳下」可能是其所居，因以為號；據《列女傳》，「惠」是由他妻子的倡議給他的私諡（不由國家授予的諡號叫私諡）。

③ 立——同「位」，說詳俞樾《羣經平議》。

15.15

子曰：「躬自厚①而薄責於人，則遠怨矣。」

【譯文】

孔子說：「多責備自己，而少責備別人，怨恨自然不會來了。」

【注釋】

①躬自厚——本當作「躬自厚責」，「責」字探下文「薄責」之「責」而省略。說詳拙著《文言語法》。「躬自」是一雙音節的副詞，和《詩經．衞風．氓》的「靜言思之，躬自悼矣」的「躬自」用法一樣。

15.16

子曰：「不曰『如之何如之何①，如之何』者，吾末如之何也已矣。」

【譯文】

孔子說：「〔一個人〕不想想『怎麼辦，怎麼辦』的，對這種人，我也不知道怎麼辦了。」

【注釋】

①如之何——「不曰如之何」意思就是不動腦筋。《荀子．大略篇》說：「天子卽位，上卿進曰，如之何，憂之長也。」則說如之何的，便是深憂遠慮的人。

15.17

子曰：「羣居終日，言不及義，好行小慧，難矣哉！」

【譯文】

孔子說：「同大家整天在一塊，不說一句有道理的話，只喜歡賣弄小聰明，這種人真難教導！」

15.18

子曰：「君子義以為質，禮以行之，孫以出之①，信以成之。君子哉！」

【譯文】

孔子說：「君子〔對於事業〕，以合宜為原則，依禮節實行它，用謙遜的言語說出它，用誠實的態度完成它。真的是位君子呀！」

【注釋】

① 孫以出之——「出」謂出言。何晏《論語集解》引鄭玄注云：「孫以出之謂言語。」

15.19

子曰：「君子病無能焉，不病人之不己知也。」

【譯文】

孔子說：「君子只慚愧自己沒有能力，不怨恨別人不知道自己。」

15.20

子曰：「君子疾沒世而名不稱焉。」

【譯文】

孔子說：「到死而名聲不被人家稱道，君子引以為恨。」

15.21

子曰：「君子求諸己，小人求諸人。」

【譯文】

孔子說：「君子要求自己，小人要求別人。」

15.22

子曰：「君子矜而不爭，羣而不黨①。」

【譯文】

孔子說：「君子莊矜而不爭執，合羣而不鬧宗派。」

【注釋】

① 羣而不黨——「羣而不黨」可能包含着「周而不比」（2.14）以及「和而不同」（13.23）兩個意思。

15.23

子曰：「君子不以言舉人，不以人廢言。」

【譯文】

孔子說：「君子不因為人家一句話〔說得好〕便提拔他，不因為他是壞人而鄙棄他的好話。」

15.24

子貢問曰：「有一言而可以終身行之者乎？」子曰：「其恕[①]乎！己所不欲，勿施於人。」

【譯文】

子貢問道：「有沒有一句可以終身奉行的話呢？」孔子道：「大概是『恕』吧！自己所不想要的任何事物，就不要加給別人。」

【注釋】

①恕——「忠」（己欲立而立人，己欲達而達人）是有積極意義的道德，未必每個人都有條件來實行。「恕」只是「己所不欲，勿施於人」，則誰都可以這樣做，因之孔子在這裏言「恕」不言「忠」。《禮記．大學篇》的「絜矩之道」就是「恕」道。

15.25

子曰：「吾之於人也，誰毀誰譽？如有所譽者，其有所試矣。斯民也，三代之所以直道而行也。」

【譯文】

孔子說：「我對於別人，詆譭了誰？稱讚了誰？假若我有所稱讚，必然是曾經考驗過他的。夏、商、周三代的人都如此，所以三代能直道而行。」

15.26

子曰：「吾猶及史之闕文也。有馬者借人乘之①，今亡矣夫！」

【譯文】

孔子說：「我還能夠看到史書存疑的地方。有馬的人〔自己不會訓練，〕先給別人使用，這種精神，今天也沒有了吧。」

【注釋】

①「史之闕文」和「有馬借人乘之」，其間有什麼關連，很難理解。包咸的《論語章句》和皇侃的《義疏》都把它們看成兩件不相關的事。宋葉夢得《石林燕語》卻根據《漢書·藝文志》的引文無「有馬」等七個字，因疑這七個字是衍文。其它穿鑿的解釋很多，依我看來，還是把它看為兩件事較妥當。又有人說這七字當作「有焉者晉人之乘」（見《詁經精舍六集》卷九方贊堯《有馬者借人乘之解》），更

是毫無憑據的臆測。

15.27 子曰：「巧言亂德。小不忍[1]，則亂大謀。」

【譯文】

孔子說：「花言巧語足以敗壞道德。小事情不忍耐，便會敗壞大事情。」

【注釋】

① 小不忍——「小不忍」不僅是不忍小忿怒，也包括不忍小仁小恩，沒有「蝮蛇螫手，壯士斷腕」的勇氣，也包括吝財不忍捨，以及見小利而貪。

15.28 子曰：「眾惡之，必察焉[1]；眾好之，必察焉。」

【譯文】

孔子說：「大家厭惡他，一定要去考察；大家喜愛他，也一定要去考察。」

【注釋】

①必察焉——《子路篇》有這樣一段：「子貢問曰：『鄉人皆好之，何如？』子曰：『未可也。』『鄉人皆惡之，何如？』子曰：『未可也。不如鄉人之善者好之，其不善者惡之。』」（13.24）可以和這段話互相發明。

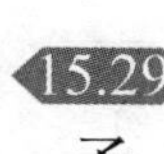

子曰：「人能弘道，非道弘人①。」

【譯文】

孔子說：「人能夠把道廓大，不是用道來廓大人。」

【注釋】

①這一章只能就字面來翻譯，孔子的真意何在，又如何叫做「非道弘人」，很難體會。朱熹曾經強為解釋，而鄭皓的《論語集注述要》卻說，「此章最不煩解而最可疑」，則我們也只好不加臆測。《漢書·董仲舒傳》所載董仲舒的對策和《禮樂志》所載的平當對策都引此二句，都以為是治亂興廢在於人的意思，但細加思考，仍未必相合。

15.30 子曰：「過而不改，是謂過矣①。」

【譯文】孔子說：「有錯誤而不改正，那個錯誤便真叫做錯誤了。」

【注釋】①是謂過矣——《韓詩外傳》卷三曾引孔子的話說：「過而改之，是不過也。」

15.31 子曰：「吾嘗終日不食，終夜不寢，以思，無益，不如學也。」

【譯文】孔子說：「我曾經整天不吃，整晚不睡，去想，沒有益處，不如去學習。」

15.32 子曰：「君子謀道不謀食。耕也，餒在其中矣；學也，祿在其中①矣。君子憂道不憂貧。」

【譯文】

孔子說：「君子用心力於學術，不用心力於衣食。耕田，也常常餓着肚皮；學習，常常得到俸祿。君子只着急得不到道，不着急得不到財。」

【注釋】

① 祿在其中——這一章可以和「樊遲請學稼」章（13.4）結合着看。

15.33

子曰：「知及之①，仁不能守之；雖得之，必失之。知及之，仁能守之。不莊以涖之，則民不敬。知及之，仁能守之，莊以涖之，動之不以禮，未善也。」

【譯文】

孔子說：「聰明才智足以得到它，仁德不能保持它；就是得到，一定會喪失。聰明才智足以得到它，仁德能保持它，不用嚴肅態度來治理百姓，百姓也不會認真（地生活和工作）。聰明才智足以得到它，仁德能保持它，能用嚴肅的態度來治理百姓，假若不合理合法地動員百姓，是不夠好的。」

【注釋】

①知及之——「知及之」諸「之」字究竟何指，原文未曾說出。以「不莊以涖之」、「動之不以禮」諸句來看，似是小則指卿大夫士的祿位，大則指天下國家。不然，不會涉及臨民和動員人民的。

15.34

子曰：「君子不可小知而可大受也，小人不可大受而可小知也。」

【譯文】

孔子道：「君子不可以用小事情考驗他，卻可以接受重大任務；小人不可以接受重大任務，卻可以用小事情考驗他。」

15.35

子曰：「民之於仁也，甚於水火①。水火，吾見蹈而死者矣，未見蹈仁而死者也。」

【譯文】

孔子說：「百姓需要仁德，更急於需要水火。往水火裏去，我看見因而死了的，卻從沒有看見踐履仁德因而死了的。」

【注釋】

①甚於水火——《孟子．盡心上》說：「民非水火不生活」，譯文摘取此意，故加「需要」兩字。

15.36

子曰：「當仁，不讓於師。」

【譯文】

孔子說：「面臨着仁德，就是老師，也不同他謙讓。」

15.37

子曰：「君子貞①而不諒②。」

【譯文】

孔子說：「君子講大信，卻不講小信。」

【注釋】

①貞——《賈子・道術篇》云：「言行抱一謂之貞。」所以譯文以「大信」譯之。

②諒——朱駿聲《說文通訓定聲》說這「諒」字假借為「勍」，猶固執也。他把這「貞」字解為《偽古文尚書・太甲》「萬邦以貞」的「貞」，正也。似不妥。

子曰：「事君，敬其事而後其食[①]。」

【譯文】

孔子說：「對待君上，認真工作，把拿俸祿的事放在後面。」

【注釋】

①而後其食——據宋晁公武《郡齋讀書志》的記載，蜀《石經》作「而後食其祿」。

15.39

子曰：「有教無類[①]。」

【譯文】

孔子說：「人人我都教育，沒有〔貧富、地域等等〕區別。」

【注釋】

① 無類——「自行束脩以上，吾未嘗無誨焉」（7.7），便是「有教無類」。

15.40

子曰：「道不同，不相為謀。」

【譯文】

孔子說：「主張不同，不互相商議。」

15.41

子曰：「辭達①而已矣。」

【譯文】

孔子說：「言辭，足以達意便罷了。」

【注釋】

①辭達——可以和「文勝質則史」(6.18)參看。過於浮華的詞藻，是孔子所不同意的。

15.42

師冕①見，及階，子曰：「階也。」及席，子曰：「席也。」皆坐，子告之曰：「某在斯，某在斯。」

師冕出。子張問曰：「與師言之道與？」子曰：「然；固相師之道也。」

【譯文】

師冕來見孔子，走到階沿，孔子道：「這是階沿啦。」走到坐席旁，孔子道：「這是坐席啦。」都坐定了，孔子告訴他說：「某人在這裏，某人在這裏。」

師冕辭了出來。子張問道：「這是同瞎子講話的方式嗎？」孔子道：「對的，這本來就是幫助瞎子的方式。」

【注釋】

①師冕——師，樂師；冕，這人之名。古代樂官一般用瞎子充當。

季氏篇第十六

共十四章

16.1

季氏將伐顓臾①。冉有、季路見於孔子曰：「季氏將有事②於顓臾。」

孔子曰：「求！無乃爾是過③與？夫顓臾，昔者先王以為東蒙④主，且在邦域之中矣，是社稷之臣也。何以伐為？」

冉有曰：「夫子欲之，吾二臣者皆不欲也。」

孔子曰：「求！周任⑤有言曰：『陳力就列，不能者止。』危而不持，顛而不扶，則將焉用彼相矣？且爾言過矣，虎兕出於柙，龜玉毀於櫝中，是誰之過與？」

冉有曰：「今夫顓臾，固而近於費⑥。今不取，後世必為子孫憂。」

孔子曰：「求！君子疾夫舍⑦曰欲之而必為之辭。丘也聞有國有家者，不患寡（當作貧）而患不均，不患貧（當作寡）而患不安⑧。蓋均無貧，和無寡，安無傾。夫如是，故遠人不服，則修文德以來之。既來之，則安之。今由與求也，相夫子，遠人不服，而不能來也；邦分崩離析，而不能守也；而謀動干戈於邦內。吾恐季孫之憂，不在顓臾，而在蕭牆之內⑨也。」

【譯文】

季氏準備攻打顓臾。冉有、子路兩人謁見孔子，說道：「季氏準備對顓臾使用兵力。」

孔子道：「冉求，這難道不應該責備你嗎？顓臾，上代的君王曾經授權他主持東蒙山的祭祀，而且它的國境早在我們最初被封時的疆土之中，這正是和魯國共安危存亡的藩屬，為什麼要去攻打它呢？」

冉有道：「季孫要這麼幹，我們兩人本來都是不同意的。」

孔子道：「冉求！周任有句話說：『能夠貢獻自己的力量，就任職；如果不行，就該辭職。』譬如瞎子遇到危險，不去扶持；將要摔倒了，不去攙扶，那又何必用助手呢？你的話是錯了。老虎犀牛從檻裏逃了出來，龜殼美玉在匣子裏毀壞了，這是誰的責任呢？」

冉有道：「顓臾，城牆既然堅牢，而且離季孫的采邑費地很近。現今不把它佔領，日子久了，一定會給子孫留下禍害。」

孔子道：「冉求！君子就討厭〔那種態度，〕不說自己貪得無厭，卻一定另找藉口。我聽說過：無論是諸侯或者大夫，不必着急財富不多，只需着急財富不均；不必着急人民太少，只需着急境內不安。若是財富平均，便無所謂貧窮；境內和平團結，便不會覺得人少；境內平安，便不會傾危。做到這樣，遠方的人還不歸服，便再修仁義禮樂的政教來招致他們。他們來了，就得使他們安心。如今仲由和冉求兩人輔相季孫，遠方之人不歸服，卻不能招致；國家支離破碎，卻不能保全；反而想在國境以內使用兵力。我恐怕季孫的憂愁不在顓臾，卻在魯君呢。」

【注釋】

① 顓臾——魯國的附庸國家，現在山東省費縣西北八十里有顓臾村，當是古顓臾之地。

② 有事——《左傳》成公十三年，「國之大事，在祀與戎。」這「有事」即指用兵。

③ 爾是過——不能解作「爾之過」，因為古代人稱代詞表示領位極少再加別的虛詞的（像《尚書·康誥》「朕其弟小子封」只是極個別的例子）。這裏「過」字可看作動詞，「是」字是表示倒裝之用的詞，順裝便是「過爾」，「責備你」、「歸罪於你」的意思。

④ 東蒙——即蒙山，在今山東蒙陰縣南，接費縣界。

⑤周任——古代的一位史官。

⑥費——音祕，bì，魯國季氏采邑，今山東費縣西南七十里有費城。

⑦舍——同「捨」。

⑧不患寡而患不均，不患貧而患不安——當作「不患貧而患不均，不患寡而患不安」，「貧」和「均」是從財富着眼，下文「均無貧」可以為證；「寡」和「安」是從人民着眼，下文「和無寡」可以為證。說詳俞樾《羣經平議》。

⑨蕭牆之內——「蕭牆」是魯君所用的屏風。人臣至此屏風，便會肅然起敬，所以叫做蕭牆（蕭字從肅得聲）。「蕭牆之內」指魯君。當時季孫把持魯國政治，和魯君矛盾很大，也知道魯君想收拾他以收回主權，因此怕顓臾憑藉有利的地勢起而幫助魯國，於是要先下手為強，攻打顓臾。孔子這句話，深深地刺中了季孫的內心。

16.2

孔子曰：「天下有道，則禮樂征伐自天子出；天下無道，則禮樂征伐自諸侯出。自諸侯出，蓋十世希不失矣；自大夫出，五世希不失矣；陪臣執國命，三世希不失矣[1]。天下有道，則政不在大夫。天下有道，則庶人不議。」

【譯文】

孔子說：「天下太平，制禮作樂以及出兵都決定於天子；天下昏亂，制禮作樂以及出兵便決定於諸侯。決定於諸侯，大概傳到十代，很少還能繼續的；決定於大夫，傳到五代，很少還能繼續的；若是大夫的家臣把持國家政權，傳到三代，很少還能繼續的。天下太平，國家的最高政治權力就不會掌握在大夫手裏。天下太平，老百姓就不會議論紛紛。」

【注釋】

① 孔子這一段話可能是從考察歷史，尤其是當日時事所得出的結論。「自天子出」，孔子認為堯、舜、禹、湯以及西周都如此；「天下無道」則自齊桓公以後，周天子已無發號施令的力量了。齊自桓公稱霸，歷孝公、昭公、懿公、惠公、頃公、靈公、莊公、景公、悼公、簡公十公，至簡公而為陳恒所殺，孔子親身見之；晉自文公稱霸，歷襄公、靈公、成公、景公、厲公、平公、昭公、頃公九公，六卿專權，也是孔子所親見的。所以說「十世希不失」。魯自季友專政，歷文子、武子、平子、桓子而為陽虎所執，更是孔子所親見的。所以說「五世希不失」。至於魯季氏家臣南蒯、公山弗擾、陽虎之流都當身而敗，不曾到過三世。當時各國家臣有專政的，孔子言「三世希不失」，蓋寬言之。這也是歷史演變的必然，愈近變

動時代，權力再分配的鬬爭，一定愈加激烈。這卻是孔子所不明白的。

16.3 孔子曰：「祿之去公室五世①矣，政逮於大夫四世①矣，故夫三桓②之子孫微矣。」

【譯文】

孔子說：「國家政權離開了魯君，〔從魯君來說，〕已經五代了；政權到了大夫之手，〔從季氏來說，〕已經四代了，所以桓公的三房子孫現在也衰微了。」

【注釋】

① 五世四世——自魯君喪失政治權力到孔子説這段話的時候，經歷了宣公、成公、襄公、昭公、定公五代；自季氏最初把持魯國政治到孔子説這段話時，經歷了文子、武子、平子、桓子四代。説本毛奇齡《論語稽求篇》。

② 三桓——魯國的三卿，仲孫（卽孟孫）、叔孫、季孫都出於魯桓公，故稱「三桓」。

16.4 孔子曰：「益者三友，損者三友。友直，友諒①，友多聞，益矣。友便辟，友善柔，友便佞，損矣。」

【譯文】

孔子說：「有益的朋友三種，有害的朋友三種。同正直的人交友，同信實的人交友，同見聞廣博的人交友，便有益了。同諂媚奉承的人交友，同當面恭維背面譭謗的人交友，同誇誇其談的人交友，便有害了。」

【注釋】

① 諒——《說文》：「諒，信也。」「諒」和「信」有時意義相同，這裏便如此。有時意義有別，如《憲問篇第十四》「豈若匹夫匹婦之為諒也」的「諒」只是「小信」的意思。

16.5 孔子曰：「益者三樂，損者三樂。樂節禮樂，樂道人之善，樂多賢友，益矣。樂驕樂，樂佚遊，樂晏樂，損矣。」

【譯文】

孔子說：「有益的快樂三種，有害的快樂三種。以得到禮樂的調節為快樂，以宣揚別人的好處為快樂，以交了不少有益的朋友為快樂，便有益了。以驕傲為快樂，以遊蕩忘返為快樂，以飲食荒淫為快樂，便有害了。」

16.6 孔子曰：「侍於君子有三愆：言未及之而言謂之躁，言及之而不言謂之隱，未見顏色而言謂之瞽。」

【譯文】

孔子說：「陪着君子說話容易犯三種過失：沒輪到他說話，卻先說，叫做急躁；該說話了，卻不說，叫做隱瞞；不看看君子的臉色便貿然開口，叫做瞎眼睛。」

16.7 孔子曰：「君子有三戒：少之時，血氣未定，戒之在色；及其壯也，血氣方剛，戒之在鬬；及其老也，血氣既衰，戒之在得①。」

【譯文】

孔子說：「君子有三件事情應該警惕戒備：年輕的時候，血氣未定，便要警戒，莫迷戀女色；等到壯大了，血氣正旺盛，便要警戒，莫好勝喜鬬；等到年老了，血氣已經衰弱，便要警戒，莫貪求無厭。」

【注釋】

① 孔安國注云：「得，貪得。」所貪者可能包括名譽、地位、財貨在內。《淮南子．詮言訓》：「凡人之性，少則猖狂，壯則強暴，老則好利。」意本於此章，而以「好利」釋得，可能涵義太狹。

16.8 孔子曰：「君子有三畏：畏天命，畏大人①，畏聖人之言。小人不知天命而不畏也，狎大人，侮聖人之言。」

【譯文】

孔子說：「君子害怕的有三件事：怕天命，怕王公大人，怕聖人的言語。小人不懂得天命，因而不怕它；輕視王公大人，輕侮聖人的言語。」

【注釋】

① 大人——古代對於在高位的人叫「大人」，如《易．乾卦》「利見大人」，《禮記．禮運》「大人世及以為禮」，《孟子．盡心下》「說大人，則藐之」。對於有道德的人也可以叫「大人」，如《孟子．告子上》「從其大體為大人」。這裏的「大人」是指在高位的人，而「聖人」則是指有道德的人。

16.9 **孔子曰：「生而知之者上也，學而知之者次也；困而學之，又其次也；困而不學，民斯為下矣。」**

【譯文】

孔子說：「生來就知道的是上等，學習然後知道的是次一等；實踐中遇見困難，再去學它，又是再次一等；遇見困難還不學，老百姓就是這種最下等的了。」

16.10

孔子曰：「君子有九思：視思明，聽思聰，色思溫，貌思恭，言思忠，事思敬，疑思問，忿思難，見得思義。」

【譯文】

孔子說：「君子有九種考慮：看的時候，考慮看明白了沒有；聽的時候，考慮聽清楚了沒有；臉上的顏色，考慮溫和麼；容貌態度，考慮莊矜麼；說的言語，考慮忠誠老實麼；對待工作，考慮嚴肅認真麼；遇到疑問，考慮怎樣向人家請教；將發怒了，考慮有什麼後患；看見可得的，考慮我是否應該得。」

16.11

孔子曰：「見善如不及，見不善如探湯。吾見其人矣，吾聞其語矣。隱居以求其志，行義以達其道。吾聞其語矣，未見其人也。」

【譯文】

孔子說：「看見善良，努力追求，好像趕不上似的；遇見邪惡，使勁避開，好像將伸手到沸水裏。我看見這樣的人，也聽過這樣的話。避世隱居求保全他的意志，依義而行來貫徹他的主張。我聽過這樣的話，卻沒有見過這樣的人。」

16.12

齊景公有馬千駟①，死之日，民無德而稱焉。伯夷、叔齊餓於首陽②之下，民到於今稱之。其斯之謂與③？

【譯文】

齊景公有馬四千匹，死了以後，誰都不覺得他有什麼好行為可以稱述。伯夷、叔齊兩人餓死在首陽山下，大家到現在還稱頌他們。那就是這個意思吧！

【注釋】

①千駟——古代一般用四匹馬駕一輛車，所以一駟就是四匹馬。《左傳》哀公八年：「鮑牧謂羣公子曰：『使女有馬千乘乎？』」這「千乘」就是景公所遺留的「千駟」。鮑牧用此來誘勸羣公子爭奪君位，可見「千乘」是一筆相當富有的私產。

②首陽——山名，現在何地，古今傳說紛歧，總之，已經難於確指。

③其斯之謂與——這一章既然沒有「子曰」字樣，而且「其斯之謂與」的上面無所承受，程頤以為《顏淵篇第十二》的「誠不以富，亦祇以異」兩句引文應該放在

此處「其斯之謂與」之上，但無證據。朱熹《答江德功書》云：「此章文勢或有斷續，或有闕文，或非一章，皆不可考。」

16.13

陳亢[①]問於伯魚曰：「子亦有異聞乎？」

對曰：「未也。嘗獨立，鯉趨而過庭。曰：『學詩乎？』對曰：『未也。』『不學詩，無以言。』鯉退而學詩。他日，又獨立，鯉趨而過庭。曰：『學禮乎？』對曰：『未也。』『不學禮，無以立。』鯉退而學禮。聞斯二者。」

陳亢退而喜曰：「問一得三，聞詩，聞禮，又聞君子之遠其子也。」

【譯文】

陳亢向孔子的兒子伯魚問道：「您在老師那兒，也得着與眾不同的傳授了嗎？」

答道：「沒有。他曾經一個人站在庭中，我恭敬地走過。他問我道：『學詩沒有？』我道：『沒有。』他便道：『不學詩就不會說話。』我退回便學詩。過了幾天，他又一個人站在庭中，我又恭敬地走過。他問道：『學禮沒有？』我答：『沒有。』他道：『不學禮，便沒有立足社會的依據。』我退回便學禮。我只聽到這兩件。」

陳亢回去非常高興地道：「我問一件事，知道了三件事。知道詩，知道禮，又知道了君子對自己兒子的態度。」

【注釋】

① 陳亢——亢音剛，gāng，就是陳子禽。

16.14

邦君之妻，君稱之曰夫人，夫人自稱曰小童；邦人稱之曰君夫人，稱諸異邦曰寡小君；異邦人稱之亦曰君夫人①。

【譯文】

國君的妻子，國君稱她為夫人，她自稱為小童；國內的人稱她為君夫人，但對外國人便稱她為寡小君；外國人稱她也為君夫人。

【注釋】

① 這章可能也是孔子所言，卻遺落了「子曰」兩字。有人疑心這是後人見竹簡有空

白處，任意附記的。殊不知書寫《論語》的竹簡不過八寸，短者每章一簡，長者一章數簡，斷斷沒有多大空白能書寫這四十多字。而且這一章既見於《古論》，又見於《魯論》（《魯論》作「固君之妻」），尤其可見各種古本都有之，決非後人所攙入。

陽貨篇第十七

共二十六章

（《漢石經》同。何晏《集解》把第二、第三兩章以及第九、第十兩章各併為一章，所以只二十四章。）

17.1

陽貨①欲見孔子，孔子不見，歸孔子豚②。

孔子時其亡也，而往拜之。

遇諸塗。

謂孔子曰：「來！予與爾言。」曰③：「懷其寶而迷其邦，可謂仁乎？」曰：「不可。——好從事而亟④失時，可謂知乎？」曰：「不可。——日月逝矣，歲不我與。」

孔子曰：「諾；吾將仕矣⑤。」

【譯文】

陽貨想要孔子來拜會他，孔子不去，他便送孔子一個〔蒸熟了的〕小豬，〔使孔子到他家來道謝。〕

孔子探聽他不在家的時候，去拜謝。

兩人在路上碰着了。

他叫着孔子道：「來，我同你說話。」〔孔子走了過去。〕他又道：「自己有一身的本領，卻聽任着國家的事情糊裏糊塗，可以叫做仁愛嗎？」〔孔子沒吭聲。〕他便自己接口道：「不可以；——一個人喜歡做官，卻屢屢錯過機會，可以叫做聰明嗎？」〔孔子仍然沒吭聲。〕他又自己接口道：「不可以；——時光一去，就不再回來了呀。」

孔子這才說道：「好吧；我打算做官了。」

【注釋】

①陽貨——又叫陽虎，季氏的家臣。季氏幾代以來把持魯國的政治，陽貨這時正又把持季氏的權柄。最後因企圖削除三桓而未成，逃往晉國。

②歸孔子豚——「歸」同「饋」，贈送也。《孟子·滕文公下》對這事有一段說明，他說，當時，「大夫有賜於士，不得受於其家，則往拜其門。」陽貨便利用這一禮俗，趁孔子不在家，送一個蒸熟了的小豬去。孔子也就趁陽貨不在家才去登門拜謝。

③曰——自此以下的幾個「曰」字，都是陽貨的自問自答。說本毛奇齡《論語稽求篇》引明人郝敬之說。俞樾《古書疑義舉例》卷二有「一人之辭而加曰字例」，對這種修辭方式更有詳細引證。

④ 亟——去聲，音氣，qì，屢也。

⑤ 吾將仕矣——孔子於陽虎當權之時，並未仕於陽虎。可參《左傳》定公八、九年傳。

子曰：「性相近也，習相遠也。」

【譯文】

孔子說：「人性情本相近，因為習染不同，便相距懸遠。」

17.3

子曰：「唯上知與下愚①不移。」

【譯文】

孔子說：「只有上等的智者和下等的愚人是改變不了的。」

【注釋】

①上知下愚——關於「上知」「下愚」的解釋，古今頗有異說。《漢書．古今人表》說：「可與為善，不可與為惡，是謂上智。可與為惡，不可與為善，是謂下愚。」則是以其品質言。孫星衍《問字堂集》說：「上知謂生而知之，下愚謂困而不學。」則是兼以其知識與品質而言。譯文僅就字面譯出。但孔子說過「生而知之者上也」（16.9），這裏的「上知」可能就是「生而知之」的人。當然這種人是不會有的。可是當時的人卻以為一定有，甚至孔子都曾否認地說過「我非生而知之者」（7.20）。

17.4

子之武城，聞弦歌之聲。夫子莞爾而笑，曰：「割雞焉用牛刀？」

子游對曰：「昔者偃也聞諸夫子曰：『君子學道則愛人，小人學道則易使也。』」

子曰：「二三子！偃之言是也。前言戲之耳。」

【譯文】

孔子到了〔子游作縣長〕的武城，聽到了彈琴瑟唱詩歌的聲音。孔子微微笑着，說道：「宰雞，何必用宰牛的刀？〔治理這個小地方，用得着教育嗎？〕」子游答道：「以前我聽老師說過，做官的學習了，就會有仁愛之心；老百姓學習了，就容易聽指揮，聽使喚。〔教育總是有用的。〕」孔子便向學生們道：「二三子！言偃的這話是正確的。我剛才那句話不過同他開頑笑罷了。」

17.5

公山弗擾①以費畔②，召，子欲往。

子路不說，曰：「末之也，已③，何必公山氏之之④也？」

子曰：「夫召我者，而豈徒哉⑤？如有用我者，吾其為東周乎？」

【譯文】

公山弗擾盤踞在費邑圖謀造反，叫孔子去，孔子準備去。

子路很不高興，說道：「沒有地方去便算了，為什麼一定要去公山氏那裏呢？」

孔子道：「那個叫我去的人，難道是白白召我嗎？假若有人用我，我將使周文王武王之道在東方復興。」

【注釋】

①公山弗擾——疑即《左傳》定公五年、八年、十二年及哀公八年之公山不狃（唯陳天祥的《四書辨疑》認為是兩人）。不過《論語》所敘之事不見於《左傳》，而《左傳》定公十二年所敘的公山不狃反叛魯國的事，不但沒有叫孔子去，而且孔子當時正為司寇，命人打敗了他。因此趙翼的《陔餘叢考》、崔述的《洙泗考信錄》都疑心這段文字不可信。但是其後又有一些人，如劉寶楠《論語正義》，則說趙、崔不該信《左傳》而疑《論語》。我們於此等處只能存疑。

②畔——毛奇齡說，「畔是謀逆」，譯文取這一義。

③末之也已——舊作一句讀，此依武億《經讀考異》作兩句讀。「末」，沒有地方的意思；「之」，動詞，往也；「已」，止也。

④何必公山氏之之也——「何必之公山氏也」的倒裝。「之之」的第一個「之」字只是幫助倒裝用的結構助詞，第二個「之」字是動詞。

⑤而豈徒哉——「徒」下省略動賓結構，說完全是「而豈徒召我哉」。

17.6 子張問仁於孔子。孔子曰：「能行五者於天下為仁矣。」「請問之。」曰：「恭，寬，信，敏，惠。恭則不侮，寬則得眾，信則人任焉，敏則有功，惠則足以使人。」

【譯文】

子張向孔子問仁。孔子道：「能夠處處實行五種品德，便是仁人了。」子張道：「請問哪五種？」孔子道：「莊重，寬厚，誠實，勤敏，慈惠。莊重就不致遭受侮辱，寬厚就會得到大眾的擁護，誠實就會得到別人的任用，勤敏就會工作效率高、貢獻大，慈惠就能夠使喚人。」

17.7

佛肸[1]召，子欲往。

子路曰：「昔者由也聞諸夫子曰：『親於其身為不善者，君子不入也。』佛肸以中牟[2]畔，子之往也，如之何？」

子曰：「然，有是言也。不曰堅乎，磨而不磷[3]；不曰白乎，涅[4]而不緇。吾豈匏瓜[5]也哉？焉能繫而不食？」

【譯文】

佛肸叫孔子，孔子打算去。

子路道：「從前我聽老師說過，『親自做壞事的人那裏，君子是不去的。』如今佛肸盤踞中牟謀反，您卻要去，怎麼說得過去呢？」

孔子道：「對，我有過這話。但是，你不知道嗎？最堅固的東西，磨也磨不薄；最白的東西，染也染不黑。我難道是匏瓜嗎？哪裏能夠只是被懸掛着而不給人吃食呢？」

【注釋】

①佛肸——晉國趙簡子攻打范中行，佛肸是范中行的家臣，為中牟的縣長，因此依據中牟來抗拒趙簡子。

②中牟——春秋時晉邑，故址當在今日河北省邢台和邯鄲之間，跟河南的中牟了不相涉。

③磷——音吝，lìn，薄也。

④涅——niè，本是一種礦物，古人用作黑色染料，這裏作動詞，染黑之意。

⑤匏瓜——卽匏子，古有甘、苦兩種，苦的不能吃，但因它比水輕，可以繫於腰，用以泅渡。《國語·魯語》「苦匏不材，於人共濟而已。」《莊子·逍遙遊》：「今子

有五石之匏，何不慮以為大樽，而浮乎江湖。」皆可以為證。

17.8

子曰：「由也！女聞六言[1]六蔽矣乎？」對曰：「未也。」

「居！吾語女。好仁不好學[2]，其蔽也愚[3]；好知不好學，其蔽也蕩[4]；好信不好學，其蔽也賊[5]；好直不好學，其蔽也絞；好勇不好學，其蔽也亂；好剛不好學，其蔽也狂。」

【譯文】

孔子說：「仲由，你聽過有六種品德便會有六種弊病嗎？」子路答道：「沒有。」

孔子道：「坐下！我告訴你。愛仁德，卻不愛學問，那種弊病就是容易被人愚弄；愛耍聰明，卻不愛學問，那種弊病就是放蕩而無基礎；愛誠實，卻不愛學問，那種弊病就是〔容易被人利用，反而〕害了自己；愛直率，卻不愛學問，那種弊病就是說話尖刻，刺痛人心；愛勇敢，卻不愛學問，那種弊病就是搗亂闖禍；愛剛強，卻不愛學問，那種弊病就是膽大妄為。」

【注釋】

①言——這個「言」字和「有一言而可以終身行之」「言」（15.24）的「言」相同，名曰「言」，實是指「德」。「一言」，孔子拈出「恕」字；「六言」，孔子拈出「仁」、「知」、「信」、「直」、「勇」、「剛」六字。後代「五言詩」、「七言詩」以一字為「言」之義蓋本於此。

②不好學——不學則不能明其理。

③愚——朱熹《集注》云：「愚若可陷可罔之類。」譯文取之。

④蕩——孔安國云：「蕩，無所適守也。」譯文取之。

⑤賊——管同《四書紀聞》云：「大人之所以不必信者，惟其為學而知義之所在也。苟好信不好學，則惟知重然諾而不明事理之是非，謹厚者則硜硜為小人；苟又挾以剛勇之氣，必如周漢刺客遊俠，輕身殉人，扞文網而犯公義，自聖賢觀之，非賊而何？」這是根據春秋俠勇之士的事實，又根據儒家明哲保身的理論所發的議論，似乎近於孔子本意。

17.9 子曰：「小子何莫學夫詩？詩，可以興，可以觀，可以羣，可以怨。邇之事父，遠之事君；多識於鳥獸草木之名。」

【譯文】

孔子說：「學生們為什麼沒有人研究詩？讀詩，可以培養聯想力，可以提高觀察力，可以鍛煉合羣性，可以學得諷刺方法。近呢，可以運用其中道理來事奉父母；遠呢，可以用來服事君上；而且多多認識鳥獸草木的名稱。」

17.10

子謂伯魚曰：「女為《周南》、《召南》[①]矣乎？人而不為《周南》、《召南》，其猶正牆面而立[②]也與？」

【譯文】

孔子對伯魚說道：「你研究過《周南》和《召南》了嗎？人假若不研究《周南》和《召南》，那會像面正對着牆壁而站着吧！」

【注釋】

①《周南》、《召南》——現存《詩經·國風》中。但沈括《夢溪筆談》卷三說：「《周南》、《召南》，樂名也。……有樂有舞焉，學者之事。……所謂為《周南》、《召南》者，不獨誦其詩而已。」

②正牆面而立——朱熹云：「言卽其至近之地，而一物無所見，一步不可行。」

17.11

子曰：「禮云禮云，玉帛云乎哉？樂云樂云，鐘鼓云乎哉？」

【譯文】

孔子說：「禮呀禮呀，僅是指玉帛等等禮物而說的嗎？樂呀樂呀，僅是指鐘鼓等等樂器而說的嗎？」

17.12

子曰：「色厲而內荏，譬諸小人，其猶穿窬之盜也與？」

【譯文】

孔子說：「顏色嚴厲，內心怯弱，若用壞人作比喻，怕像個挖洞跳牆的小偷吧！」

17.13

子曰：「鄉願①，德之賊也。」

【譯文】

孔子說：「沒有真是非的好好先生是足以敗壞道德的小人。」

【注釋】

①鄉愿——愿音怨，yuàn，孟子作「原」。《孟子・盡心下》對「鄉愿」有一段最具體的解釋：「何以是嘐嘐也？言不顧行，行不顧言，則曰：『古之人，古之人，行何為踽踽涼涼？生斯世也，為斯世也，善斯可矣。』閹然媚於世也者，是鄉原也。」又說：「非之無舉也，刺之無刺也。同乎流俗，合乎汙世。居之似忠信，行之似廉潔。眾皆悅之，自以為是，而不可與入堯舜之道。故曰『德之賊』也。」

17.14

子曰：「道聽而塗說，德之棄也。」

【譯文】

孔子說：「聽到道路傳言就四處傳播，這是應該革除的作風。」

17.15

子曰：「鄙夫可與①事君也與哉？其未得之也，患得之（當作患不得之）②。既得之，患失之。苟患失之，無所不至矣。」

【譯文】

孔子說：「鄙夫，難道能同他共事嗎？當他沒有得到職位的時候，生怕得不着；已經得着了，又怕失去。假若生怕失去，會無所不用其極了。」

【注釋】

① 可與——王引之《釋詞》謂卽「可以」，今不取。

② 患得之——王符《潛夫論·愛日篇》云：「孔子疾夫未之得也，患不得之，既得之，患失之者。」可見東漢人所據的本子有「不」字。《荀子·子道篇》說：「孔子曰，……小人者，其未得也，則憂不得；既已得之，又恐失之。」（《說苑·雜言篇》同）此雖是述意，「得」上也有「不」字。宋人沈作喆《寓簡》云：「東坡解云，『患得之』當作『患不得之』」，可見宋人所見的本子已脫此「不」字。

17.16

子曰：「古者民有三疾，今也或是之亡也。古之狂也肆，今之狂也蕩；古之矜也廉[①]，今之矜也忿戾；古之愚也直，今之愚也詐而已矣。」

【譯文】孔子說：「古代的人民還有三種〔可貴的〕毛病，現在呢，或許都沒有了。古代的狂人肆意直言，現在的狂人便放蕩無羈了；古代自己矜持的人還有些不能觸犯的地方，現在自己矜持的人卻只是一味老羞成怒，無理取鬧罷了；古代的愚人還直率，現在的愚人卻只是欺詐耍手段罷了。」

【注釋】①廉——「廉隅」的「廉」，本義是器物的棱角，人的行為方正有威也叫「廉」。

17.17 子曰：「巧言令色，鮮矣仁[①]。」

【注釋】①見《學而篇第一》(1.3)。

子曰：「惡紫之奪朱①也，惡鄭聲之亂雅樂也，惡利口之覆邦家者。」

【譯文】

孔子說：「紫色奪去了大紅色的光彩和地位，可憎惡；鄭國的樂曲破壞了典雅的樂曲，可憎惡；強嘴利舌顛覆國家，可憎惡。」

【注釋】

① 紫之奪朱——春秋時候，魯桓公和齊桓公都喜歡穿紫色衣服。從《左傳》哀公十七年衞渾良夫「紫衣狐裘」而被罪的事情看來，那時的紫色可能已代替了朱色而變為諸侯衣服的正色了。

17.19

子曰：「予欲無言。」子貢曰：「子如不言，則小子何述焉？」子曰：「天何言哉？四時行焉，百物生焉，天何言哉？」

【譯文】

孔子說：「我想不說話了。」子貢道：「您假若不說話，那我們傳述什麼呢？」

孔子道：「天說了什麼呢？四季照樣運行，百物照樣生長，天說了什麼呢？」

17.20 孺悲①欲見孔子，孔子辭以疾②。將命者出戶，取瑟而歌，使之聞之。

【譯文】

孺悲來，要會晤孔子，孔子託言有病，拒絕接待。傳命的人剛出房門，孔子便把瑟拿下來彈，並且唱着歌，故意讓傳命者聽到。

【注釋】

① 孺悲——魯國人。《禮記・雜記》云：「恤由之喪，哀公使孺悲之孔子學士喪禮，《士喪禮》於是乎書。」

② 辭以疾——《孟子・告子下》說：「教亦多術矣。予不屑之教誨也者，是亦教誨之而已矣。」孔子故意不接見孺悲，並且使他知道，是不是也是如此的呢？

17.21 宰我問：「三年之喪，期已久矣。君子三年不為禮，禮必壞；三年不為樂，樂必崩。舊穀既沒，新穀既升，鑽燧改火①，期②可已矣。」

子曰：「食夫稻③，衣夫錦，於女安乎？」

曰：「安。」

「女安，則為之！。夫君子之居喪，食旨不甘，聞樂不樂，居處不安④，故不為也。今女安，則為之！」

宰我出，子曰：「予之不仁也！子生三年，然後免於父母之懷。夫三年之喪，天下之通喪也，予也有三年之愛於其父母乎！」

【譯文】

宰我問道：「父母死了，守孝三年，為期也太久了。君子有三年不去習禮儀，禮儀一定會廢棄掉；三年不去奏音樂，音樂一定會失傳。陳穀既已吃完了，新穀又已登場；打火用的燧木又經過了一個輪迴，一年也就可以了。」

孔子道：「〔父母死了，不到三年，〕你便吃那個白米飯，穿那個花緞衣，你心裏安不安呢？」

宰我道：「安。」

孔子便搶着道：「你安，你就去幹吧，君子的守孝，吃美味不覺得甜，聽音樂不覺得快樂，住在家裏不以為舒適，才不這樣幹。如今你既然覺得心安，便去幹好了。」

宰我退了出來。孔子道：「宰予真不仁呀，兒女生下地來，三年以後才能完全脫離父母的懷抱。替父母守孝三年，天下都是如此的。宰予難道就沒有從他父母那裏得着三年懷抱的愛護嗎？」

【注釋】

①鑽燧改火——古代用的是鑽木取火的方法，被鑽的木，四季不同，所謂「春取榆柳之火，夏取棗杏之火，季夏取桑柘之火，秋取柞楢之火，冬取槐檀之火」（馬融引《周書·月令篇》文），一年一輪迴。

②期——同朞，音基。jī，一年。

③稻——古代北方以稷（小米）為主要糧食，水稻和粱（精細的小米）是珍品，而稻的耕種面積更小，所以這裏特別提出它來和「錦」為對文。

④居處不安——古代孝子要「居倚廬，寢苫枕塊」，就是住臨時用草料木料搭成的凶廬，睡在用草編成的藁墊上，用土塊做枕頭。這裏的「居處」是指平日的居住生活而言。

17.22

子曰：「飽食終日，無所用心，難矣哉！不有博①弈者乎？為之，猶賢乎已②。」

【譯文】

孔子說：「整天吃飽了飯，什麼事也不做，不行的呀！不是有擲采下弈的遊戲嗎？幹幹也比閒着好。」

【注釋】

① 博——古代的一種棊局。焦循的《孟子正義》說：「蓋弈但行棊，博以擲采（骰子）而後行棊。」又說：「後人不行棊而專擲采，遂稱擲采為博（賭博），博與弈益遠矣。」

② 猶賢乎已——句法與意義和《墨子·法儀篇》的「猶逾（同愈）已」，《孟子·盡心上》的「猶愈於已」全同。「已」是不動作的意思。

17.23

子路曰：「君子尚①勇乎？」子曰：「君子義以為上①，君子有勇而無義為亂，小人有勇而無義為盜。」

【譯文】

子路問道：「君子尊貴勇敢不？」孔子道：「君子認為義是最可尊貴的，君子只有勇，沒有義，就會搗亂造反；小人只有勇，沒有義，就會做土匪強盜。」

【注釋】

①尚，上——「尚勇」的「尚」和「上」相同。不過用作動詞。

17.24 子貢曰：「君子亦有惡乎？」子曰：「有惡：惡稱人之惡者，惡居下流（流字衍文）①而訕上者，惡勇而無禮者，惡果敢而窒者。」

曰：「賜也亦有惡乎？」「惡徼以為知者，惡不孫以為勇者，惡訐以為直者。」

【譯文】

子貢道：「君子也有憎恨的事嗎？」孔子道：「有憎恨的事：憎恨一味傳播別人壞處的人，憎恨在下位而譭謗上級的人，憎恨勇敢卻不懂禮節的人，憎恨勇於貫徹自己的主張，卻頑固不通、執拗到底的人。」

孔子又道：「賜，你也有憎惡的事嗎？」子貢隨卽答道：「我憎恨偷取別人的成績卻作為自己的聰明的人，憎恨毫不謙虛卻自以為勇敢的人，憎恨揭發別人隱私卻自以為直率的人。」

【注釋】

①下流——根據惠棟的《九經古義》和馮登府的《論語異文考證》，證明了晚唐以前的本子沒有這個「流」字。按文義，這個「流」字也是不應該有的。但蘇軾《上韓太尉書》引此文時已有「流」字，可見北宋時已經誤衍。

17.25

子曰：「唯女子與小人為難養也，近之則不孫，遠之則怨。」

【譯文】

孔子道：「只有女子和小人是難得同他們共處的，親近了，他們會無禮；疏遠了，他們會怨恨。」

子曰：「年四十而見惡焉，其終也已①。」

【譯文】

孔子說：「到了四十歲還被厭惡，他這一生也就完了。」

【注釋】

① 其終也已——「已」是動詞，和「末之也已」(17.4)、「斯害也已」(2.16)的「已」字相同，句法更和「斯害也已」一致。「其終也」、「斯害也」為主語；「已」為動詞，謂語。如在「其終也」下作一停頓，文意便顯豁了。

微子篇第十八

共十一章

18.1 微子①去之，箕子為之奴②，比干諫而死③。孔子曰：「殷有三仁焉。」

【譯文】

〔紂王昏亂殘暴，〕微子便離開了他，箕子做了他的奴隸，比干勸諫而被殺。孔子說：「殷商末年有三位仁人。」

【注釋】

①微子——名啟，紂王的同母兄，不過當他出生時，他的母親尚為帝乙之妾，其後才立為妻，然後生了紂，所以帝乙死後，紂得嗣立，而微子不得立。事見《呂氏春秋·仲冬紀》。古書中唯《孟子·告子篇》認為微子是紂的叔父。

②箕子為之奴——箕子，紂王的叔父。紂王無道，他曾進諫而不聽，便披髮佯狂，降為奴隸。

③比干諫而死——比干也是紂的叔父，力諫紂王，紂王說，我聽說聖人的心有七個

孔，便剖開他的心而死。

18.2 **柳下惠為士師，三黜。人曰：「子未可以去乎？」曰：「直道而事人，焉往而不三黜？枉道而事人，何必去父母之邦？」**

【譯文】

柳下惠做法官，多次被撤職。有人對他說：「您不可以離開魯國嗎？」他道：「正直地工作，到哪裏去不多次被撤職？不正直地工作，為什麼一定要離開祖國呢？」

18.3 **齊景公待孔子曰：「若季氏，則吾不能；以季孟之間待之。」曰：「吾老矣，不能用也。」孔子行。**

【譯文】

齊景公講到對待孔子的打算時說：「用魯君對待季氏的模樣對待孔子，那我做不到；我要用次於季氏而高於孟氏的待遇來對待他。」不久，又說道：「我老了，沒有什麼作為了。」孔子離開了齊國。

18.4 齊人歸女樂[①]，季桓子[②]受之，三日不朝，孔子行。

【譯文】

齊國送了許多歌姬舞女給魯國，季桓子接受了，三天不問政事，孔子就離職走了。

【注釋】

① 齊人歸女樂——「歸」同「饋」。此事可參閱《史記·孔子世家》和《韓非子·內儲說》。

② 季桓子——季孫斯，魯國定公以至哀公初年時的執政上卿，死於哀公三年。

18.5 楚狂接輿[①]歌而過孔子曰：「鳳兮鳳兮！何德之衰？往者不可諫，來者猶可追[②]。已而，已而！今之從政者殆而！」

孔子下，欲與之言。趨而辟之，不得與之言。

【譯文】

楚國的狂人接輿一面走過孔子的車子，一面唱着歌，道：「鳳凰呀，鳳凰呀！為什麼這麼倒霉？過去的不能再挽回，未來的還趕得上。算了吧，算了吧！現在的執政諸公危乎其危！」

孔子下車，想同他談談，他卻趕快避開，孔子沒法同他談。

【注釋】

①接輿——曹之升《四書摭餘說》云：「《論語》所記隱士皆以其事名之。門者謂之『晨門』，杖者謂之『丈人』，津者謂之『沮』、『溺』，接孔子之輿者謂之『接輿』，非名亦非字也。」

②猶可追——趕得上、來得及的意思，譯文因圖押韻，故用意譯法。

18.6

長沮、桀溺耦而耕①，孔子過之，使子路問津焉。

長沮曰：「夫執輿②者為誰？」

子路曰：「為孔丘。」

曰：「是魯孔丘與？」

曰：「是也。」

曰：「是知津矣。」

問於桀溺。

桀溺曰：「子為誰？」

曰：「為仲由。」

曰：「是魯孔丘之徒與？」

對曰：「然。」

曰：「滔滔者天下皆是也，而誰以③易之？且而④與其從辟⑤人之士也，豈若從辟世之士哉？」耰⑥而不輟。

子路行以告。

夫子憮⑦然曰：「鳥獸不可與同羣，吾非斯人之徒與而誰與？天下有道，丘不與易也。」

【譯文】

長沮、桀溺兩人一同耕田，孔子從那兒經過，叫子路去問渡口。

長沮問子路道：「那位駕車子的是誰？」

子路道：「是孔丘。」

他又道：「是魯國的那位孔丘嗎？」

子路道：「是的。」

他便道：「他麼，早知道渡口在哪兒了。」

去問桀溺。

桀溺道：「您是誰？」

子路道：「我是仲由。」

桀溺道：「您是魯國孔丘的門徒嗎？」

答道：「對的。」

他便道：「像洪水一樣的壞東西到處都是，你們同誰去改革它呢？你與其跟着

〔孔丘那種〕逃避壞人的人，為什麼不跟着〔我們這些〕逃避整個社會的人呢？」說完，仍舊不停地在田裏勞動。

子路回來報告給孔子。

孔子很失望地道：「我們既然不可以同飛禽走獸合羣共處，若不同人羣打交道，又同什麼去打交道呢？如果天下太平，我就不會同你們一道來從事改革了。」

【注釋】

①長沮、桀溺耦而耕——「長溺」「桀溺」不是真姓名。其姓名當時已經不暇詢問，後世更無由知道了。耦耕是古代耕田的一種方法。春秋時代已經用牛耕田，不但由冉耕字伯牛、司馬耕字子牛的現象可以看出，《國語．晉語》云：「其子孫將耕於齊，宗廟之犧為畎畝之勤」，尤為確證。耦耕的方法說法不少，都難說很精確。下文又說「耰而不輟」，則這耦耕未必是執耒，像夏炘《學禮管釋．釋二耜為耦》所說的。估計這個耦耕不過說二人做莊稼活罷了。

②執輿——就是執轡（拉馬的繮繩）。本是子路做的，因子路已下車，所以孔子代為駕御。

③以——與也，和下文「不可與同羣」，「斯人之徒與而誰與」，「丘不與易也」諸「與」字同義。

④而——同「爾」。

⑤辟——同「避」。

⑥耰——音憂，yōu，播種之後，再以土覆之，摩而平之，使種入土，鳥不能啄，這便叫耰。

⑦憮——音舞，wǔ，憮然，悵惘失意之貌。

18.7 子路從而後，遇丈人，以杖荷蓧[①]。

子路問曰：「子見夫子乎？」

丈人曰：「四體不勤，五穀不分[②]。孰為夫子？」植其杖而芸。

子路拱而立。

止子路宿，殺雞為黍[③]而食之，見其二子焉。

明日，子路行以告。

子曰：「隱者也。」使子路反見之。至，則行矣。

子路曰：「不仕無義。長幼之節，不可廢也；君臣之義，如之何其廢之？欲潔其身，而亂大倫。君子之仕也，行其義也。道之不行，已知之矣。」

【譯文】

子路跟隨着孔子，卻遠落在後面，碰到一個老頭，用拐杖挑着除草用的工具。子路問道：「您看見我的老師了嗎？」老頭道：「你這人，四肢不勞動，五穀不認識，誰知道你的老師是什麼人？」說完，便扶着拐杖去鋤草。子路拱着手恭敬地站着。他便留子路到他家住宿，殺雞、做飯給子路吃，又叫他兩個兒子出來相見。

第二天，子路趕上了孔子，報告了這件事。孔子道：「這是位隱士。」叫子路回去再看看他。子路到了那裏，他卻走開了。子路便道：「不做官是不對的。長幼間的關係，是不可能廢棄的；君臣間的關係，怎麼能不管呢？你原想不沾污自身，卻不知道這樣隱居便是忽視了君臣間的必要關係。君子出來做官，只是盡應盡之責。至於我們的政治主張行不通，早就知道了。」

【注釋】

① 蓧——音掉，diào，古代除田中草所用的工具。《説文》作「莜」。

②四體不勤，五穀不分——這二句，宋呂本中《紫微雜說》以至清朱彬《經傳考證》、宋翔鳳《論語發微》都說是丈人說自己。其餘更多人主張說是丈人責子路。譯文從後說。

③為黍——黍就是現在的黍子，也叫黃米。它比當時的主要糧食稷（小米）的收穫量小，因此在一般人中也算是比較珍貴的主食。殺雞做菜，為黍做飯，這在當時是很好的招待了。

18.8

逸[①]民：伯夷、叔齊、虞仲、夷逸、朱張、柳下惠、少連[②]。子曰：「不降其志，不辱其身，伯夷、叔齊與！」謂：「柳下惠、少連，降志辱身矣，言中倫，行中慮，其斯而已矣。」謂：「虞仲、夷逸，隱居放言，身中清，廢中權。我則異於是，無可無不可。」

【譯文】

古今被遺落的人才有伯夷、叔齊、虞仲、夷逸、朱張、柳下惠、少連。孔子道：「不動搖自己意志，不辱沒自己身份，是伯夷、叔齊吧！」又說，「柳下惠、少連降低自己意志，屈辱自己身份了，可是言語合乎法度，行為經過思慮，那也不過如此罷了。」又說：「虞仲、夷逸逃世隱居，放肆直言。行為廉潔，被廢棄也是他的權術。我就和他們這些人不同，沒有什麼可以，也沒有什麼不可以。」

【注釋】

① 逸——同「佚」，《論語》兩用「逸民」，義都如此。《孟子．公孫丑上》云：「柳下惠……遺佚而不怨，阨窮而不閔。」這一「逸」正是《孟子》「遺佚」之義。說本黃式三《論語後案》。

② 虞仲、夷逸、朱張、少連——四人言行多已不可考。虞仲前人認為就是吳太伯之弟仲雍，不可信。夷逸曾見《尸子》，有人勸他做官，他不肯。少連曾見《禮記．雜記》，孔子說他善於守孝。夏炘《景紫堂文集》卷三有《逸民虞仲、夷逸、朱張皆無考說》，於若干附會之說有所駁正。

18.9 大師摯①適齊，亞飯干適楚，三飯繚適蔡，四飯缺適秦②，鼓方叔入於河，播鼗武入於漢，少師陽、擊磬襄入於海。

【譯文】

太師摯逃到了齊國，二飯樂師干逃到了楚國，三飯樂師繚逃到了蔡國，四飯樂師缺逃到了秦國，打鼓的方叔入居黃河之濱，搖小鼓的武入居漢水之涯，少師陽和擊磬的襄入居海邊。

【注釋】

①大師摯——《泰伯篇第八》有「師摯之始」，不知是不是此人。

②亞飯——古代天子諸侯用飯都得奏樂，所以樂官有「亞飯」、「三飯」、「四飯」之名。這些人究竟是何時人，已經無法肯定。

18.10 周公謂魯公①曰：「君子不施②其親，不使大臣怨乎不以。故舊無大故，則不棄也。無求備於一人！」

【譯文】

周公對魯公說道：「君子不怠慢他的親族，不讓大臣抱怨沒有信用。老臣故人沒有發生嚴重過失，就不要拋棄他。不要對某一人求全責備！」

【注釋】

①周公、魯公——周公，周公旦，孔子心目中的聖人。魯公是他的兒子伯禽。

②施——同「弛」，有些本子卽作「弛」。

18.11 周有八士：伯達、伯适、仲突、仲忽、叔夜、叔夏、季隨、季騧①。

【譯文】

周朝有八個有教養的人：伯達、伯适、仲突、仲忽、叔夜、叔夏、季隨、季騧。

【注釋】

①伯達等八人——此八人已經無可考。前人看見此八人兩人一列，依伯、仲、叔、季排列，而且各自押韻（達适一韻，突忽一韻，夜夏一韻，隨騧一韻），便説這是四對雙生子。

子張篇第十九

共二十五章

19.1

子張曰：「士見危致命，見得思義，祭思敬，喪思哀，其可已矣。」

【譯文】

子張說：「讀書人看見危險便肯豁出生命，看見有所得便考慮是否該得，祭祀時候考慮嚴肅恭敬，居喪時候考慮悲痛哀傷，那也就可以了。」

19.2

子張曰：「執德不弘①，信道不篤，焉能為有？焉能為亡②？」

【譯文】

子張說：「對於道德，行為不堅強，信仰不忠實，〔這種人，〕有他不為多，沒他不為少。」

【注釋】

① 弘——此「弘」字就是今之「強」字，說見章炳麟《廣論語駢枝》。

② 焉能為有，焉能為亡——這兩句疑是當日成語。何晏《論語集解》云：「言無所輕重」，所以譯文也用今日俗語來表達此意。

19.3

子夏之門人問交於子張。子張曰：「子夏云何？」

對曰：「子夏曰：『可者與之，其不可者拒之。』」

子張曰：「異乎吾所聞：君子尊賢而容眾，嘉善而矜不能。我之大賢與，於人何所不容？我之不賢與，人將拒我，如之何其拒人也？」

【譯文】

子夏的學生向子張問怎樣去交朋友。子張道：「子夏說了些什麼？」

答道：「子夏說，可以交的去交，不可以交的拒絕他。」

子張道：「我所聽到的與此不同：君子尊敬賢人，也接納普通人；鼓勵好人，可憐無能的人。我是非常好的人嗎，對什麼人不能容納呢？我是壞人嗎，別人會拒絕我，我怎能去拒絕別人呢？」

19.4

子夏曰：「雖小道，必有可觀者焉；致遠恐泥，是以君子不為也。」

【譯文】

子夏說道：「就是小技藝，一定有可取的地方；恐怕它妨礙遠大事業，所以君子不從事它。」

19.5

子夏曰：「日知其所亡，月無忘其所能，可謂好學也已矣。」

【譯文】

子夏說：「每天知道所未知的，每月復習所已能的，可以說是好學了。」

19.6

子夏曰：「博學而篤志①，切問而近思，仁在其中矣。」

【譯文】

子夏說：「廣泛地學習，堅守自己的志趣；懇切地發問，多考慮當前的問題，仁德就在這中間了。」

【注釋】

①志——孔注以為「志」與「識」同，那麼，「博學篤志」便是「博聞強記」之意，說雖可通，但不及譯文所解恰切。

19.7

子夏曰：「百工居肆以成其事，君子學以致其道。」

【譯文】

子夏說：「各種工人居住於其製造場所完成他們的工作，君子則用學習獲得那個道。」

19.8

子夏曰：「小人之過也必文。」

【譯文】

子夏說：「小人對於錯誤一定加以掩飾。」

19.9

子夏曰：「君子有三變：望之儼然，即之也溫，聽其言也厲。」

【譯文】

子夏說：「君子有三變：遠遠望着，莊嚴可畏；向他靠攏，溫和可親；聽他的話，嚴厲不苟。」

19.10

子夏曰：「君子信而後勞其民；未信，則以為厲己也。信而後諫；未信，則以為謗己也。」

【譯文】

子夏說：「君子必須得到信仰以後才去動員百姓；否則百姓會以為你在折磨他們。必須得到信任以後才去進諫，否則君上會以為你在譭謗他。」

19.11

子夏曰：「大德不踰閑，小德出入可也。」

【譯文】

子夏說：「人的重大節操不能踰越界限，作風上的小節稍稍放鬆一點是可以的。」

19.12

子游曰：「子夏之門人小子，當灑掃應對進退，則可矣，抑末也。本之則無，如之何？」

子夏聞之，曰：「噫！言游過矣！君子之道，孰先傳焉？孰後倦焉？譬諸草木，區以別矣。君子之道，焉可誣也？有始有卒者，其惟聖人乎！」

【譯文】

子游道：「子夏的學生，叫他們做做打掃、接待客人、應對進退的工作，那是可以的；不過這只是末節罷了。探討他們的學術基礎卻沒有，怎麼可以呢？」

子夏聽了這話，便道：「哎！言游說錯了！君子的學術，哪一項先傳授呢？哪一項最後講述呢？學術猶如草木，是要區別為各種各類的。君子的學術，如何可以歪曲？〔依照一定的次序去傳授而〕有始有終的，大概只有聖人吧！」

19.13

子夏曰：「仕而優則學，學而優則仕。」

【譯文】

子夏說：「做官了，有餘力便去學習；學習了，有餘力便去做官。」

19.14

子游曰：「喪致乎哀而止。」

【譯文】

子游說：「居喪，充分表現了他的悲哀也就夠了。」

19.15

子游曰：「吾友張也為難能也，然而未仁。」

【譯文】

子游說：「我的朋友子張是難能可貴的了，然而還不能做到仁。」

19.16

曾子曰：「堂堂[1]乎張也，難與並為仁矣。」

【譯文】

曾子說：「子張的為人高得不可攀了，難以攜帶別人一同進入仁德。」

【注釋】

① 堂堂——這是疊兩字而成的形容詞，其具體意義如何，古今解釋紛紜。《荀子．非十二子篇》云：「弟佗其冠，神禫其辭，禹行而舜趨，是子張氏之賤儒也。」這是對子張學派的具體描寫，因此我把「堂堂」譯為「高不可攀」。根據《論語》和後代儒家諸書，可以證明曾子的學問重在「正心誠意」，而子張則重在言語形貌，所以子游也批評子張「然而未仁」。

19.17 曾子曰：「吾聞諸夫子：人未有自致者也，必也親喪乎！」

【譯文】曾子說：「我聽老師說過，平常時候，人不可能自動地充分發揮感情，〔如果有，〕一定是在父母死亡的時候吧！」

19.18 曾子曰：「吾聞諸夫子：孟莊子①之孝也，其它可能也；其不改父之臣與父之政，是難能也。」

【譯文】曾子說：「我聽老師說過：孟莊子的孝，別的都容易做到；而留用他父親的僚屬，保持他父親的政治設施，是難以做到的。」

【注釋】

① 孟莊子——魯大夫孟獻子仲孫蔑之子，名速。其父死於魯襄公十九年，本人死於二十三年，相距僅四年。這一章可以和「三年無改於父之道可謂孝矣」（1.11）結

合來看。

19.19 孟氏使陽膚①為士師，問於曾子。曾子曰：「上失其道，民散②久矣。如得其情，則哀矜而勿喜！」

【譯文】

孟氏任命陽膚做法官，陽膚向曾子求教。曾子道：「現今在上位的人不依規矩行事，百姓早就離心離德了。你假若能夠審出罪犯的真情，便應該同情他，可憐他，切不要自鳴得意！」

【注釋】

① 陽膚——舊注說他是曾子弟子。

② 散——黃家岱《嫥藝軒雜著．論語多齊魯方言述》云：「散訓犯法，與上下文義方接。揚氏《方言》：『虔散，殺也。東齊曰散，青徐淮楚之間曰虔。』虔散為賊殺義。曰民散久矣，用齊語也。」譯文未取此說，錄之以備參考。

19.20

子貢曰：「紂①之不善，不如是之甚也。是以君子惡居下流，天下之惡皆歸焉。」

【譯文】

子貢說：「商紂的壞，不像現在傳說的這麼厲害。所以君子憎恨居於下流，一居下流，天下的什麼壞名聲都會集中在他身上了。」

【注釋】

① 紂——殷商最末之君，為周武王所伐，自焚而死。

19.21

子貢曰：「君子之過也，如日月之食焉：過也，人皆見之；更也，人皆仰之。」

【譯文】

子貢說：「君子的過失好比日蝕月蝕：錯誤的時候，每個人都看得見；更改的時候，每個人都仰望着。」

19.22

衛公孫朝[1]問於子貢曰：「仲尼焉學？」子貢曰：「文武之道，未墜於地，在人。賢者識其大者，不賢者識其小者。莫不有文武之道焉。夫子焉不學？而亦何常師之有？」

【譯文】

衛國的公孫朝向子貢問道：「孔仲尼的學問是從哪裏學來的？」子貢道：「周文王武王之道，並沒有失傳，散在人間。賢能的人抓住大處，不賢能的人只抓些末節。沒有地方沒有文王武王之道。我的老師何處不學，又為什麼要有一定的老師，專門的傳授呢？」

【注釋】

① 衛公孫朝——翟灝《四書考異》云：「春秋時魯有成大夫公孫朝，見昭二十六年傳；楚有武城尹公孫朝，見哀十七年傳；鄭子產有弟曰公孫朝，見《列子》。記者故繫『衛』以別之。」

19.23

叔孫武叔[1]語大夫於朝曰：「子貢賢於仲尼。」

子服景伯以告子貢。

子貢曰：「譬之宮牆②，賜之牆也及肩，窺見室家之好。夫子之牆數仞③，不得其門而入，不見宗廟之美，百官④之富。得其門者或寡矣。夫子之云，不亦宜乎！」

【譯文】

叔孫武叔在朝廷中對官員們說：「子貢比他老師仲尼要強些。」

子服景伯便把這話告訴子貢。

子貢道：「拿房屋的圍牆作比喻吧：我家的圍牆只有肩膀那麼高，誰都可以探望到房屋的美好。我老師的圍牆卻有幾丈高，找不到大門走進去，就看不到他那宗廟的雄偉，房舍的多種多樣。能夠找着大門的人或許不多吧，那麼，武叔他老人家的這話，不也是自然的嗎？」

【注釋】

①叔孫武叔——魯大夫，名州仇。

②宮牆——「宮」有圍障的意義，如《禮記．喪大記》：「君為廬宮之」。「宮牆」當係一詞，猶如今天的「圍牆」。

③ 仞——七尺曰仞（此從程瑤田《通藝錄．釋仞》之説）。

④ 官——「官」字的本義是房舍，其後才引申為官職之義，説見俞樾《羣經平議》卷三及遇夫先生《積微居小學金石論叢》卷一。這裏也是指房舍而言。

19.24

叔孫武叔毀仲尼。子貢曰：「無以[1]為也！仲尼不可毀也。他人之賢者，丘陵也，猶可踰也；仲尼，日月也，無得而踰焉。人雖欲自絕，其何傷於日月乎？多[2]見其不知量也[3]。」

【譯文】

叔孫武叔譭謗仲尼。子貢道：「不要這樣做，仲尼是譭謗不了的。別人的賢能，好比山邱，還可以超越過去；仲尼，簡直是太陽和月亮，不可能超越他。人家縱是要自絕於太陽月亮，那對太陽月亮有什麼損害呢？只是表示他不自量罷了。」

【注釋】

① 以——此也，這裏作副詞用。

② 多——副詞，只也，適也。

③ 不知量也——皇侃《義疏》解此句為「不知聖人之度量」，譯文從朱熹《集注》。「也」，用法同「耳」。

19.25

陳子禽謂子貢曰：「子為恭也，仲尼豈賢於子乎？」子貢曰：「君子一言以為知，一言以為不知，言不可不慎也。夫子之不可及也，猶天之不可階而升也。夫子之得邦家者，所謂立之斯立，道之斯行，綏之斯來，動之斯和。其生也榮，其死也哀，如之何其可及也？」

【譯文】

陳子禽對子貢道：「您對仲尼是客氣吧，是謙讓吧，難道他真比您還強嗎？」子貢道：「高貴人物由一句話表現他的有知，也由一句話表現他的無知，所以說話不可不謹慎。他老人家的不可以趕得上，猶如青天的不可以用階梯爬上去。他老人家如果得國而為諸侯，或者得到采邑而為卿大夫，那正如我們所說的一叫百姓人人能立足於社會，百姓自會人人能立足於社會；一引導百姓，百姓自會前進；一安撫百姓，百姓自會從遠方來投靠；一動員百姓，百姓自會同心協力。他老人家，生得光榮，死得可惜，怎麼樣能夠趕得上呢？」

堯曰篇第二十

共三章

20.1 堯曰：「咨！爾舜！天之歷數在爾躬，允執其中。四海困窮，天祿永終。」舜亦以命禹①。

【譯文】

堯〔讓位給舜的時候，〕說道：「嘖嘖！你這位舜！上天的大命已經落到你的身上了，誠實地保持着那正確吧！假若天下的百姓都陷於困苦貧窮，上天給你的祿位也會永遠地終止了。」舜〔讓位給禹的時候，〕也說了這一番話。

【注釋】

①這一章的文字前後不相連貫，從宋朝蘇軾以來便有許多人疑心它有脱落。我只得把它分為若干段落，逐段譯注，以便觀覽。

曰：「予小子履①敢用玄牡，敢昭告於皇皇后帝：有罪不敢赦。帝臣不蔽②，簡在帝心。朕躬有罪，無以萬方；萬方有罪，罪在朕躬。」

【譯文】

〔湯〕說：「我履謹用黑色牡牛作犧牲，明明白白地告於光明而偉大的天帝：有罪的人〔我〕不敢擅自去赦免他。您的臣僕〔的善惡〕我也不隱瞞掩蓋，您心裏也是早就知道的。我本人若有罪，就不要牽連天下萬方；天下萬方若有罪，都歸我一個人來承擔。」

【注釋】

① 予小子履——「予小子」和「予一人」都是上古帝王自稱之詞。從《史記．殷本記》中知道湯名天乙，甲骨卜辭作「大乙」，相傳湯又名履。

② 帝臣不蔽——《墨子．兼愛下篇》此句作「有善不敢蔽」，但鄭玄注此句云：「言天簡閱其善惡也。」譯文從鄭。《墨子．兼愛下篇》和《呂氏春秋．順民篇》都說這是成湯戰勝夏桀以後，遭逢大旱，向上天祈禱求雨之詞。《國語．周語上》引湯誓「余一人有罪，無以萬夫」，和這「朕躬有罪，無以萬方」義近。

周有大賚，善人是富。「雖有周親，不如仁人。百姓有過，在予一人[①]。」

【譯文】

周朝大封諸侯，使善人都富貴起來。「我雖然有至親，卻不如有仁德之人。百姓如果有罪過，應該由我來承擔。」

【注釋】

①雖有周親……一人——劉寶楠《論語正義》引宋翔鳳説，「雖有周親」四句是周武王封諸侯之辭，尤其像封姜太公於齊之辭。

謹權量，審法度[①]，修廢官[②]，四方之政行焉。興滅國，繼絕世，舉逸民，天下之民歸心焉。

【譯文】

檢驗並審定度量衡，修復已廢棄的機關工作，全國的政令就都會通行了。恢復被滅亡的國家，承續已斷絕的後代，提拔被遺落的人才，天下的百姓就都會心悅誠服了。

【注釋】

①謹權量，審法度——權就是量輕重的衡量，量就是容量，度就是長度。「法度」不是法律制度之意。《史記·秦始皇本紀》和秦權、秦量的刻辭中都有「法度」一詞，都是指長度的分、寸、尺、丈、引而言。所以「謹權量，審法度」兩句只是「齊一度量衡」一個意思。這一說法，清初閻若璩的《四書釋地又續》已發其端。

②廢官——趙佑《四書溫故錄》云：「或有職而無其官，或有官而不舉其職，皆曰廢。」這以下都是孔子的話。從文章的風格來看，也和堯告舜、成湯求雨、武王封諸侯的文誥體不同。歷代注釋家多以為是孔子的話，大致可信。但是劉寶楠《正義》引《漢書·律曆志》「孔子陳後王之法曰，謹權量，審法度，修廢官，舉逸民，四方之政行矣」說：「據《志》此文，是『謹權量』以下皆孔子語，故何休《公羊》昭三十二年注引此節文冠以孔子曰」云云，則不足為證。因為漢人引《論語》，不論是否孔子之言，多稱「孔子曰」。《困學紀聞》曾舉出《漢書·藝文志》引「小道可觀」(19.4)，《後漢書·蔡邕傳》引「致遠恐泥」(同上)皆以子夏之言為孔子，其實不止於此，如後漢章帝長水校尉樊儵奏言引「博學而篤志」三句(19.6)，也以子夏之言為孔子之言，《史記·田叔傳》贊曰「孔子稱居是國必聞其

政」，又以子禽之問（1.10）為孔子之言；劉向《說苑》引「孔子曰，君子務本」，又引「孔子曰，恭近於禮」，則以有子之言為孔子之言。甚至鄭玄注《曲禮》、《玉藻》，以及王充著《論衡》，引《鄉黨篇》之文，都冠以「孔子曰」。則可見《論語》之書當時似別稱「孔子」，如「孟子書」之稱孟子者然。翟灝《四書考異》據《尸子·廣澤篇》、「墨子貴兼，孔子貴公，皇子貴衷」云云，以為先儒以孔子雜諸子中；又據《論衡·率性篇》云「孔子道德之祖，諸子中最卓者也」謂當時等孔子於諸子，其言不為無據（說本《詁經精舍三集》吳承志《漢人引孔門諸子言皆稱孔子說》）。若此，則劉氏所舉不足為證矣。

所重：民、食、喪、祭。

【譯文】

所重視的：人民、糧食、喪禮、祭祀。

寬則得眾，信則民任焉（此五字衍文）①，敏則有功，公則說。

【譯文】

寬厚就會得到羣眾的擁護，勤敏就會有功績，公平就會使百姓高興。

【注釋】

① 信則民任焉——《漢石經》無此五字，《天文本校勘記》云：「皇本、唐本、津藩本、正平本均無此句。」足見這一句是因《陽貨篇》「信則人任焉」而誤增的。《陽貨篇》作「人」，「人」是領導。此處誤作「民」。「民」指百姓。有信實，就會被百姓任命，這種思想絕非孔子所能有，尤其可見此句不是原文。

20.2

子張問於孔子曰：「何如斯可以從政矣？」

子曰：「尊五美，屏[①]四惡，斯可以從政矣。」

子張曰：「何謂五美？」

子曰：「君子惠而不費，勞而不怨，欲而不貪[②]，泰而不驕，威而不猛。」

子張曰：「何謂惠而不費？」

子曰：「因民之所利而利之，斯不亦惠而不費乎？擇可勞而勞之，又誰怨？欲仁而得仁，又焉貪？君子無眾寡，無小大，無敢慢，斯不亦泰而不驕乎？君子正其衣冠，尊其瞻視，儼然人望而畏之，斯不亦威而不猛乎？」

子張曰：「何謂四惡？」

子曰：「不教而殺謂之虐；不戒視成謂之暴；慢令致期謂之賊；猶之[3]與人也，出納[4]之吝謂之有司[5]。」

【譯文】

子張向孔子問道：「怎樣就可以治理政事呢？」

孔子道：「尊貴五種美德，排除四種惡政，這就可以治理政事了。」

子張道：「五種美德是些什麼？」

孔子道：「君子給人民以好處，而自己卻無所耗費；使百姓勞動，百姓卻不怨恨；自己欲仁欲義，卻不能叫做貪；安泰矜持卻不驕傲；威嚴卻不兇猛。」

子張道：「給人民以好處，自己卻無所耗費，這應該怎麼辦呢？」

孔子道：「就着人民能得利益之處因而使他們有利，這也不是給人民以好處而自己卻無所耗費嗎？選擇可以勞動的（時間、情況和人民）再去使他們勞動，又有誰來怨恨呢？自己需要仁德便得到了仁德，又貪求什麼呢？無論人多人少，無論勢力大小，君子都不敢怠慢他們，這不也是安泰矜持卻不驕傲嗎？君子衣冠整齊，目不邪視，莊嚴地使人望而有所畏懼，這不也是威嚴卻不兇猛嗎？」

子張道：「四種惡政又是些什麼呢？」

孔子道：「不加教育便加殺戮叫做虐；不加申誡便要成績叫做暴；起先懈怠，突然限期叫做賊；同是給人以財物，出手慳吝，叫做小家子氣。」

【注釋】

① 屏——音丙，又去聲音併，bǐng，屏除。

② 欲而不貪——下文云：「欲仁而得仁，又焉貪？」可見此「欲」字是指欲仁欲義而言，因之皇侃《義疏》云：「欲仁義者為廉，欲財色者為貪。」譯文本此。

③ 猶之——王引之《釋詞》云：「猶之與人，均之與人也。」

④ 出納——出和納（入）是兩個意義相反的詞，這裏雖然在一起連用，卻只有「出」的意義，沒有「納」的意義。說本俞樾《羣經平議》。

⑤ 有司——古代管事者之稱，職務卑微，這裏意譯為「小家子氣」。

孔子曰：「不知命，無以為君子也；不知禮，無以立也；不知言①，無以知人也。」

【譯文】

孔子說：「不懂得命運，沒有可能作為君子；不懂得禮，沒有可能立足於社會；不懂得分辨人家的言語，沒有可能認識人。」

【注釋】

① 知言——這裏「知言」的意義和《孟子．公孫丑上》的「我知言」的「知言」相同，善於分析別人的言語，辨其是非善惡的意思。